张国华　杜全平／丛书主编
王清林　曲振国　王桂亮／丛书执行主编

家庭教育丛书

亲子共成长

初中篇

李超　蒋德荣／主编

山东友谊出版社·济南

图书在版编目（CIP）数据

亲子共成长·初中篇 / 李超，蒋德荣分册主编. — 济南：山东友谊出版社，2022.9

（家庭教育丛书 / 张国华，杜全平主编）

ISBN 978-7-5516-2659-0

Ⅰ. ①亲… Ⅱ. ①李… ②蒋… Ⅲ. ①初中生-家庭教育 Ⅳ. ① G78

中国版本图书馆 CIP 数据核字 (2022) 第 152804 号

亲子共成长·初中篇
QINZI GONG CHENGZHANG
CHUZHONG PIAN

责任编辑 孙乙茹
装帧设计 杨雯雯

主管单位： 山东出版传媒股份有限公司
出版发行： 山东友谊出版社
地址：济南市英雄山路 189 号　　邮政编码：250002
电话：出版管理部（0531）82098756
　　　发行综合部（0531）82705187
网址：www.sdyouyi.com.cn

印　　刷： 山东和平商务有限公司

开本：787 mm × 1092 mm　1/16
印张：16.25　　　　　　　字数：250 千字
版次：2022 年 9 月第 1 版　印次：2022 年 9 月第 1 次印刷
定价：36.80 元

"家庭教育丛书"编委会

丛书主编：张国华　　杜全平
丛书编委：（按姓氏笔画排序）
　　　　　王立浩　　王桂亮　　王海涛　　王清林　　井光进
　　　　　冯秀红　　曲振国　　任秀洁　　刘海涛　　刘雪梅
　　　　　李　萍　　李玉良　　李庆华　　辛　华　　张立俊
　　　　　欧晓霞　　周少平　　周书坤　　赵云福　　郭治平
　　　　　董守生　　蒋德荣　　韩光福　　韩志亮　　焦天民
　　　　　魏晨明

丛书执行主编：王清林　　曲振国　　王桂亮

《亲子共成长·初中篇》编委会

主　　编：李　超　　蒋德荣
副 主 编：毛永佳　　马玉志　　王传鹏
编写人员：李志明　　陈灵芝　　张　美　　曾　梅　　毛　伟
　　　　　孙　倩　　宋　文　　王守娟　　颜　艳　　刘晓彤

再版序言

2022年1月1日,《中华人民共和国家庭教育促进法》(以下简称《家庭教育促进法》)正式施行。《家庭教育促进法》对父母或者其他监护人在促进未成年人全面健康成长,培育和引导孩子的道德品质、身体素质、生活技能、文化修养、行为习惯等方面提出了明确的要求,使家庭教育从"家事"上升为"国事"。

帮助家长掌握家庭教育基本知识和教育方法,提升家长的教育理念和教育能力,赋能家长使其具备家庭教育履职能力,是我们20年来孜孜以求、坚定不移的目标。

潍坊市家庭教育区域推进的探索起源于2002年的"亲子共成长"工程。在20年的探索和实践中,我们既严格遵循青少年儿童生理、心理发展规律和教育学、心理学、社会学等相关学科的理论基础,又在实际探索和具体实践中不断修正、完善我们的家庭教育做法、内容,优化我们的推进机制和模式。

20年里,我们在全国率先出台了包括《家庭教育指导大纲》《家长学校建设标准》《家长委员会建设标准》《家长课程标准》在内的近百个制度文件,并有14项标准通过了国家标准化管理委员会的团体标准认定。我们尤其注重对本地家庭教育师资团队的梯级化、层次性培养,这是我们长效推进区域家庭教育工作的基础。目前经过我们系统培训的老师已经有不少人站上了省级和国家级的讲台，传播家庭教育先进理念。我们严格落实分年级的一年 4 次 8 课时的家长课程课时要求，研发了全国首套家庭教育分年级教材《牵手两代 幸福路上》，并基于此不断优化教学模式，创造性地提出"视频导课、问题研讨、课堂总结、作业拓展、微课巩固"家长课程五步教学法，这一教学模式被有关专家评价为国内"最理解成人学习特点、最符合家长学习模式"的家长课程模式。我们在全国率先建立了首个家庭教育公共服务平台——幸福路中国家长移动学校，借助互联网的传播优势把我们多年来的家庭教育优质课程资源和专家资源分享到千家万户。我们还以"幸福路"平台为基础，共建了中国家庭教育大数据中心，这标志着我们的家庭教育工作又迈上了一个新的台阶：数据驱动，用大数据的方式指导政策制定、内容研发，为家长提供更为精准和及时的家庭教育指导。

经过 20 年的探索与实践，我们已建成线上线下全覆盖、0～18 岁全覆盖、城镇乡村全覆盖的家庭教育公共服务体系，完成了家庭教育唤醒启蒙—普及推广—标准化·个性化—协同育人四个阶段的迭代升级。"政府主导、专家引领、课程推动、社会参与、学校实践"的家庭教育模式，被认为是最符合国内实情的家庭教育区域推进模式。潍坊被社会各界广泛赞誉为全国家庭教育高地和领军城市。家庭教育有力助推了区域教育质量的提升和教育生态的优化。我们的教育质量始终位于全省前列，教育满意度连续多年位居全省首位，"高质量、轻负担、高满意度"的教育生态是对"家庭教育是基础教育综合改革的基石和秘密武器"的最好注解。

家庭教育的持续推进，直接受益者是家庭和孩子。2019 年，在 2005 年家庭教育"学生成长中社会关注问题"大型调查研究基础之上，我们又面向全市学生家长开展了一项类似的调研，这既是对我们过往工作成效的一次检验，也是对我们下一阶段工作方向的一次探索。

调研结果是喜人的。调研结果显示，36.96% 的家长最关注孩子的心理健康和综合素养问题，35.60%的家长最关注孩子的学习成绩问题。相比于2005年的调研结果，家长对孩子学习成绩的关注率从70.20%降至35.60%，对孩子心理健康和综合素养的关注率从11.28%升至36.96%，家长对孩子学习成绩过分关注的现象有所改变。这一变化既体现了家长对家庭教育认知水平的大幅提升和关注内容的诸多改变，也是对我们过往工作成果的广泛认可。

进入新时代，我们发现现在的家长更希望自己的孩子成长、成人、成才，但是在养育孩子的过程中依然充满了焦虑和新的困惑。在家长的眼中，关于孩子的各类问题频出，"人身安全、学习成绩、行为习惯、心理健康、身体状况、沉迷网络、青春期叛逆、亲子沟通、家庭环境建设"等成了焦点问题，于是到处"求医问药"。但是多数家长只看到了孩子的问题，却看不到孩子的行为和自己教养方式之间的联系，看不清孩子相似表现的背后隐藏着的不同的家庭教育理念和教育方法。如何帮助家长找到适合自己的教育方式，通过改变自己来改变孩子的不良行为，让孩子对生活、对家庭、对学习、对改变有信心？2021年，我们聚焦家庭教育的现状，关注家长关注的焦点，组织家庭教育专家与部分县市区家庭教育负责人、学校（幼儿园）家庭教育总协调员和骨干教师一起重新审视家庭教育丛书《亲子共成长》中所筛选的问题，对原有话题、案例和亲子自测量表进行了修订、删减和增补，再版了这套图书。

"至今东鲁遗风在，十万人家尽读书。"2022年，是我们"亲子共成长"工程20周年的大庆，我们期待这套书在为我们20周年献礼的同时，也能够为广大读者提供更多的教育反思，带来更多的教育启迪，并最终为孩子的成长之路带去更多的美好和喜悦。

杜全平
2022年2月

总 序

"向所有有幸为人父母的男人和女人们致意!"

这是著名教育家詹姆士·杜布森发自内心的慨叹。在他看来,人的一生中,再也没有什么比"把一个新生命带到这个世界上来,在长达18年的时间里把他们抚养成人"这一任务更伟大的了。把这一任务完成好,需要我们的聪明与智慧、决心和勇气以及长年累月的付出。

这话说得多好啊,这让我们这些有幸为人父母者,感觉到了一种无上的荣幸以及那份大大的责任。

时代在发展,望子成龙、望女成凤,已经成为当今社会为人父母者心中一个越来越大、越来越沉重的结。毋庸置疑,每位家长都想教育好自己的孩子,但实际情况是,并非每一位家长都会教育孩子。一项由北京教育科学研究院完成的调查研究表明,70%的家庭教育存在误区,许多家长不懂家教。研究发现,按照教育孩子的方式不同,家长可以分为三种:第一种是继承"传统"的,我的父母怎样教育我,我就怎样教育我的孩子;第二种是随意的,按自己的脾气来,随心所欲,意识不到对孩子的教育要讲究方式方法;第三种是注意学习、思考和总结,讲究方式方法的,这类家长只占被调查对象的30%。

在孩子的成长过程中,究竟哪些问题是为人父母者最为关注的?在家庭教育中,针对不同年龄阶段的孩子会面临哪些教育难题?家长怎样去全面认识不同年龄阶段的孩子的生理、心理特点,并找到最合适的教育方法?

从2005年2月开始,潍坊市教育局开展了一次针对学生成长过程中社会关注问题的大型调查。从全市共选取近百所不同类别的学校,分幼儿园、小学低年级、小学中年级、小学高年级和初中五个年级段征集家长、教师、学生共同关注的问题,然后分别筛选出100个被高度关注的问题进行二次调查,又分别从中找出了30个家长、教师、学生最为关注的问题。参与此次调查的师生和家长达2万多人。

根据梳理出来的一些问题,潍坊市教育局又进行了大规模的成功案例征集活动,为一些具体的家庭教育难题寻找突破口。为了让这次调研的结果为广大家长服务,潍坊市教育局又组织了专家学者对问题和案例进行点评,并补充了大量实用性信息,形成了这套家庭教育系列丛书——《亲子共成长·学前篇》《亲子共成长·小学低年级篇》《亲子共成长·小学中年级篇》《亲子共成长·小学高年级篇》《亲子共成长·初中篇》。

本书总体上有五大特点:一是针对性强。本书是先从调查中找出家长最关心的问题,然后征集教育案例的,因此对家庭教育有很强的针对性。二是既具有地域性,又具有普遍性。家庭教育案例是潍坊家庭的教育案例,反映了潍坊市家庭教育的现状;同时还围绕学生成长中部分突出问题,优选了一部分专家咨询案例,具有很强的指导意义。三是具有新颖性。在研究上从学生成长的年龄段特点入手,有针对性地结集案例并分册成书,这在国内尚不多见。四是具有指导性。本丛书编入了潍坊市教育局组织的《中小学生成长过程中社会关注问题调查报告》,这是潍坊市教育局2005年该项调查研究成果的首次正式发表,对于基础教育改革有很强的指导意义。书中还收录了部分亲子自测量表,让家长和学生了解自己、理解他人,用科学的方法找出家庭教育中存在的问题,从而让孩子们在科学的指导下健康成长。这些问卷均是经过科学论证的,有利于普及科学测量,防止家长和学生受到社会上流行的一些不科学测量的误导,增强了该书的实用性。

五是适用性强。本书对不同阶段学生成长中的问题作了全面分析与指导，因此不仅对家长，而且对广大教师及相关教育工作者，都有很好的指导帮助作用。

教育是一门艺术，掌握这门艺术需要付出智慧与热情，也注定需要付出艰苦的学习、思考和不懈的观察、实践。现在的孩子，生活在物质丰富，大众文化流行，信息技术和电子媒体的发展日新月异的时代。迅速的社会变迁和转型期的矛盾困惑，无不反映在家庭教育之中，并对成长中的一代产生复杂的影响，也不可避免地对我们的家庭教育提出了挑战。作为人之父母，如果还是单凭传统的经验、感觉和意气行事，那就不可能教育好孩子。一个优秀的孩子身后，常常站着同样优秀的父母。父母有了智慧，教育就会事半功倍，这是孩子的希望，也是民族的希望。德国教育家福禄贝尔说过，国民的命运，与其说是操纵在掌权者手中，倒不如说是掌握在母亲手中。

愿这套家庭教育丛书能为广大家长提供些许帮助，使每一位阅读此书的家长都成为明智的家长。这也是2万多名参与此次调研活动的家长、教师和教育研究者最美好的心愿。

张国华

2005年12月

目　录

第一编　初中生身心发展特点
　一、初中生处于生理发育高峰期／2
　　（一）身体外形的改变／2
　　（二）身体机能的增强／4
　　（三）性的发育与成熟／5
　二、初中生心理发展的特点／6
　　（一）初中生认知过程的发展／6
　　（二）初中生情感发展的特点／9
　　（三）初中生自我意识发展的特点／11
　　（四）初中生自我调控能力的发展／14
　三、心理发展的矛盾性特点／15
　　（一）生理变化对心理活动的冲击／15
　　（二）心理上成人感与幼稚性的矛盾／15
　　（三）易出现的心理及行为偏差／19
　　（四）活动能量高与认识水平低的矛盾／20

第二编　家庭教育案例
　一、怎样帮助孩子树立正确的价值观和人生观／22

[案例一] 有输有赢才是多彩的人生 / 22

[案例二] 从生活的一点一滴抓起 / 24

[案例三] 和孩子建立起心灵沟通的桥梁 / 25

二、孩子做事不能持之以恒怎么办 / 27

[案例一] 全面引导　坚持不懈 / 27

[案例二] 榜样激励　晓之以理 / 29

[案例三] 放弃很容易　但坚持一定很酷 / 32

三、孩子不懂得感恩怎么办 / 33

[案例一] 感恩社会——走出家门参加公益活动 / 34

[案例二] 多给孩子一些处理事情的机会 / 34

[案例三] 榜样的力量是无穷的 / 35

[案例四] 体验是最好的教育 / 35

四、孩子觉得学习没有用怎么办 / 37

[案例一] 提高格局　激发孩子的学习内驱力 / 37

[案例二] 找对方法　培养学习自信 / 38

[案例三] 营造学习氛围　亲子共成长 / 39

五、孩子不适应初中生活怎么办 / 41

[案例一] 小茹的转变 / 41

[案例二] 帮助孩子建立自信 / 42

[案例三] 小初衔接巧应对 / 43

[案例四] 密切师生关系　适应初中生活 / 45

六、如何培养孩子的自理、自立能力 / 48

[案例一] 你能陪孩子多久呢 / 48

[案例二] 在日常生活中培养孩子的自理能力 / 49

[案例三] 该放手时就放手 / 50

七、孩子缺乏自信心怎么办 / 52

[案例一] 改变自己　赢得孩子 / 52
　　[案例二] 很庆幸孩子有架电子琴 / 54
　　[案例三] 让孩子品尝成功的喜悦 / 55
　　[案例四] 成功是成功之母 / 57

八、怎样提升孩子的抗挫折能力 / 59
　　[案例一] 信任和鼓励是孩子战胜挫折的法宝 / 59
　　[案例二] 帮助孩子正确认识挫折 / 60
　　[案例三] 加强心理辅导　树立必胜信心 / 62

九、怎样帮孩子远离校园欺凌 / 64
　　[案例一] 晓曼的遭遇 / 64
　　[案例二] 蓄正能　健体魄　远欺凌 / 66
　　[案例三] 引导孩子向校园欺凌说"不" / 67

十、孩子在学习上注意力不集中怎么办 / 69
　　[案例一] 寻找良方　对症下药 / 69
　　[案例二] 循循善诱　做好思想工作 / 70
　　[案例三] 找准症结　对症下药 / 72

十一、孩子不主动学习怎么办 / 73
　　[案例一] 多一些理解和宽容 / 73
　　[案例二] 循循善诱 / 75
　　[案例三] 给批评穿上表扬的外衣 / 76

十二、怎样提高孩子的学习兴趣 / 77
　　[案例一] 多些表扬鼓励　少些批评打击 / 78
　　[案例二] 对女儿进行理想教育 / 79
　　[案例三] 同学习　共成长 / 80

十三、怎样提高孩子的学习效率 / 81
　　[案例一] 好的方法　事半功倍 / 81

　　　　[案例二] 科学计划效率高 / 82
　　　　[案例三] 调节好孩子的生活节奏 / 83

十四、孩子偏科怎么办 / 85
　　　　[案例一] 树立信心　变消极为积极 / 85
　　　　[案例二] 寻找切入点　培养学习兴趣 / 86
　　　　[案例三] 对症下药　纠正偏科 / 87

十五、孩子厌学怎么办 / 89
　　　　[案例一] 想让孩子不厌学　家长首先不"厌学" / 89
　　　　[案例二] 放弃过高期望　感受学习乐趣 / 90
　　　　[案例三] 少一些烦恼　多一些关爱 / 91
　　　　[案例四] 理智对待孩子厌学 / 92

十六、孩子考试考砸了，家长怎么办 / 94
　　　　[案例一] 爸爸允许你考试失败 / 94
　　　　[案例二] 心理辅导不可怕 / 95
　　　　[案例三] "代家长签名"的教育反思 / 96

十七、孩子爱攀比，花钱大手大脚怎么办 / 98
　　　　[案例一] 孩子的行为需要父母的正确引导 / 98
　　　　[案例二] 改变消费观念　从家长做起 / 100
　　　　[案例三] 培养孩子合理消费、善于理财的能力 / 100
　　　　[案例四] 让孩子当"财政部部长" / 102

十八、如何指导孩子合理使用电子产品 / 104
　　　　[案例一] 用玩手机来逃避现实压力 / 104
　　　　[案例二] 和孩子有个"约定" / 105
　　　　[案例三] 因势利导　满足孩子的好奇心 / 107
　　　　[案例四] 加强监督　让孩子安全上网 / 108

十九、孩子逆反怎么办 / 109

[案例一] 以柔克倔 / 110
[案例二] 孩子叛逆，父母可以这样做 / 111
[案例三] 孩子叛逆是个大问题 / 112
[案例四] 以平等的心态对待孩子 / 113

二十、孩子"宅"，体质差，家长应该怎么办 / 115
[案例一] 亲子锻炼好处多 / 116
[案例二] 让孩子在关爱中成长 / 116
[案例三] 强健体魄　与"宅"告别 / 117

二十一、如何对青春期孩子进行性教育 / 120
[案例一] 男人与男人之间的一场对话 / 120
[案例二] 为女儿举行成长仪式 / 121
[案例三] 读懂青春　正面引导 / 122

二十二、如何指导孩子保护视力，预防近视 / 123
[案例一] 知晓利害　增强自我保护意识 / 124
[案例二] 改善条件　保护视力 / 125
[案例三] 疫情防控期间居家如何保护视力 / 125
[案例四] 勤叮咛　常督促　养成好习惯 / 126

二十三、孩子没有好的学习习惯怎么办 / 127
[案例一] 制订计划　持之以恒 / 128
[案例二] 好记性不如烂笔头 / 128
[案例三] 今日作业今日毕 / 129
[案例四] 良好的学习习惯从一点一滴做起 / 130

二十四、孩子经常情绪低落怎么办 / 131
[案例一] 给孩子买山地车 / 132
[案例二] 运动改变了孩子的情绪 / 132
[案例三] 接受孩子的不良情绪 / 133

二十五、怎样与孩子沟通 / **134**
    [案例一] 架起沟通的桥梁 / **135**
    [案例二] 平等相待　真诚面对 / **137**
    [案例三] 召开家庭会　亲子共沟通 / **138**
    [案例四] 从孩子感兴趣的话题谈起 / **139**

二十六、孩子不理解父母怎么办 / **141**
    [案例一] 孩子能干的　父母不包办 / **141**
    [案例二] 在交流中增进理解 / **142**
    [案例三] 用心了解孩子 / **143**
    [案例四] 体验父母不易　理解父母之心 / **144**

二十七、如何培养孩子的交往能力 / **145**
    [案例一] 激励孩子交往的兴趣和欲望 / **146**
    [案例二] 安排任务　鼓励实践 / **147**
    [案例三] 如何让孩子把握与同伴交际的"度" / **148**
    [案例四] 学会自嘲 / **149**

二十八、孩子早恋怎么办 / **151**
    [案例一] 母爱让女儿远离"早恋" / **151**
    [案例二] 释放压抑情绪 / **152**
    [案例三] 迁移疏导　解铃还须系铃人 / **153**

二十九、孩子跟好朋友闹矛盾了怎么办 / **155**
    [案例一] 我和儿子做朋友 / **156**
    [案例二] 风筝线　手中牵 / **157**
    [案例三] 心与心的对话 / **158**

三十、孩子老说别人"坏话"怎么办 / **160**
    [案例一] 在孩子面前别说他人坏话 / **160**
    [案例二] 孩子爱说别人坏话，可能是嫉妒心作祟 / **161**

[案例三] 背后莫论人非 / 163

第三编　专家咨询案例
　　[案例一] 诱人的网络游戏 / 166
　　[案例二] 她终于敢说话了 / 168
　　[案例三] "高材生"想休学 / 170
　　[案例四] 与自卑告别 / 173
　　[案例五] 在试卷面前我的脑子一片空白 / 175
　　[案例六] 拒绝考试 / 178
　　[案例七] 我不想上学了 / 180
　　[案例八] 他告别了厌学 / 184
　　[案例九] 她走出了情绪的低谷 / 188
　　[案例十] 胖女孩的自我悦纳 / 191

第四编　亲子自测量表
一、学生测试量表 / 196
　　[问卷一] 你知道自己的气质类型吗 / 196
　　[问卷二] 你知道自己的性格倾向吗 / 200
　　[问卷三] 你的人际环境适应能力如何 / 203
　　[问卷四] 你的人际交往能力如何 / 206
　　[问卷五] 你的意志坚强吗 / 208
　　[问卷六] 你有"考试焦虑症"吗 / 210
　　[问卷七] 你有学习疲劳的表现吗 / 213
　　[问卷八] 你的考试技能如何 / 214
　　[问卷九] 你与老师相处得如何 / 215
　　[问卷十] 你感到孤独吗 / 216

[问卷十一] 你是否有自卑倾向 / 218

二、家长测试量表 / 220

[问卷一] 你家人的心理亲和度怎么样 / 220

[问卷二] 你与孩子沟通得好吗 / 223

[问卷三] 父母教养方式测查 / 226

[问卷四] 你了解自己是怎样的家长吗 / 232

[问卷五] 你了解自己的孩子吗 / 234

给家长的十六条建议 / 237

后　记 / 242

第一编　初中生身心发展特点

初中阶段，也称少年期或学龄中期。有人从生理学的角度称这一阶段为"青春期"，有人从心理学角度称之为"断乳期"，还有人从社会学角度把它命名为"危险期"等等，总之，这一阶段是人生当中一个非常重要的阶段。作为家长，你注意观察过你的孩子在这一阶段的身心状况和特点吗？你掌握这一阶段孩子身心发展的规律吗？本编主要介绍了初中生的生理特点，包括身体外形的变化、身体机能的增强和性的发育与成熟的特点等；介绍了初中生的心理特点，包括认知特征、情感特征、意志特征、个性倾向性、自我意识、个性心理特征；此外，还对这一阶段学生心理发展的矛盾性特点进行了分析。相信对您正确地了解孩子，科学地教育孩子，促进孩子的健康成长定会大有裨益。

初中阶段又被称为青春期、少年期也被称为青年初期。从十一二岁到十四五岁，这三年左右时间是学生个体身体发育的一个加速期。初中生身体的各个方面都在迅速发育并逐渐达到成熟，其心理方面虽然也在发展，但相对生理发育速度来说则相对平缓，由此造成的初中生身心发展的种种特殊矛盾，使他们面临一系列的心理危机。

初中阶段是个体身体发育的鼎盛时期及性成熟时期。生理上的成熟使初中生在心理上产生成人感，他们希望能获得成人的某些权利，找到新的行为标准并渴望变换社会角色。然而，由于他们的心理水平有限，有许多期望不能实现，他们容易产生挫折感。总之，由于此阶段身心发展的不平衡，初中生会面临种种心理危机，并出现一些心理及行为问题。

一、初中生处于生理发育高峰期

初中生正处于青春期。这个阶段是个体生长发育的第二个高峰期。在这一时期，初中生的身体和生理机能都发生了急剧的变化，主要表现在身体外形的改变、身体机能的增强及性的发育与成熟三个方面，这就是青春期生理发育的三大巨变。

（一）身体外形的改变

初中生的身体发育很快，其身高、体重、体形及面部等都发生了很大变化，这些变化使他们在外形上逐渐接近成人。

1. 身高。

初中生外形变化最明显的特征就是身高的迅速增长。人身高的增长有两个高峰：第一次生长高峰发生在1岁左右，第二次生长高峰就出现在初中阶段。在这个阶段，初中生身高增长异常迅速。据统计，在青春发育期之前，儿童平均每年长高3～5厘米；而在青春发育期，每年至少要长高6～8厘米，甚至可达到10～11厘米。男生和女生的身高变化是有差异的，男生进入身高生长加速期的平均年龄是 13 岁，14 岁左右达到身高生长高峰，然后生长速度逐渐下降，到 15.5 岁时，有退回到青春期以前的身高生长速度的趋势。女生进入这一过程要先于男生近两年，她们大多从 9 岁开始进入身高生长加速期，12 岁左右达到身高生长高峰。

初中生身高增长的速度和时间是有个体差异的。这种差异不仅存在于男女生之间，在城乡之间、地区之间，甚至在同一班级中的同龄人之间也存在着。例如，有些男生的青春发育期开始于 10.5 岁，有些则迟至 16 岁；有些女生的青春发育期开始于 7.5 岁，有些则在 11.5 岁才开始。但这种差异属正常范围。

2. 体重。

体重的增长反映出身体内脏的增大、肌肉的发达以及骨骼的增长和变粗，体重的增长速度也反映出营养及健康情况等，所以体重也是身体发育的一个重要标志。

处于青春发育期的初中生，在体重上也有较大的发展变化。据统计，我国城市男生在 13～15 岁这段时间，体重增加最快，平均每年增长 5.5 公斤，14 岁是体重增长高峰期，15 岁以后增长速度迅速下降。城市女生在 11～14 岁时体重增长最快，平均每年增长 4.4 公斤，12、13 岁是体重增长高峰期，14 岁后增长速度迅速下降。初中三年级以后，男女生的体重已接近成人。

3. 第二性征的出现。

第二性征是性发育的外部表现，是初中生身体外形变化的重要标志。随着第二性征的出现，初中生开始从童年的中性状态进入到两性分化的状态。在男性身上，第二性征主要表现为喉结突出、嗓音低沉、体格高大、肌肉发达，唇部出现胡须，周身出现细密的汗毛，出现了腋毛、阴毛等。在女性身上，第二性征则表现为嗓音细润、乳房隆起、骨盆宽大、皮下脂肪较多、臀部变大、体态丰满、出现了腋毛和阴毛等。这些第二性征的出现使得初中生在外形上的差异日益明显。

4．头面部的变化。

进入青春期的初中生的头面部特征也发生了微妙的变化。童年的面部特征在逐渐消失，以前较低的额部发际逐渐向头顶部及两鬓后移，嘴巴变宽，原来较为单薄的嘴唇开始丰满。而且，青春期个体身体其他部分骨骼迅速增长，头部骨骼的增长速度却在显著减慢，童年期那种头大身小的特征逐渐被头身比例协调的身体姿态所取代。

（二）身体机能的增强

初中生体内各种机能都在迅速增长并逐渐达到成熟。

1．心脏收缩机能的增强。

初中生的心血管系统出现了一些新的机能特点。

首先，在形态上，为了保证青春期生长发育突增的需要，作为人体运输系统的心血管系统也出现了第二次生长加速。在 9 岁时，儿童的心脏重量为出生时心脏重量的 6 倍；在青春期开始后，则增长至 12～14 倍。同样，心脏密度也在青春期阶段成倍地增长。而且，由于初中生活动量的增加，构成心室壁的肌肉增厚，心肌纤维更富有弹力，这就为心脏每次收缩时能挤压出更多血液创造了条件。

其次，在机能方面，主要表现为心率、脉搏开始减慢，这一方面是因为支配心脏活动的神经纤维已发育健全，能更有效地调节心脏活动；另一方面则是由于心脏本身机能的增强，每次心搏所排出的血量增多。受到心脏收缩力增强以及内分泌系统变化的影响，血压升高，已接近成人水平。男女生心血管系统的生长发育存在着一定的差异，女生在心脏重量、大小、血压和每次收缩所排出的血量等方面，均比男生低 10% 左右，而心率、脉搏则每分钟比男生快 8～10 次。

2．肺的发育。

在青春期，肺的发育也明显加速。12 岁左右，肺重量为出生时的 10 倍，肺小叶结构逐渐完善，肺泡容量增大，与呼吸有关的某些肌肉发育加快，使呼吸功能进一步加强。在整个青春期中，肺活量将比青春期前增加1倍多，男女生肺活量存在显著差异。

3．肌肉力量的增强。

初中生体重的增加表明肌肉和骨骼发生了变化。在肌肉力量的发展水平上，男女生之间也存在着明显的差异。

4．大脑的发育。

在量的方面，初中生脑重及脑容积的增长不显著，因为儿童在10岁以前，其脑重已为成人的95%。但在质的方面，这时期脑的发育则有较大进步。个体在4～20岁之间，存在两个脑发展的加速期：第一个发生在5～6岁之间；第二个发生在13岁左右，即青春期。

（三）**性的发育与成熟**

生殖系统是人体各系统中发育成熟最晚的，它的成熟标志着人体生理发育的完成。

1．性激素的增多。

性激素分泌是整个内分泌系统活动的一个重要内容，在青春期以前，无论男女，都仅分泌少量的性激素。进入青春期后，个体下丘脑的促性腺释放因子的分泌量增加，从而使垂体前叶的促性腺激素分泌也增加，进而导致性腺激素水平相应提高，促进性腺发育。女性的性腺为卵巢，男性的性腺为睾丸。性腺的发育成熟使女生出现月经，男生发生遗精。

2．性器官的发育。

女性的性器官包括卵巢、子宫及阴道，在青春期前发育缓慢，8～10岁发育加快，以后的发育速度则直线上升。子宫的发育从10岁开始到18岁停止，长度增加了1倍，其形状及各部分的比例也有所改变。

男性的性器官包括睾丸、附睾、精囊、前列腺及阴茎。男性的性器官发育比女性要晚些，在10岁以前发育很慢，进入青春期后发育加速。

3. 性机能的发育。

性器官的迅速发育，使初中女生出现月经，月经初潮的年龄一般在 10～16 岁。女性月经初潮出现得早与晚，与其所处的地理环境、气候条件、经济水平以及自身营养状况等因素有关。月经初潮后，由于卵巢发育尚未完全成熟，在一个阶段内，月经周期并不规律，一般在一年内可达正常。

男性在十五六岁时出现遗精，首次遗精的时间也有个体差异，一般发生于 12～18 岁之间。

影响青春期个体生长发育的因素很多，诸如遗传、营养、运动、生活条件、气候环境等。目前，由于科学技术的高度发展、现代文明的普及以及全球性气候条件的变化等，个体青春发育期普遍存在着提前的趋势，这使青春期少年身心发展的不平衡性及矛盾性更加明显地表现出来。

二、初中生心理发展的特点

（一）初中生认知过程的发展

在初中时期新的学习条件下，少年的各种认知过程在原有智力水平的基础上，都有了新的发展。

1. 感觉的发展。

在初中时期，各科教学和各种活动都要求少年具有更高的感觉能力和知觉能力。例如图画、音乐、几何、生物以及劳动活动、参观旅行等，都要求少年能够更精确地辨别和分析外界事物，因而他们的感受力和观察力就进一步提高，进一步发展起来。

2. 知觉的发展。

首先，知觉的有意性和目的性进一步提高。少年能够自觉地根据教学的要求去知觉有关的事物，并且能够比较稳定地、长时间地知觉这些事物。

其次，知觉的精确性和概括性进一步发展起来。例如在分析语文内容、观察自然现象和社会现象以及进行实验的时候，都要求他们不仅能够感知事物的外部属性，而且能够抓住事物的主要特征和本质属性，更加全面而深刻地去感知事物。

再次，少年在知觉上的另一个新的特点是开始出现逻辑性知觉。这种知觉是和逻辑思维密切联系的，即在知觉过程中，能够把一般原理、规则和个别事物或问题联系起来。例如，把个别的词、句子和语法联系起来看，把各种几何图形和几何定理联系起来看等。

3．注意的发展。

首先，初中生的有意注意有了进一步的发展。

一般来说，经过小学时期的培养和锻炼，加之初中的教学和集体生活有新的要求，初中生学习的目的性日益明确，学习的自觉性、纪律性日益增长，他们能够更加独立地、一心一意地去完成自己的学习任务，能够有意识地调节和控制自己的注意，使自己的注意指向和集中在必须注意的事物上，而不被外来的不相干的刺激所左右。

其次，初中生注意的特性或品质有了进一步的发展。

初中生注意的集中性和稳定性在不断增长。由于初中生的注意能够比较长时间地稳定地集中在课业上，初中课堂教学就不需要再像小学那样，要在一节课内变换几种教学形式。初中生注意的范围也在不断扩大。例如，初中生阅读适合自己阅读程度的读物，可以达到很快的速度；在观察直观教具的时候，既能看全面，又能抓住主要方面。初中生注意分配和转移的能力也在不断提高。初中生在学习过程中，已经逐步学会分配自己的注意力；至于注意的转移，初中生一般都比小学生具有更高的自觉性和灵活性。

4．记忆的发展。

从识记的目的性来说，初中生在教学的要求下，识记的有意性进一步发展起来。初中生日益能使自己的记忆服从于学习的目的和任务。初中一年级学生的无意识记常常表现得很明显，他们对有兴趣的材料记得比较好，而对一些自己不感兴趣的材料则记得比较差。在教学的影响下，学生逐步学会使自己的记忆服从于识记的任务和教材的性质，因而有意识记日益占有重要地位。

从识记的方法来说，初中生意义识记的能力不断增强。初中一年级学生的机械识记在记忆效果上还起着一定的作用，这是因为在小学时期，由于教材很简明，以及教学方法要求逐字逐句地熟记，机械识记就不得不占有很重要的地位。但是，初中时期的学习对学生意义识记的能力提出了更高的要求，即要求学生对识记的材料进行逻辑加工，要求学生能把课文按意义分成段落，并加以综合，从而确定课文各部分之间的逻辑关系。这就促使初中生意义识记的能力迅速发展起来。

从识记的内容来说，初中生词的抽象识记能力也有了进一步的发展。初中生在学习过程中，必须掌握大量科学概念、因果关系，必须进行逻辑判断、推理和证明，因而词的抽象识记能力日益发展起来。

5. 思维的发展。

初中生思维发展的一个主要特点是：抽象逻辑思维日益占有主要地位，但是思维中的具体形象成分仍然起着重要作用。

在初中学生的思维中，抽象逻辑思维虽然开始占优势，但是在很大程度上，还属于经验型，他们的抽象思维经常需要具体的、直观的感性经验的直接支持；否则，将会出现理解、判断、推理上的困难。

初中生思维发展的另一个主要特点是：思维的独立性和批判性有了显著的发展，但是容易产生片面性和表面性等缺点。

初中生由于初步掌握了系统的科学知识，开始理解自然现象和社会现象中的一些复杂的因果关系，同时由于自我意识的自觉性有了进一步的发展，因此常常不满足于教师或教科书中对于事物现象的解释，喜欢独立地寻求和争论各种事物现象的原因和规律。这样，初中生的独立思考能力就达到了一个新的、前所未有的水平。有人说，从少年期开始，学生进入一个喜欢怀疑、争论、辩驳的时期，不轻信教师、家长或书本上的权威意见，而是经常独立地、批判地对待一切，这是少年期的重要特点之一。

初中生不但能够批判地对待别人的和书本上的意见，而且开始能够比较自觉地开展的思维活动，开始能够有意识地调节、支配、检查和论证自己的思维过程，这就使少年在学习上和生活上有了更大的独立性和自觉性。

当然，也必须强调指出，少年思维的独立性和批判性还是极不成熟的，主要表现为容易片面，流于表面；有时表现为毫无根据地争论，他们怀疑一切，坚持己见，但是又常常论据不足；有时表现为孤立地、偏激地看问题，把谦虚理解为拘谨，把勇敢理解为粗暴或冒险；有时明于责人而暗于责己。

（二）初中生情感发展的特点

1. 情绪、情感活动丰富多彩，具有明显的两极性。

初中生情感十分强烈但不稳定，带有明显的两极性。他们的情感世界已经不再是风平浪静的港湾，而是汹涌澎湃的大海。他们高兴时手舞足蹈，不满时义愤填膺；成功时欣喜若狂，遭遇挫折后灰心丧气；有时热情随和，有时冷漠固执；有的情况下表现出极强的责任感、正义感，有的情况下又不履行职责，甚至违反纪律。就这样，他们的情绪常常从一个极端走向另一个极端。有的心理学家把青春期称为"暴风骤雨期""心烦意乱期"，就是对青少年学生情感特点的概括。在这个时期，情绪的力量往往大于意志的力量。他们的情感富有冲动性，他们不善于以理智控制情感，常因一点小事而与老师、家长、同学发生顶撞、争吵。有时在盲目的狂热支配下，干出许多"傻事"；有时因遇到偶发事件而苦闷不安；有时还过分淘气甚至会做恶作剧。

2. 情绪体验从外露转向内隐。

初中生的情绪反应往往来得快，平息得也快，维持的时间相对较短。在初中低年级学生身上，还可见到像儿童一样"破涕为笑"的现象。他们的情绪活动，相比之下还是外露的占多数。初中低年级学生敞开心扉接受大千世界带给他们的无穷无尽的信息，像海绵吸水那样吸吮着周围各种各样的知识。纯洁、天真、烂漫、单一是他们情绪活动的基本面：遇到高兴、欢乐的事，他们无遮无拦，开口大笑；遇到困难、伤心的事，他们紧锁双眉，哭丧着脸。初中低年级学生情绪活动的外露性，给教师、家长提供了了解学生的方便途径。有经验的教师善于从学生的表情、从学生对某一事物的态度来了解他们的内心世界。

但是到了初中高年级以后，他们情绪体验的表现形式也会出现复杂化的特点。一方面，情绪的延续性增加了，不再出现"破涕为笑"的现象，在一段时间内，或欢乐愉快，或安稳宁静，或抑郁低沉。另一方面，情绪也带上了文饰、内隐、曲折的性质，面部表情不再是内心世界的显示器，出现转向青年初期阶段的情绪特点。比如，有的人对某件事感到厌烦，但出于某种原因，也可以表现得不在意，甚至表现得很热心；对一个人明明有好感，愿意接近，但由于自尊心强或其他的原因，却有意表现出冷漠的态度。初中高年级学生的这种文饰、内隐的特点，给教师、家长了解他们的内心世界带来了一定的难度。

3．富于活力的情绪状态。

初中生情感丰富，朝气蓬勃，正处于对未来充满美好憧憬的人生年华。据某项调查显示，初中生当中爱唱歌的人占86%，喜欢吟诗的人占34.8%，敬佩英雄、模范人物的人占90%，向往成为英雄、模范人物的人占80%，喜欢抄录名人警句格言的人占14%，反映出初中生热情奔放的内心世界。

初中生还易产生激情。有的学生看到坏人行凶作恶，不怕威胁，挺身而出，与其斗争。此时的他们，甚至来不及思考事情的后果，这种源于直觉的道德行为真实地反映了一个人的思想觉悟和道德品质。没有正义的激情，出现这种道德行为是不可能的。正如一位中学生说的那样："我看见小孩在水里挣扎，眼看就下沉了，我就跳了下去，没想到冷，也没想到我个人会怎样。事后，我还真有点害怕，因为我游泳技术不高，如果没有大家相救,恐怕我也活不成。"

(三) 初中生自我意识发展的特点

心理学家认为,青春期是自我意识发展的第二个飞跃期。在个体进入青春期以前,曾出现过一次自我意识发展的飞跃期,约在1~3岁,以儿童学会使用代词"我"为重要标志。在接下来的若干年里,儿童的自我意识虽仍在继续发展,但发展的速度相对比较平稳和缓。进入青春期后,身体的迅速发育,促使初中生的自我意识迅猛觉醒,原先混沌的自我世界不复存在,而是一分为二:一个是客观的我,一个是主观的我。少年一下子发现了一个鲜明的自我世界,表现出了一些不同于儿童的新的发展特点。

1. 初中生自我评价能力的发展。

(1) 对体态容貌的关注。

儿童很少关心自己的容貌,也很少去照镜子,即使去照,时间也很短,主要是查看一下脸洗干净了没有。而到了青春发育期,少年却对镜子产生了异乎寻常的兴趣。他们在镜前逗留的时间不知不觉地延长了,每次照镜子都要细细地端详审视那个镜中的"我",并因自己的容貌秀丽、俊美而欢欣快乐,也因自己的某些不足、缺陷而伤心难过。照镜子可以说是许多少男少女的共同体验和经历,在这里,镜子是他们进行自我确认的一个重要窗口。少年所表现出来的这种自我意识虽然只指向个体的外表特征,却也是他们自我意识获得新的觉醒的一个标志。

(2) 对内心世界的关注。

随着知识经验的丰富和心理的发展成熟,少年对外表的兴趣逐步减少,开始更多地关注自己的内心世界。于是,一个过去不曾看到的崭新的内部世界的图景在他们面前展现开来。心理学家科恩写道:"青少年初期最有价值的心理成果就是发现自己的内部世界……这种发现与哥白尼当时的革命同等重要。"初中生关注内心世界的重要表现之一,是经常对自我进行反省,他们经常自问"我是一个什么样的人?""我在他人的心目中是怎样的一个形象？"，并把反省的过程和结果记录于日记中。正如美国心理学家斯坦利·霍尔所言："青少年最大的兴趣目标是自我。"

（3）自我评价的独立性的发展。

自我评价的独立性是相对于自我评价的依附性而言的。独立性是自我评价能力发展的一个首要指标。儿童在进行自我评价时常依从教师、父母的评价，表现出较强的依赖性；到了初中阶段，学生逐渐摆脱成人评价的影响，而产生独立评价的倾向。初中生的家长常常感到，他们的孩子不像以前那么"听话"了，经常对成人的评价或指令表现出"不服气"，甚至抵制或反抗。这其实是少年自我意识发展的结果，是他们自我评价的独立性增长的表现。然而，当少年摆脱对父母的依赖的同时，他们的自我评价又往往受到同龄群体的巨大影响。他们开始将同龄人的评价和成年人的评价同等对待，进而更重视同龄人的意见而忽视成年人的意见。以自己和成年人之间存在"代沟"，或以成年人的观点过于"传统"，不了解青年人为理由，设法为自己的立场观点寻找理论根据。因此，初中生所结交的亲密朋友，往往对他们的学习、品德、行为的发展产生重要影响。研究发现，学生独立进行自我评价的能力随年级的上升而不断提高，到初中三年级达到较为稳定的水平。

（4）自我评价的深刻性和概括性的发展。

小学生在进行自我评价时往往以具体的外部行为的表现为依据，还不善于从道德观念或原则上来评价自己或别人的行为。由于初中生社会性的发展和思维能力的提高，他们既能自觉地评价他人，又能自觉地评价自己，自我评价的深刻性和概括性都有了迅速的发展。

2．初中生自我体验能力的发展。

（1）成人感。

进入青春发育期后，伴随着剧烈的生理变化，初中生的内心世界也不再风平浪静。少年通过对自己外部形态的观察和内心世界出现变化的体验，综合得出一个结论：我不是小孩子了，我已经长大了。进入中学后学生的这种长大成人的感觉获得迅速发展，"成人感"的产生是初中生自我意识迅速发展的一个新的重要的特征。初中生的"成人感"产生后，便表现出一系列独立自主的行为：他们一反以往事事依赖成人的心态，不会事无巨细，什么都要去请教大人，也不是敞开心扉，什么都可以公开了。这时他们有了属于自己的"小天地"，并渴望得到家长的认可。他们希望和成人建立一种朋友式的新型关系，迫切希望老师和家长尊重、理解自己，如果老师、家长无视他们的这种要求，将会引起他们的抱怨，甚至产生抗拒心理。一般来说，从这时起，初中生开始疏远父母而更乐于和同龄人交往，寻找志趣相投、谈得来的伙伴。

（2）闭锁性。

初中生闭锁性的发展与"成人感"的发展是相辅相成的。长大成人了，心里的秘密自然增多了。与小学生相比，什么事情可以公开，什么事情不能公开，初中生内心里有着明确的分寸。此时的初中生给人的印象是变得老成了，平时言谈少，在重要场合下不肯轻易讲话，保持沉默。"心理上的闭锁"与"言谈中的沉默"是一对孪生兄弟，都是心理防御的表现。同时，研究发现，初中生的这种闭锁性是有方向的。杨心德等调查过初中生的情绪的自我意识状态，从卷面分析可以看出，当初中生受委屈时，46%的学生表示习惯于闷在心里；38%的学生会告诉好朋友；愿意告诉父母、老师的学生只占6%～13%（年级不同有所区别）。由此可见，初中生的这种闭锁性，主要是针对成人的，他们在同龄人和知心朋友面前则表现出强烈的敞开性，愿意倾诉内心的秘密，希望得到对方的同情和理解。

（3）独立意向突出地发展。

由于"成人感"的确立，少年要与自己的童年诀别，要否认自己是孩子。"听老师的话""听家长的话"这种在儿童看来是天经地义的道德准则，却被他们蔑视了；曾经被信奉过的好孩子、坏孩子的"标准"也动摇了，取而代之的是要求独立的意向，要脱离父母，步入"心理断乳期"。他们要求确立自我，要有与成人平等的地位和人格，要在认识上、情感上、道德上、行为上做到独立自主，不希望成人过多地干预；他们讨厌过多的关怀和无休止的唠叨、叮咛；他们已不再盲目信从师长，为了维护自我，会与师长顶撞、反抗，或者对师长不理不睬、我行我素。心理学家称初中时期是人生的"第二反抗期"。

（4）自尊心强烈、敏感且稚嫩。

自尊心是社会评价与个人的自尊需要之间相互关系的反映。一般认为，当一个人的生理需要、安全需要和社会需要得到一定程度的满足时，人就会产生对荣辱的关心，即自尊需要。初中生也不例外。但因为初中生处于一个特殊的发展阶段，他们的自尊心往往表现得敏感而脆弱。而且，他们还易走向极端。当自尊需要得到肯定与满足时，他们往往沾沾自喜甚至会忘乎所以；当自尊需要得不到满足时，他们又往往会妄自菲薄，情绪一落千丈，甚至会自暴自弃。因此，教育者应了解初中生的这一心理特点，不要轻易地斥责和否定他们，应对他们稚嫩的自尊心加以细心的呵护。

（四）初中生自我调控能力的发展

自我调控能力的发展有一个从以外部力量为主转向以内部动力为主的过程。儿童到一定年龄阶段，就有了自控能力。他能遵照老师的要求上课，不乱说话，并按时完成家庭作业等。但这种直接由他人提出具体行为目标的自控行为，有很大的被动性。青少年除了被动的自我调控能力外，主动的调控能力也发展起来。小学生遵守课堂纪律，多依赖于教师的威严；而初中生则较能主动地约束和控制自己的行为，自觉维护课堂纪律。在教育者有目的、有计划地教育和影响下，初中生自我教育的能力也有了一定的发展。他们能较客观地分析自己的优缺点，有了一定的道德修养目标，并能在自己的日常生活和学习中努力完善自己的行为。

三、心理发展的矛盾性特点

人的生理发展与心理发展是密切联系的。在人一生的大部分时间里，生理发展与心理发展的速度是相互协调的，从而使个体的身心能处于一种平衡、和谐的状态。但初中阶段是人类个体生命全过程中的一个极为特殊的阶段。初中生的生理发育十分迅速，在2~3年内就能完成身体各方面的生长发育任务并达到成熟水平。但其心理发展的速度则相对缓慢，心理水平尚处于从幼稚向成熟发展的过渡时期。这样，初中生的身心就处在一种非平衡状态，以致引起种种心理发展上的矛盾。"长大未成人"是对中学生心理发展特点的总体评价。具体来说，中学生心理发展的特点主要包括以下几个方面：

（一）生理变化对心理活动的冲击

随着青春期的到来，初中生在生理上出现了急剧的变化，这必然给他们的心理活动带来巨大影响。这种影响主要来自两个方面。

首先，由于初中生身体外形的变化，他们产生了成人感。在心理上他们也希望能尽快进入成人世界，希望尽快摆脱童年时的一切，寻找到一种全新的行为准则，扮演一个全新的社会角色，获得一种全新的社会评价，重新体会人生的意义。就在这种新的追求中，他们产生了种种困惑。

其次，由于性的成熟，初中生对异性产生了好奇和兴趣，萌发了一些新的与性相联系的情绪情感体验，滋生了对性的渴望，但又不能公开表现这种愿望和情绪，因而他们体会到一种强烈的冲击和压抑。

（二）心理上成人感与幼稚性的矛盾

初中生的心理活动往往处于矛盾状态，其心理水平呈现半成熟、半幼稚性。

其成熟性主要表现为他们产生了对成熟的强烈追求和感受。青春期生理的迅速发育，给初中生带来强烈的心理震荡，这就使得他们大大提高了对外界事物的感受性，他们变得爱观察、爱反省、爱思考，也变得更加敏感。他们在对人对事的态度、情绪情感的表达方式以及行为的内容和方向等方面都发生了明显的变化，同时也渴望社会、学校和家长能给予他们成人式的信任和尊重。

其幼稚性主要表现在他们的认知能力、思想方式、人格特点及社会经验上。初中生的思维虽然已经是以抽象逻辑思维为主要形式，但水平还较低，处于从经验型向理论型的过渡时期。由于辩证思维刚开始萌发，所以，思想方法上仍带有很大的片面性及表面性。在人格特点上，还缺乏成人那种深刻而稳定的情绪体验，缺乏承受压力、克服困难的意志力。另外他们的社会经验也十分欠缺。

由于初中生心理上的成人感及幼稚性并存，他们表现出种种心理冲突和矛盾，具有明显的不平衡性。

1. 反抗性与依赖性。

由于初中生产生了一种强烈的成人感，产生了强烈的独立意识，他们对一切都不愿顺从，不愿听取父母、教师及其他人的意见。在生活中，从穿衣戴帽到对人对事的看法，常处于一种与成人相抵触的情绪状态中。

但是，在初中生的内心中并没有完全摆脱对父母的依赖，只是依赖的方式较之过去有所变化。童年时，对父母的依赖更多的是在情感和生活上，初中生对父母的依赖则表现为希望从父母处得到精神上的理解、支持和保护。

存在于少年身上的反抗性也带有较复杂的性质。有时是想通过这种途径向外人表明，他已具有了独立人格；有时又是为了撑起个样子给自己看，以掩饰自己的软弱。实际上，在生活中的许多方面，他们还是需要成人帮助的，尤其是在遭受挫折的时候。

2. 闭锁性与开放性。

进入青春期的初中生，渐渐地将自己内心封闭起来，他们的心理生活丰富了，但表露于外的东西却少了，加之对外界的不信任和不满意，又增加了这种闭锁性的程度。因此，家长要窥视他们的内心世界就比过去更加困难。即便他们写日记，往往也十分担心被人看到，会尽量少流露自己的真情实感。

但与此同时，他们又感到非常孤独和寂寞，希望能有人来关心和理解他们。他们不断地寻找朋友，一旦找到，就会推心置腹，毫无保留。因此，初中生在闭锁的同时，又表现出很明显的开放性。

初中生为什么会产生闭锁心理呢？原因主要有三个方面。

第一，思维水平的发展。

从小学到中学，由于外界信息的不断丰富，初中生的思维活动向广泛性、深刻性方向发展。头脑中想的东西比以前复杂了、丰富了，许多问题需要花费一定的时间和精力慢慢地去思考和吸收，使得初中生看起来不如小学生那样活泼、外向。

第二，新的自我的发现。

随着年龄的增长，初中生开始注意观察自我，分析自我，这就是说，开始有意识地把自己分成观察者与被观察者两部分。记日记就是"观察者的我"对"被观察者的我"进行观察、评价的表现。

第三，性意识的萌芽。

由于性器官的发育成熟，初中生开始觉察到性别之间的差异，出现了对自己性器官、生理冲动的惊讶与好奇，产生了探索异性的兴趣。可是由于社会文化的影响，父母一般不向子女谈及性的知识，生理课上有关生殖系统的知识，教师往往一带而过或者能少讲就少讲，学生即使想问，想讨论，也觉得害羞，难以启齿，只能独自思考与体验。

除了上述的内部原因外，也有些外部原因。这主要是有的家长、教师等成人，仍把已具有成人感、要求独立、要求受到尊重的初中生当作孩子，管教多、训斥多、限制多，尊重少、理解少、协商少。这样就在一定程度上挫伤了这些少年的自尊心，使他们愈发感到与成人间缺乏共同语言，从而不愿向成人敞开自己的心扉。

3．勇敢和怯懦。

在某些情况下，初中生们似乎能表现出很强的勇敢精神，但这时的勇敢还带有莽撞和冒失的成分，具有"初生牛犊不怕虎"的特点。这是因为首先，他们在思想上很少受条条框框的限制和束缚，在主观意识中，不存在着过多的顾虑，常能果断地采取某些行动；其次，由于他们在认识能力上的局限性，经常不能立刻辨析出某一危险情景。

但在另外一些情况下，初中生们也常常表现得比较怯懦。例如，他们在公众场合，常羞羞答答，不够坦然和从容，未说话先脸红的情况在少男少女中都是常见的。这种行为上的局促是与他们缺少生活经验以及这个年龄阶段所特有的心理状态分不开的。

4．高傲和自卑。

由于初中生尚不能确切地评价和认识自己的智力潜能和性格特点，很难对自己做出一个全面而恰当的评价，而只能凭借一时的感觉对自己轻易下结论，这样就导致他们对自己的自信程度把握不当。几次甚至一次偶然的成功，就可以使他们认为自己是一个非常优秀的人才而沾沾自喜；几次偶然的失利，也会使他们认为自己无能透顶而极度自卑。这两种情绪往往交替地出现于同一名初中生身上。

5．否定童年又眷恋童年。

进入青春期的初中生，随着身体的发育成熟，成人的意识越发明显。他们认为自己的一切行为都应该与幼小儿童的表现区分开来，力图从各个方面对自己的童年加以否定。从兴趣爱好到人际交往方式，再到对问题的看法，他们都想抹去过去的痕迹，期望以一种全新的姿态出现在生活的各个方面。

但在否定童年的同时，在初中生的心中又留有几分对自己童年的眷恋。他们留恋童年时那种无忧无虑的心态，留恋童年时那种简单明了的行为方式及宣泄情绪的方法，尤其当他们在各种新的生活和学习任务面前感到惶惑的时候，他们更加希望仍能像小时候那样，得到父母的关照。以上所列的这几方面心理发展的矛盾性特点，都可追溯到初中生所具有的既成熟又幼稚的这一根本性特点上。

（三）易出现的心理及行为偏差

有人将青春期称为危险期，这不难理解。处于青春期的初中生身心发展失去了平衡，感受着许多心理冲突和压力，处于各种心理矛盾的包围中。如果这些矛盾不能得以顺利解决，就可能在情绪情感、性格特征及日常行为等方面出现种种问题，甚至出现较严重的心理及行为偏差，乃至精神疾病。

1. 心理生物性紊乱。

主要表现于主体对自己身体机能的异常关注及对某些正常疾患的过分夸大。在初中生中，常存在上述情况。这些初中生或者感到他的心脏或消化等系统极为不适，例如感到在他的呼吸道中突然生长出肿物，而导致呼吸不畅；或者将一些常见的小病，如鼻塞、腿部肌肉抽筋、胃的轻度不适等严重夸大，而使他们真的无法忍受；也有人表现为由于对自己身体的某些特征不满意而产生极度焦虑，如某些女生认为自己胸部过平而怀疑自己的性别，男生也有类似的情况。这种青春期心理生物性紊乱的严重性在于，它不仅仅是主体在心理上构想出来的疾病或症状，而且伴随着真切的生理上的感觉和反应，看起来就像真正患病一样，但却检查不出任何疾病，因而严重影响初中生的学习及健康。

心理学家认为，产生这种症状的重要原因是，处于青春期的初中生在生理上所发生的剧变、身体内外的变化及性机能的出现，使他们感到猝不及防，也使他们将注意力过多地集中到自己的身体上。一位美国心理学家曾说过，青春期的少男少女对于自己的身体感觉就像一个新生儿对于自己的身体感觉是一样的，都是一种完全的陌生感。要克服这种陌生感，就必须去了解身体的变化，但如果过分关注了，就会引起不正常的反应。

2. 自杀的倾向及行为。

自杀的倾向和行为在童年期及童年期以前是极为少见的,从青春期开始直至青年期呈直线上升趋势。西方心理学家的调查结果表明,自杀的倾向与行为多始于15岁,这以后增长的速度极快。美国的统计数字显示,在15~19岁青少年死亡的原因中,自杀是排在事故、癌症、其他疾病、他杀之后的第五位原因。少年自杀的具体原因很多,如怀孕、学业失败、与父母发生冲突、被同伴拒绝、被社会排斥、违法犯罪后的恐惧等;也有人是出于浪漫的想法。但不论具体情况如何,根本的原因就是青春期需面对的困难和烦恼突然增多,如果得不到及时解决就会积聚起来而导致心理崩溃,有人就想用自杀的方式来解脱。

3. 青春期精神分裂症。

青春期精神分裂症,虽然相对来说发病的比例较少,但从15岁开始,发病率明显增多,到青年期达到高峰。青春期精神分裂症的后期症状很明显,主要表现为思维紊乱、歪曲现实或脱离与现实的联系、不能控制情绪以及人格混乱等。在真正患病前,常表现出先兆,如社会行为退缩、交往困难、敏感固执、戒心过多以及缺乏幽默感等。

(四)活动能量高与认识水平低的矛盾

少年的活动能量几乎接近成人,甚至在一些短暂的爆发性活动中往往超过成人,精力特别旺盛。但是,由于他们的活动经验相当缺乏,对事物的认识不够全面和深入,加之身体各部分的协调功能还不够完善,经常出现付出的能量多而实际功效低的局面。例如,在日常生活中,他们常常没有经过很好的思考就盲目行动起来,有时还踢踢撞撞,疯打疯闹,搞出一些恶作剧及冒险行为。如有的学生为显示自己勇敢,贸然离家出走;有的为了显示自己的力量,干一些力所不能及的事情。这些情况在初中阶段表现得尤为明显。少年的上述行为表现往往被成年人指责为"一味蛮干",事实上,这是个体身心发展到一定阶段的必然反应。

第二编　家庭教育案例

经过小学阶段的学习，孩子升入初中后，开始了新的学校生活。尽快适应初中阶段的生活，完成初中阶段的学习任务，并为升入高一级学校打好基础、做好衔接，是这一阶段最主要的和最关键的任务。广大家长非常关注这一阶段孩子的成长，非常迫切地需要一些科学的指导。本编的家长教育案例就是针对潍坊市初中生家长关注的问题，选取了前30个最为关注的问题所征集的教育案例。在这些案例中家长们针对自己孩子的特点和家庭状况，分别实施了不同的教育方法，个个匠心独具，别出心裁，具有重要的借鉴价值。同时每组案例后面都附有专家学者画龙点睛式的精彩点评，对涉及的问题进行了科学的解释，对教育方法进行了精到的指点，为本阶段孩子的家庭教育问题提供了极有价值的指导和点拨。需要指出的是案例中针对孩子某方面问题所采取的教育措施，不一定具有普遍意义，但它从一个侧面或一个视角，对相关问题的家庭教育提供了一些思路和启示，相信读后你一定会灵机一动、茅塞顿开。聪明的家长朋友，不妨静下心来读一读。

一、怎样帮助孩子树立正确的价值观和人生观

初中生正处于心理上的"断乳期",世界观、人生观开始形成。在这个阶段,部分学生对社会有过于理想化的憧憬,对失败、挫折缺乏心理承受能力,生活中缺乏自信,缺少责任感;在生活或学习中稍微碰到不舒心的事情,脆弱的神经就承受不了,甚至"崩溃";好多同学存在"拜金主义""利己主义"的思想等等。家长究竟怎样才能引导孩子树立正确的价值观和人生观,让孩子走上健康成长的道路呢?下面几位家长的做法也许会给您一些启迪。

[案例一]

有输有赢才是多彩的人生

女儿从小体弱,与外界接触少,我和她爸爸又对她宠爱有加,因此孩子的性格比较脆弱,遇事经不起挫折,遇到困难常常萎靡不振,意志消沉。就拿这次期末考试来说吧,考试的第一天,平时像喜鹊般欢快的女儿,那天回家却静悄悄的。没等我问,女儿眼圈就红了起来,眼泪像断了线的珠子般滚下来,一边哭一边说:"生物没考好,很多题我都没有见过,好多同学比我考得好。这可是我的强项,况且我又付出了那么大的努力,没想到会考得这么烂,我再也不复习了!"说完把书包朝地上一扔,冲上楼去,呜呜地哭起来,大有第二天不再参加考试之势。

我没有去管她,让她自己调整一下情绪。果然,待了一会儿,她平静下来,坐到书桌前,拿起了生物书。看到她手里被翻得快要散架的书本,她刻苦复习生物的情景便浮现在我的眼前。书确实背得不错,课后的注解都复习了一遍。但考试的内容不可能完全照搬书本啊,需要自己去推理、去理解、去灵活地应用。

看到她已心平气和,我坐在她的身边帮她分析考试失败的原因,探讨

其学习方法的不当之处，指出她对知识不精益求精、满足于一知半解的学习态度正是导致此次考试失利的主要原因，并告诉她："妈妈知道你很委屈，因为你已经付出了很大的努力。但是，由于你的方法不对，结果是下了很大的功夫，反而收获甚微。那么，是不是你就应该因此停止耕耘呢？那样做就错了，尽管有时可能会事倍功半，但是耕耘多的人总会有较多的收获，这好比守株固然可能碰上一只自己撞上树的兔子，但绝对比不上主动出击的猎人收获多。没有付出就没有收获，没有经历过失败就难以体会成功的不易。人生的道路不会是一帆风顺的，失败本身就是一种阅历，一种财富。你今天失败了，痛定思痛，找出原因，明天就会反败为胜！"接下来我又讲了许多科学家在艰苦的环境中，不屈不挠，以顽强的毅力和积极的生活态度对待困难和坎坷，最终取得成功，赢得世人爱戴的故事。

孩子的脸上渐渐地露出笑容，开始认真地复习起第二天的考试内容。她终于走出了失败的阴影。

以后，每当孩子有挫败感的时候，我和她的爸爸就是她忠实的听众，帮助她学会自我疏导，排解心中的郁闷和烦恼；或者领着孩子漫步于鲜花丛中、绿水之畔，来化解心中的不快。我们常常告诫孩子，不管做什么事都要保持良好的心态，要做到胜不骄、败不馁，不管今天是多么阴云密布，相信明天一定会阳光灿烂。不要怕付出，不要怕失败，因为有输有赢才是真正的人生。我和孩子的爸爸在平时也注意以身作则，少发牢骚，多做实事，勇敢地面对挫折，向困难挑战。随着时间和阅历的增长，女儿的性格渐渐地开朗起来，意志也逐渐坚强，遇到困难不再逃避，不再怨天尤人，不再轻言放弃，而是微笑地面对，努力去克服。我突然间觉得女儿长大了，成熟了。

（田　杰）

[案例二]

从生活的一点一滴抓起

身教重于言教。父母是孩子的第一任老师，因此必须以身作则，率先垂范，凡是要求孩子做到的，自己必须首先做到，经意和不经意间都必须时刻做到谨言慎行。如在路上开车，遇到红灯就停，遇见行人就让，宁停或等10分钟，不抢1秒——让孩子懂得循规、遵章和忍让；跟老人和小孩一块活动或吃饭，先敬老、后让小——让孩子知道老幼有别、尊老爱幼。乘坐公共汽车、在公共场所活动，亦是如此。

善于借助外部力量。孩子都喜欢看电视，我们做父母的从不禁止她看电视，而是引导她看那些信息量广、有益心智的节目，如《新闻联播》《国学小名士》《敞开心扉的少年》《我是未来》，借以开阔眼界，扩充信息量，拓宽知识面，知晓天下事。另外给她提供和推荐一些经典名著、名人传记、《读者》《新十万个为什么》等图书杂志，并经常和她一起探讨。如她看《红楼梦》时，我就问她书中总共写了多少个梦，贾宝玉、林黛玉、王熙凤出场前，作者是怎样对他们进行描写的。还教她如何泛读、精读、摘抄和记忆。孩子想上网，开始时由我们家长陪同指导，搜索一些与学习有关的信息材料。时间久了，孩子上网很自觉，我们则完全"放任自流"。

从小事抓起。教育孩子无小事，从小就教孩子懂得"勿以善小而不为，勿以恶小而为之"的道理。如吃饭时，孩子剩饭剩菜过多，就让她背"锄禾日当午"这首诗；遇到寒、暑假，就跟她签"合约"，让她承包洗刷等家务，作为报酬，每天给她发上1元~2元的"工资"，以示鼓励；她自己的起居室、书房的一切事务，包括学习用品、所穿衣物等，完全由她自己负责，遇到摆放不规范和杂乱无章的情况，则随时提醒她；洗脸水等不马上倒掉，而是合理循环使用，用来拖地、冲厕所等，淘米水用来浇花等，久而久之，她就养成了节约用水的好习惯。

有成绩就表扬。表扬是最好的教育方法之一，较之教训、呵斥、说教，能起到事半功倍的作用。如刚上初中时，班级干部要通过竞选产生，我们跟她一起探讨竞选什么职位，她自己却拿不定主意。我就说，我上大学时，团支部书记、班长、学生会主席都是竞选当上的，职务越高，意味着责任越大，奉献越多，对自己的挑战和锻炼也就越大，我们认为你应该去竞选班长，她同意了。于是我们和她一起研究如何写演讲词，提醒她一些注意事项。虽然最后她没有竞选上班长，而是竞选上了班级委员，但我们还是大大表扬了她一番，并鼓励她一定要干好，为老师、同学和班级服务好，她也的确做到了尽职尽责。另外，我们还鼓励她积极参加学校和班级组织的一切活动，如运动会、演讲会、各类竞赛等，培养她的集体荣誉感、责任感和全面发展的能力等。

现在，孩子正全面、健康地成长着。

（武斌宇　李玉凤）

[案例三]

和孩子建立起心灵沟通的桥梁

那天，孩子沉默了，傻傻地坐在沙发上，呆呆地望着时钟，一种无助的不知何时挂在了孩子原本天真无邪的脸上。我不知道发生了什么事，心里真是又急又无奈。"怎么了？到底是怎么了？为什么？孩子的笑容飞到哪里去了？"一个个不解的问号瞬间涌向了我。

我渐渐地意识到，到了我这个家长跟孩子沟通的时候了。

"琼琼，怎么了，遇到不高兴的事了吗？跟老爸聊聊好吗？"

"老爸，我生物奥赛选拔落选了。"说完，委屈的泪水从孩子的脸上滑落了下来。我能体会到孩子那种无助的脆弱的感受，毕竟自己在求学过程中，也经历过类似的事，想想自己当时是多么狼狈、多么绝望，弱小的心灵是多么无助，那时的自己多想找个知心朋友吐露一下内心的感受。自己的孩子现在恐怕也是这么想的。

"怎么，心里很难过吗？"

"当然了，就这样被刷下来了，真是太没面子了。我为什么就不如别人？我怎么就这么笨呢？笨死了，笨死了！"

"哈哈……好像有点不甘心哟！刷下来没有什么大不了的，这样的失败并不意味着什么。人的一生很漫长，会遇到各种各样的挫折和失败，这样小小的挫折和失败又算得了什么。只要你心中有一个大目标——好好学习，将来做一个对社会有用的人，那么这样的失败就是一次有益的失败，它使你找到了与其他同学的差距，有了强大的学习动力。今后，对待挫折和失败，首先你一定要调整好心态，决不能因为一次失利就一蹶不振。其次，不要因为失败而觉得自己丢了面子，只要你奋斗了、竭尽所能了就是好样的。相信自己，决不服输。找回原有的自信，你同样会很出色。"

那天晚上我们一直谈到 11 点。几天后，孩子对我说："老爸，多亏了你那天的开导，我现在心里舒服多了，也没负担了，想开了，如果没有你，不知道什么时候我才能走出痛苦的泥沼呢！"

从此以后，这样的倾心交谈，成了我和女儿日常生活中的一项重要内容。

在与女儿的沟通交流中，我注意把握两点：一是要让孩子树立科学的人生观和积极的人生态度，不要让孩子对某事太固执，产生过重的心理负担或厌倦和报复情绪，要让她知道人生不是只有一条路可走，还有许多选择，世上没有走不出的迷宫。冬天来了，春天还会远吗？希望永远在我们的前方。第二是让孩子树立责任感，不要给孩子过多推卸责任的机会，更不能让孩子形成凡事都无所谓的过度放松的心态，一定要明确家长和孩子沟通的目的是让孩子扔掉负担，而不是让他们自由放任、听天由命。否则，会使孩子失去前进的动力，失去积极的上进心。总之，与孩子交流沟通时一定要把握好度。

让我们对自己的孩子大声说："你是最棒的，成功在向你招手！"

(吕祥坤)

[点评]

上面的几位家长针对自己孩子成长中的问题，采取了一些行之有效的方法，帮助孩子明确学习目的，化解孩子在生活中遇到的各种各样的问题，培养孩子积极进取的生活态度，在生活的一点一滴中培养孩子正确的价值观和人生观，很有可取之处。

正确的价值观和人生观是一个孩子健康成长的前提和基础。在初中阶段孩子价值观和人生观的培养的过程中，一是要教育孩子明确学习的目的，树立一个远大的志向和目标；二是教育孩子树立积极进取的人生态度，为实现自己的理想和目标而努力，以坚强的意志、百折不挠的毅力、顽强拼搏的精神，去实现自己的理想和志向；三是指导孩子学会处理人生道路上遇到的各种问题，正确处理成功与失败、逆境与顺境、痛苦与喜悦的关系，培养孩子面对失败、逆境、痛苦时的心理承受能力；四是家长应以健康向上的实际行动影响感染孩子，认真学习、积极工作、乐于助人、对社会有所贡献，为孩子树立良好的榜样。

二、孩子做事不能持之以恒怎么办

做事不能持之以恒是许多孩子的一个通病。孩子们经常给自己制定下一个个美好的计划，比如学习计划、读书计划、作息时间计划等。可谓是井井有条、信誓旦旦，但就是三分钟的热度，不几天就把计划的事忘得一干二净，又开始了"放纵式"生活。针对这种情况，家长们各显神通，采取了许多行之有效的方法。

[案例一]

全面引导　坚持不懈

我的孩子就像人们所说的那样"无志者常立志"，经常给自己制定下这样或那样的计划，但就是不能持之以恒地按照计划去做事。为了培养孩子持之以恒的品质，我注意从多方面去引导教育孩子。

一是经常与孩子谈心，做到相互沟通。

孩子对自己制定的计划往往在心理上不够重视。在她对自己的计划过了"自控期"，又回归到放纵状态的时候，我会主动找她谈心，对她"动之以情，晓之以理"。一次晚饭后，我和她坐下来聊天。"最近很累吗？"我问她。"不累，还可以。""那你为什么放松自己，又脱离了轨道呢？"她无话可说。于是我趁此机会循循善诱："所有的成功者，无不是做事持之以恒的人。你既然有计划，就应该照着去做。无论遇到什么样的困难，都应该去克服它，更何况你现在还没有遇到什么大的困难。战胜自己，就是最大的胜利。而要战胜自己，最主要的就是把制定的计划落实到行动中去。"

经过苦口婆心的教导，她总算有所醒悟，第二天又自觉了起来。虽然几天后她可能又不"照章办事"，但是我仍然会继续不厌其烦地给她上好一节节"心理课"，给她打气鼓劲儿。久而久之，她自己也明白了许多道理，渐渐地自己的"自控期"也就越来越长了。

二是比赛式生活，共同促进。

孩子在青春期的时候普遍存在着一种叛逆心理，在这种情况下越是强迫她做事情，其效果越是糟糕。所以我就和女儿约定好进行比赛，如果谁先违反了比赛规定，就罚谁干一个星期的家务活。在比赛过程当中，我会尽全力，既不故意让着她，也绝不轻视孩子的能力。当然，如果是我自己做错了事情，我也会心服口服地接受惩罚。通过这样的比赛，我要让她明白一些道理——"成功就在于再坚持一下""坚持到底就是胜利"。

也许是因为新鲜有趣，她一口就答应了。开始的时候做得还不错，但是渐渐又想放松，最终还是她先违反了规定。她请求我再给她一次机会，但是我说什么也不肯答应她。她认清了事实，老老实实地做了一周的家务活。这个方法让她能在很长的一段时间里坚持做一件事情，真是不错的教育方法。

三是知识引导，自觉为主。

对孩子持之以恒品质的培养，家长只能起一种辅助作用。如果不培养她的自理性和自觉性，即使一时能做好，也很难保证她能够一直做下去。如果她养成了做事持之以恒的好习惯，并且完全是出于自觉性，那么就可以保证她一生都可以做下去。一个好习惯，可以使人一生受益，这正是我对她的教育目的。有的时候，家长的想法也不一定完全正确，孩子一味地盲从家长反而使孩子丧失了自己做主的能力，将来就很难适应社会的需要了，所以我主张以自觉为主。最好的教育方法就是让她看一些有意义的书籍，从书籍中领会思想内涵，启迪心灵，提高修养，做到学以致用。

有的时候我会和她一起交流读书心得，开个家庭读书座谈会。在交谈中，我对她说："做事持之以恒，是一个人成功的前提。无论你的头脑有多聪明，如果不能做到持之以恒，也不会有太大的发展。在学习上尤其重要，只要你能克服自身的惰性，你的成绩一定会名列前茅……""妈，无论做什么我一定要做到最好……"女儿也信心十足地下了保证。我相信她的保证，更相信自己的教育结果。

（刘桂英）

[案例二]

榜样激励 晓之以理

我的孩子做事总是虎头蛇尾，做一件事情开头做得很认真很仔细，但是坚持不了多长时间就放下了，有时是潦潦草草地完成，因此学习成绩平平。经过与其他家长交流我发现，这是一个普遍存在的问题。针对这一现象，我采取了这样几种教育孩子的方法。

1. 家长以身作则，身教重于言教。

我的孩子从小喜欢画画，他的这种兴趣爱好使我们感到高兴。当他背上小书包跨进小学大门的时候，同时也背上了画板迈进了培养多方面艺术人才的摇篮——区少年宫，从此正式成为了少年宫国画班的一名学员。自古以来，学艺都是要吃苦的，培养孩子的兴趣特长也是对他意志的锻炼。一次暑假，国画老师为孩子留了一周的作业：画100只小鸡、200只虾。孩子被这个数字吓昏了头脑，想打退堂鼓。著名教育学家刘佛年说过，科学家之所以有成就，有才能是一方面，意志坚强也是一方面；要培养学生这种意志力，他将来才会有成就。动摇是意志薄弱的表现。抓住这一时机，我给孩子讲了画家徐悲鸿为了磨炼自己的意志，冒着风雪在野外写生，在饥饿的情况下仍夜以继日作画的动人故事，让他明白"功夫不负有心人"的道理。这一切使孩子打消了畏难情绪，主动挥笔练画，并表示要把画好每一只鸡、每一只虾当成一次次提高绘画水平的机会。看得出，有时他画得腰酸胳膊疼，但他仍以顽强的毅力画完了全部作业。经老师评定，他的水平得到了飞跃式提高。他也从中慢慢懂得了"功到自然成"的道理。儿子学画的实践使我体会到，如果把人的成功比作大厦，那么，坚强的意志和顽强的毅力正是成功的基石。

2. 树立远大理想，激励孩子奋进。

孩子上小学时，由于工作忙，我和爱人有一段时间没有管孩子的学习。有一天老师叫我到学校去，说孩子参加数学课外辅导班只去了两天就不去了。我当时很着急，也很恼火。回家后，看到儿子若无其事地在叠纸飞机，我把他的书包拿来，找出各科的基础训练看，发现前边做得还好，后边做得比较乱，有的甚至还没做。我当时真想把他揪过来揍一顿，但是转念一想，造成现在这种局面，家长负有一定的责任。仔细分析孩子出现这种状况的原因，主要是自己没有远大目标，认为学习好坏无所谓。古今中外无数成功人士的成长过程早已证明，只要有了远大的理想，就会产生锲而不舍的动力，就没有克服不了的困难。基于这样的考虑，我开始有意识地对儿子进行理想教育。我把吓坏了的儿子拉过来坐下，温和地和他交谈："你长大了想做什么？"儿子支吾着说："我想开飞机。""开飞机必须懂得好多好多知识，要考上大学，学习造飞机的原理和开飞机的知识和技巧，才能实现自己的愿望。"儿子点点头表示听懂了。在以后的日子里，我经常对儿子进行理想教育，讲述爱迪生、贝多芬为了实现理想而奋力拼搏的故事。儿子逐步树立起了远大的理想，学习比以前更努力了。

3. 和孩子一起学习，培养持之以恒的品质。

为了培养孩子持之以恒的品质，丈夫可谓煞费苦心，家里订了《潍坊晚报》，每天晚上和儿子一块阅读，并且经常到书店买些有教益的书籍和儿子一块阅读。《每天进步一点点：从平凡到卓越的183个道理》是家庭教育专家吴章鸿女士写给儿子的183个道理，我和丈夫要求儿子坚持每天朗读一篇，他很高兴地接受了。因为儿子在学校经常主持节目和参加各种演讲比赛，对朗读较有兴趣。每天晚上，无论时间早晚，我与丈夫都饶有兴致地听儿子演讲，讲完以后让他谈谈感受，我们也谈谈自己的看法，一起从中学到了许多做人做学问的道理。《顽强与安详》一篇，吴章鸿是这样教育自己的儿子的："世界上的名人，没有不付出汗水和鲜血就轻松成功的。""想成功的人，就要有不服输和不达目的决不罢休的顽强意志和信念。对人生、对事业、对学习、对比赛，都要有这种坚忍不拔的劲头。"丈夫也趁机谈自己的感受："一个优秀的男人，就要有成功的事业，成功是需要超常的智慧、毅力才能取得的。儿子你要时刻努力加油啊！"

我们在与儿子一起学习的过程中体会到了学习的快乐，也使儿子逐渐养成了持之以恒的品质。

（周聪杰）

[案例三]

放弃很容易　但坚持一定很酷

从儿子上小学时起，每个周末我都会陪他一起出去骑行，从最开始围着附近的公园骑，到现在一口气能骑行几十公里。这不仅提高了孩子的身体素质，也很好地培养了他的意志力和自律性。儿子现在上初中了，周末总会主动约上我出去骑一圈。他能有今天这样的表现，离不开自己的努力，也离不开我和妻子对他的引领和支持。其实在骑行上，有一段时期儿子也想过放弃。最终我和他一起坚持了下来。其实，孩子做事情遇到困难想放弃很正常，这时候只要家长能够适时地帮助他、引导他，帮他迈过去这个坎儿，那孩子就一定会有新的收获和成长。

去年暑假，我和儿子第一次挑战从市区骑行到郊区，路程大约30公里。骑到大概一半的时候，儿子说不想骑了，太热了，带的水也喝完了，感觉整个人都快要炸了。这时候我鼓励儿子说："不急，我们先歇一会儿，等到了地方爸爸请你喝冷饮。"儿子不为所动。我等儿子把牢骚都发泄完，才跟儿子说："放弃很容易，但坚持一定很酷。不妨再坚持一下，说不定接下来的路有惊喜呢。你还记得在网上看到的那张挖矿的图片吗？那人努力挖了那么久，但却在离矿藏只有一步之遥的时候放弃了，是不是很可惜？相信他如果知道自己错过了些什么，一定会感到很后悔。比别人多走一步，多前进一点，就能有不一样的收获。爸爸相信你肯定希望自己是最后的胜利者，是那个笑到最后的人，对吗？"儿子沉思了一会儿，我们父子再次开心地出发了。

孩子在学习和生活上，做事情三心二意，想放弃的时候，我总是不断地鞭策他、鼓励他。我知道我就是孩子最好的榜样，是孩子的引路人。要想孩子做事情有恒心、有毅力，家长一定要从小陪伴他、培养他，这样才能培育出坚韧自律的孩子。

（马玉志）

[点评]

　　成功学研究已经证明,决定一个人成功与否的关键因素并不是智力因素,而是非智力因素。在各种非智力因素中,意志品质又是其中的核心要素。所以,如果孩子做事不能持之以恒,家长应加以重视。在以上的案例中,家长们针对自己孩子的特点,采取了一些很好的办法,值得大家参考和借鉴。

　　家长首先应该分析孩子做事不能持之以恒的原因,如没有远大的目标,对学习缺乏兴趣;家长没有及时引导督促,对孩子要求过松;任务太重,完成无望,消极怠工;家长没有做到以身作则,没有给孩子树立良好的榜样;或是以上几种因素兼而有之。然后,针对不同原因,采取不同的办法,要切实做到对症下药。第一种情况,可以通过讲述身边成功人士的事例或名人成功的故事,帮助孩子树立远大的目标,增强学习动力;第二种情况,可通过对孩子严格要求的方式,教育他做事不要半途而废;第三种情况,在孩子遇到困难时多鼓励少批评,帮助孩子重建自信,激发他克服困难坚持下去的勇气;第四种情况,身教重于言教,家长首先要做到做事持之以恒,给孩子树立良好的榜样。通过这种方式,潜移默化地影响孩子。

三、孩子不懂得感恩怎么办

　　学校门口,早上送学生的车排成了长队,孩子们一个个走下车,砰的一声关上车门,急匆匆地跑进学校,很少有孩子跟爸妈说一声"再见";饭桌上,面对丰盛的晚餐,孩子们常常忽略了爸爸妈妈工作一天后的辛劳,饭来张口的同时也总是习惯于挑毛病,体会不到父母变着花样准备晚餐的那份苦心……现在的孩子真的不懂感恩吗?

　　自古以来,我国就有"羊羔跪乳,乌鸦反哺""受人滴水之恩,当涌泉相报""投之以桃,报之以李"这样的感恩文化。然而在社会日益发展的今天,为何孩子却逐渐丢失了感恩之心?

[案例一]

感恩社会——走出家门参加公益活动

冬天的一个上午，天下着大雪。雪停后，我看到楼下看车子的阿姨正在扫雪，便对女儿说："咱楼门口的积雪很厚，你快下去扫雪吧。"女儿不解地看着我说："天这么冷，我凭什么下去扫雪？"

"一屋不扫，何以扫天下？"我们深深认识到了问题的严重性。当天中午，我们没有做午饭，而是领着孩子下楼扫起了雪。扫完雪，已经是下午1点50分了。虽然衣服都湿透了，但我们认为很值得。事后我们经常与孩子交流做某事的理由，让孩子能完全理解其中的道理，从而心甘情愿地去做。我们还鼓励孩子去做力所能及的家务劳动、参加社区服务，培养孩子对家庭、社区的责任心和对社会的感恩之心。自此之后，女儿主动承担了本应清洁工做的楼道清扫工作，长年如一日。每次下雪后，雪地里也总有我女儿扫雪的身影。我们看在眼里，喜在心里。当然，女儿也受到了邻里的好评。

（纪永春）

[案例二]

多给孩子一些处理事情的机会

孩子的感恩之心，必须在做事的过程中进行培养。为此，平时我会多给孩子一些处理事情的机会：如洗自己的手绢、袜子，适当做家务活等，这可以让孩子意识到他在家庭中的身份，使他在这个过程中养成对家庭的责任意识、对父母家人的感恩意识。

我还经常安排孩子从事一些力所能及的社区工作：比如照看邻居的弟弟妹妹、陪爷爷奶奶说说话等。一方面，可以使孩子在帮助他人的同时，获得他人及社会对他的肯定；另一方面，也可以使孩子感受到自己所做工作的价值和意义，并从中得到乐趣，从而逐步建立起对社会的责任心。

近几年来，每个月我的身体总有那么几天不舒服，丈夫工作又忙，这时孩子会在我身边嘘寒问暖——一会儿给我拿药，一会儿给我倒水，有时还能给我做饭洗碗，让我十分感动！随着孩子年龄的增长，他的感恩意识，独立能力、责任意识也都随之增强。

（孙玉芬）

［案例三］

榜样的力量是无穷的

我女儿都上初中了，可还是不懂事。有一次，我生病了，在家打点滴，孩子一进家门就说："好不容易过个星期天，你却生病，真没劲！"我的心里酸酸的，本想让女儿在家陪陪自己，看来是指望不上了。果然，女儿放下书包，便跑出去玩了，直到吃晚饭时才回来，还嫌饭菜做得不可口。

今年春天，我父亲得了脑卒中，躺在床上，生活不能自理。我们姊妹几个轮流伺候老人。星期天正好轮到我，我便带着女儿一起过去了。一到家中我就忙个不停，给父亲搓背、擦身、喂饭、处理粪便等。起初女儿呆呆地站在旁边，不久后她便开始主动帮忙，替我洗毛巾、给我倒水，后来她还给外公倒便盆。看来真是身教重于言教，榜样的力量是无穷的。不久之后有一个星期日，正好赶上我不舒服，女儿便自告奋勇去伺候外公，当时我的心里真像喝了蜜一样甜。

（任凤梅）

［案例四］

体验是最好的教育

星期天，在镇上上初中的儿子一回家，我便马不停蹄地给他做好吃的饭菜，唯恐不合他的口味。有一次，我包的水饺咸了一些，孩子没吃几口，就把筷子一扔，到里屋去了，我怎么叫，他也不应。儿子有乱花钱的不良习惯,有一次,他回家要钱,我只数落了他几句,他便一头将我拱倒在床上。没有办法,我只好把钱给他。有一天晚上,我让儿子给在外打工的爸爸打个电话,他不冷不热地说:"我没空儿!"我的心一下子凉透了。那一夜,我失眠了,心里一阵阵自责:我的孩子怎么这么不近人情,一点感恩之心也没有呢?

暑假里,我带着儿子到他爸爸打工的地方玩。开始几天,我们去了人民公园、游乐场等地方,孩子玩得很开心。看着他余兴未尽的样子,我趁机说:"儿子,你也看到了,我们在这里玩儿,爸爸却不能跟我们一起,每天都早出晚归地辛苦工作。咱们明天给爸爸搭把手,减轻一下他的工作量,这也算是你的暑假实践活动了,怎么样?"孩子愉快地答应了。时值盛夏,我们来到他爸爸打工的饭店,我和儿子便加入其中工作。看着孩子洗菜、拌菜,累得满头大汗,我很心疼,但想起孩子乱花钱的习惯,我还是强忍着。在我们的帮助下爸爸轻松了许多,很快就完成了搬运、洗菜、摆放桌椅等工作。就这样我们一直干了十多天,当我们再去游玩时,我发现儿子就舍不得乱花钱了,我为儿子的进步感到高兴。

现在我儿子的学习进步了,也更懂得感恩了。

(杨文凤)

[点评]

现在很多孩子不懂得感恩,对于父母、长辈、朋友的付出,认为理所应当。对此父母负有最主要的责任。

那么如何培养孩子的感恩之心呢?

(1)感恩从"谢谢"开始。孩子的好品质、好行为是逐渐培养出来的,要从细微处入手,从小事做起。让孩子学会说"谢谢",就是在孩子内心播下了一颗感恩的种子。

(2)培养孩子的独立性,不做"包揽者"。父母应该适时放手,让孩子从小就学着自己的事情自己做，锻炼他的独立性。有生活体验、有责任、有担当的孩子才更懂得感恩别人的帮助和付出。

（3）及时回应孩子的感恩行为。当孩子出现主动承担责任、尊重长辈、助人为乐等行为时，父母应及时给予肯定和鼓励，借此强化他的感恩行为。

（4）做孩子的好榜样。父母要以身作则，孝敬长辈。经常带孩子去探望老人，关心老人的身体健康，和孩子一起为长辈选购礼品或者制作礼物，带孩子参加一些公益志愿活动……

四、孩子觉得学习没有用怎么办

富兰克林说过："倾囊求知，无人能夺，投资知识，得益最多。"无论什么年代，学习都是有用的。时代在发展，社会在进步，知识在更新，没有知识就无法在社会上立足。但是现在有些孩子受社会不良风气的影响，产生了"读书无用"的念头，严重影响了学习的积极性和自信心。作为父母，我们该如何帮助孩子纠正错误思想，形成良好的学习习惯呢？下列家长的智慧做法可以为我们提供借鉴。

[案例一]

提高格局　激发孩子的学习内驱力

我的儿子上初二时，迷恋上了电脑游戏，他自己说玩得还很不错，而且还在同学中间买卖游戏号和游戏装备，挣了几次钱。这么小就能挣到钱，使他感觉学习无用，从此对学习丧失了兴趣。学习成绩一落千丈，自己却一点也不着急。老师找到我，我陷入了深思。我觉得自己的孩子是有思想的、聪明的孩子，出现这种问题是我平时工作忙没有好好陪伴他的缘故，我决定要好好跟他聊一聊。晚饭后，我跟儿子进行了一次平等的父子交流。

父："听说你最近发财了？爸爸祝贺你！"

儿子愕然，不知是褒？是贬？

父："你是怎么取得这么大的成绩，并挣到钱的？能和我说说吗？我也为你高兴一下！"

他看到我的语气中没带批评，就打开了话匣子，滔滔不绝地说着自己的本事，我也不时地赞扬几句。

最后我说："儿子，你很聪明，可我问你一句话，将来你打算干什么？人生不满百，雁过留声，人过留名。你将来可不能就仅仅挣这几个小钱，糊口就行。再说人生不只是眼前的苟且，还有诗和远方……"

我们父子俩一起谈起我们家族的过往，谈古今中外名人的理想和抱负。

最后，孩子对我说："爸爸我明白了，我要追求诗和远方。"我们父子俩紧紧拥抱在了一起。

（李志明）

[案例二]

找对方法　培养学习自信

我的孩子是一名初中男孩，觉得读书没有什么用，不想读书。实在没办法，于是我带他找心理老师进行咨询。我的孩子不想读书的理由如下：首先，觉得所学的知识以后工作根本就用不着。其次，列举了许多只有初中或小学文凭的人也能很成功，挣大钱的例子，而读过大学找不到合适工作的人比比皆是。第三，他认为能力比知识、学历更重要，而现行的教育体制培养出的人大多是高分低能的人，他不愿将时间花在努力学习变成书呆子上。

针对他振振有词的观点，心理老师用了一些巧妙的方法进行引导与驳斥。他先让孩子做了一个测试：如果有个地方藏着无价之宝，但想要到达那地方就必须渡过一条水流湍急、地势险要的河，问他是否愿意为过河花时费力建造一艘大船呢？儿子回答道："当然愿意。"心理老师接着问他，过了河之后，这艘船再也用不着了，你是否会后悔建造它？是否认为造船无用？

心理老师以这个形象的比喻启发了我的孩子。让他明白现在的学习过程正如造船，而无尽的宝藏是人生的未来。中小学的学习锻炼了人的思维，而思维的锻炼需要一定的载体——那就是学科知识。再者，现在的课本与生活的联系还是较为紧密的，现在用不着并不代表以后也用不着。心理老师让孩子认识到中学知识还是有用的之后，又继续引导说："现在你已经读初二了，与那些只有小学文凭的亿万富豪相比，学历已经算很高了，既然你认为读书无用，为何不退学创业，没准你若干年后是又一个亿万富豪。"儿子想了想认为这不现实，毕竟时代不同了。心理老师又引导我的孩子说出这个时代通过创业成为亿万富豪的人，他们大多有很好的学历。在引导讨论的过程中，心理老师让孩子认识到：1. 能力与学历并不矛盾，如果能力强，加上高学历，就如虎添翼；2. 学习需要综合各种能力，包括自控能力、时间管理能力、意志力等，学习成绩好，意味着能力好；3. 中学是学习的大好时间，错过了很难再补上，务必要抓紧时间；4. 学历低的成功人士并非青少年时期学习不努力，很多是因为社会或家庭的原因不能继续读书。

通过和老师交流，我的孩子认识到，自己原先学习成绩无法提高的原因，最初是由于学习方法不对，后来是因为缺乏信心才开始厌学了。实质上，我的孩子本身的实力并不差。在老师的指导下，我从帮他树立起自信心开始，与他一块探讨正确的学习方法，孩子的成绩慢慢地提高了。成绩上取得的进步，更加坚定了孩子好好学习的信心，孩子渐渐地也不再厌学了。

（李志明）

[案例三]

营造学习氛围　亲子共成长

很多家长认为自己的文化水平不够，因此不能辅导孩子，导致孩子的学习成绩不好。这样的认知是错误的，只要找对方法就一定能教育好孩子。

我的老家是一个美丽的小山村，我的邻居刘大爷和刘大娘都没上过初中，特别是刘大爷仅仅上了扫盲班。然而他家的三个儿子都考上了大学，老大是国家级新闻单位的记者，老二老三分别是县级法院的院长和副院长。他们来自农民家庭，家境贫穷，他们成功的秘诀在哪里呢？在于刘大爷的以身作则、言传身教。刘大爷文化水平不高，但有一颗学习的心。从老大上学开始，刘大爷就跟着老大一起读书，老大成了刘大爷的老师。每天放学回家，孩子写完作业就教刘大爷写字、算术。老二、老三耳濡目染，还没上学就跟着哥哥学会了很多字。刘大爷喜欢买书，让孩子们读给自己听。几年下来，孩子们都爱读书了，而刘大爷的文化水平也达到了小学毕业的程度。刘大爷自强不息、勤奋好学的精神深深感染着他的每一个儿子，铸就了他们不屈不挠的性格，促使他们奋发向上，取得了不俗的成绩。

（李志明）

[点评]

一段时期以来在部分家庭和学生中间都不同程度地存在着"读书无用论"。作为家长要做到：1.要引导学生，树立"风物长宜放眼量"的观念提升孩子的人生格局，探求生命的意义，从而激发学生学习的内驱力。2.孩子刚刚建立的学习动力还比较脆弱，容易被现实困难所打散，需要老师和家长的共同呵护。孩子在学习过程中，要适时地给他一把梯子，当孩子遇到困难时适时助力，才能让孩子体验到努力后成功的感觉，并愿意为之不懈坚持。学习能力的提高会带来学习效果的改善。学习好了，孩子的自信心增强了，自然会形成学习的良性循环。要针对孩子的具体情况找准孩子厌学的原因，有的放矢地解决问题，帮助孩子渡过难关。3.榜样的力量是无穷的，父母是孩子最好的榜样。爱学习的家长一定能够带动孩子的学习热情。

五、孩子不适应初中生活怎么办

初一学生刚刚从小学升入初中，学习内容、学习方式、校园环境、人际关系等方面的变化让他们面临着新的考验和挑战。不少初中新生对此存在着适应问题。有的学生住校后待不了两天就想家想得流泪；有的学生到校后经常头疼、肚子疼甚至发烧，请假回家后症状就会消失；有的学生面对学习和生活环境改变带来的双重挑战产生了退学的念头……这些都是孩子不适应新环境的表现。如何帮助他们尽快地适应学校生活，形成健康、良好的心理品质，顺利完成整个初中阶段的学习呢？请看下面的案例。

[案例一]

小茹的转变

小茹是我女儿，现在上初一，成绩较差，性格内向，平时不太愿意与班里同学接触。进入学校还不到一个月，孩子就成了老师的"重点关注学生"。

我家经济条件一般，小茹自小跟着爷爷奶奶在老家居住，我们夫妻常年在外打工。直到今年9月孩子升入初中，入读某城镇中学，才从老家来到城镇与我们同住。我和小茹爸爸文化水平较低，都在服装厂上班，平时经常加班，大部分时候是小茹独自一人在家，我们之间很少交流。

最近班主任联系我说小茹多次违反校规，主要表现为在课堂上睡觉，多次抄袭同学作业。在开学第四周，我们就因为孩子抄作业被班主任约见。老师反映，她总是低着头说话，经常表现得特别疲惫，神情沮丧，两眼黯淡无光。经过了解才得知，孩子觉得自己进入新学校后很孤单。在班里，其他同学基本都有几个认识的小学同学，而我家小茹一个认识的朋友都没有。她特别讨厌下课，因为下课后，大家三五成群地聚在一起，只有她独自一人，特别孤独。这让我想起之前孩子还曾与我说过，想要回老家读书。

面对学习,她感觉自己更痛苦。她的小学基础本来就不太好,进入初中面对那么多科目,那么多作业,完全应付不来。现在课后作业她也经常完成不了,因为怕老师批评,她每天要早早来到学校拿同学的作业抄,但是又害怕被老师发现她抄作业,每天早读课之前都过得特别忐忑。上一次因为抄作业被老师发现,还被约见了家长。她也知道我们能够让她进入这所学校读书不容易,但是在新学校她很不适应,于是想回老家读书。了解到孩子的想法后,我特地调了岗位上全白班,晚上早早接孩子回家,每晚临睡前和孩子谈心,引导孩子说出自己的困惑,陪着孩子一起吃饭,一起做家务,一起锻炼身体,养成早睡早起的习惯。同时联系班主任找到学校心理辅导老师,每周让小茹到学校辅导室和老师聊天减压。坚持了一个月后,小茹终于不再提转学回老家的事情。精神头足了,笑容回到了孩子的脸上,成绩也有了起色。

(陈灵芝)

[案例二]

帮助孩子建立自信

儿子在小学的时候,作为家长完全没有感觉到他有来自课业的压力,小学阶段可以说是轻松度过。但是进入初中后,科目由原来的三门变成了七门,课业压力像潮水般扑向孩子。刚升入初一不久,儿子的状态便从原来的精神抖擞变得厌厌倦怠,对任何事情都提不起精神来。

借着一次闲聊的机会,我"顺便"问了一下他升入初中后的感受,结果儿子开始疯狂吐槽:"初一的科目太多了,作业也太难了,数学题都不会做,我感觉自己什么也学不好!"他向我倾诉了初中课业有多么"难",我静静地倾听,并认真地附和,用话语引导他,让他把心中的郁闷倾吐出来。

同时我也意识到,这是孩子对于初中学习生活的不适应。每一个学段的衔接过渡对于孩子来说都非常重要。作为家长,我们必须帮助孩子尽快从颓废的状态中调整出来。听完他的吐槽后，我稍显夸张地说："儿子，刚升入初中所有同学都会觉得课程很难，你现在的感觉是非常正常的！刚刚接触这些科目，要是你立刻就掌握了七门功课的学习窍门，那只有爱因斯坦能办到！"半是玩笑的鼓励话语让孩子放松地哈哈大笑。我接着又说："以你的能力，只要上课认真听讲，坚持一段时间后，就会发现你能够完全地适应！"

帮助孩子强化自身能力，弱化学习难度，有助于其自信心的建立。孩子还无法从自身层面正确认知、对待学段衔接，所以家长应该帮助他们了解，让他们放松心情并建立初步的自信心。这次谈话后，儿子的状态有了明显改善，同时我也加强了和老师的日常沟通，随时关注他的情况。

一段时间后，儿子的学习成绩开始慢慢提高，我适时给予了表扬与鼓励："你看我说得对吧，只要你能够认真坚持，初中学习对你来说完全不是问题嘛！老师也说你进步飞速呢！"

在这个时期孩子已经慢慢适应了小升初的学习和生活，作为家长，我们应及时给予他们表扬和鼓励，让他感受到取得进步后的成就感和认同感，帮助孩子巩固自信。

在儿子完全适应了初中生活后，当我们再聊起当时的情况，他已经能够淡然一笑了。小升初的适应过渡有难度，但是只要家长关注孩子的情绪变化，及时沟通，提供支持和帮助，帮助孩子建立起自信心，这一过程就会自然而然，水到渠成。

（王丹华）

[案例三]

小初衔接巧应对

初中时期，孩子身心都处在巨大的变化阶段，面对陌生的环境以及陡然增大的课业压力，孩子极易出现不适应初中生活的现象。

我的孩子在寄宿制学校上学，周末才能回家。开学一个多月后，孩子对初中生活的好奇逐渐消失，开始产生了强烈的焦虑。孩子初次与父母较长时间分离，集中封闭管理的初中生活让他产生了极大的抗拒心理，每晚都打电话哭闹说"我在这睡不着""住校不习惯"……要求每天走读，并且以"不接回家就旷课不学习"加以威胁。在与其班主任沟通并阅读相关材料后，我采取了"刚柔并济"的措施，态度上尽量温和，使孩子能够首先听进劝说；原则上很坚定，因为我深知初中阶段所培养的独立能力，对高中、大学的生活都起着重要的铺垫作用。首先，我利用周末时间，主动邀请孩子在学校的好朋友到家里做客，侧面了解孩子在学校的人际关系，确保孩子有合适的倾诉对象，进而减少他对父母的情感依赖。再者，在生活中，要学会放手，用肯定的态度逐步锻炼孩子的独立能力与受挫能力。如在假期时，我特意选择乘坐绿皮火车的方式带孩子去西安旅游，十五六个小时的硬座，加之徒步爬华山，上山下山十多个小时的磨砺，让孩子在学会吃苦的同时，感受到生活的不易以及苦尽甘来的满足。经过一个学期的时间，孩子的独立性得到了很大提升，不仅较好地适应了学校的寄宿生活，即使在放学回家后，也能将自己的房间收拾得井井有条。

初中阶段，学习科目陡然增加，突如其来的学业压力让孩子感到气馁，并产生了厌学情绪。初一新开设了地理、生物、历史、三个新科目，孩子本身接受能力较弱，面对翻倍的课业压力，学习中孩子不再游刃有余，逐渐出现了短板学科，而且情况愈演愈烈。无奈之下，孩子开始破罐子破摔。在跟短板学科的任课老师沟通后，我了解到孩子在课堂上回答问题的积极性不高，求知欲不强，甚至有时还会在课堂上打瞌睡。于是，我对孩子短板学科的周末作业进行了梳理，让孩子先做较为简单的题目，帮孩子树立自信心。随后，跟孩子一起做本学科一周内学习内容的思维导图，在帮助孩子初步梳理本学科重要知识的同时，让孩子在涂涂画画中感受到学习短板学科的乐趣。这样一来，孩子逐渐跟上了老师的课程节奏，慢慢找回了上课的感觉。除此之外，我还借助书籍的力量，带领孩子阅读短板学科的相关课外书籍。比如，我购买了《国家地理》系列杂志，虽然该杂志上的内容与孩子地理课上学习内容的关联性不大，但是培养了孩子的阅读兴趣，开拓了孩子的地理思维，进一步培养起孩子对地理学科的求知欲。

其实上初中并没有那么可怕，若孩子上初中后，出现了不适应的现象，作为家长，我们要在老师的帮助下了解他们遇到的具体问题，并及时进行有效的引导以解决问题，让孩子的学习得以进步，身心得以健康成长。

（于兆刚）

[案例四]
密切师生关系　适应初中生活

我上初一的女儿，刚刚迈进青春期的入口，变化却很明显。她就像刚学走路的幼儿，跟跟跄跄，却抑制不住对独立行走的渴望。那是生命的力量在引领，但偶尔也会遍体鳞伤，最明显的便是对初中生活的不适应。

初一开学刚刚两个月，女儿的笑容明显变少，从未有过的叹息声却渐渐出现。我心急如焚，两个月而已，是什么让她情绪低落，成绩下滑，快乐变少呢？我急切地想知道答案。通过与她聊天，我旁敲侧击地探寻，终于找到了答案。针对女儿的情况，我对症下药，最终帮助她适应了初中生活，找回来阳光开朗的自己。

与小学老师相比，初中老师对学生的要求相对严格一些，教学风格的改变让孩子不自觉地对老师产生了距离感，但这正是初中老师敬业爱生的方式。孩子们当局者迷，看不懂这一点，自然对老师产生了恐惧心理，我的女儿也是如此。"妈妈，我们班的老师都不苟言笑，尤其是班主任李老师，我不喜欢她，我看见她就害怕，她比我小学班主任差了十万八千里。"亲其师，才能信其道。我抓住机会顺势教育女儿，给她讲了我小学和初中时代的不同生活：小学时无忧无虑，老师和孩子打成一片；初中时科目繁多，学业繁忙，老师严格要求学生……让她明白小学老师与初中老师的区别是一直以来都存在的。"无规矩不成方圆，随着年龄和学龄的上升，老师越来越严格是大势所趋，是为了给你们更有效的教育。"听了我学生时代的亲身经历，女儿若有所思。

我知道已经打开了解决问题的突破口，但是要想从内心真正改变她对初中老师的排斥和恐惧，我还需要更具体的策略。于是，我翻阅书籍，学以致用，运用"偶像原理"和"普通人视角"去拉近女儿和老师，尤其是和班主任李老师的心理距离。

所谓"偶像原理"，就是让孩子了解老师的优点，尤其是专业领域上的成就，用崇拜的眼光去看待老师。譬如，我了解到李老师年龄不算大，却是级部备课组组长，更是区级优秀班主任。于是，我晓之以理，告诉女儿，在李老师这个年龄能够获得这样的荣誉，说明了两点："其一，李老师的确优秀，能力够强。你仔细回忆一下李老师上课的情景，是不是教得很棒？难于上青天的数学题在她的讲解之下是否迎刃而解？碰上这样的老师，是你的幸运，人与人之间的磁场会慢慢靠近，在她的带领下，你自然也会越来越优秀。其二，年轻的李老师能力之所以这么强，是付出了怎样的努力？你想想这两个月的相处，李老师作为一名班主任，认真吗？负责吗？当青春期的同学们发生矛盾，她有没有帮他们圆满解决？当你们班有同学不舒服了，需要关心了，她又是怎样做的？优秀的李老师付出了这样多的努力，却只配得到你一句'她比我的小学班主任差了十万八千里'吗？"

女儿又陷入了沉思，与上次不同的是，这次她的眉眼间多了一些崇拜和一丝愧疚。

只运用偶像原理，还远远不够。"崇拜感"让她仰视着李老师，但也会拉开她与老师的心理距离，这时候我又用了"平凡人视角"。我从李老师的朋友圈入手，发现了一些"小秘密"。我拉着女儿一起看李老师的朋友圈和抖音，原来李老师私下里是一个热爱生活的女孩。她喜欢到处去探店、吃各种美食，尤其是辣的；她喜欢自己做蛋糕、做甜点……女儿仿佛发现了新大陆，开心地叫着："啊！原来李老师这么可爱！她的很多兴趣爱好和我一模一样！"崇拜之余，她也学会了用平凡人的视角去看待李老师，两个人的心理距离一下子就靠近了。

自那以后，女儿变了。她开始用功学习，还说要成为像李老师那样优秀的人；她也经常回家对我说李老师的好：昨天李老师上课用讲故事的方法教我们做题、今天李老师又带领我们拿到了流动红旗……夸赞声不绝于耳，女儿的笑声也不绝于耳，她的成绩也节节攀升。终于，她喜欢上了自己的初中老师，完全适应了初中生活，活泼开朗的女儿回来了！

（周　宁）

[点评]

  初中和小学在教学内容、教学模式、生活作息等方面都存在很多差异，再加上孩子进入青春期，生理和心理都会发生改变，所以进入初中后会出现各种不适应。小升初适应不良的原因主要有以下几点：一是青少年缺乏必要的独立生活体验，缺少独立面对新环境的信心；二是父母没有提前为孩子提供必要的成长指导，致使孩子不能从心理上和父母自然分离，从而产生焦虑感；三是孩子缺乏人际交往经验，难以快速建立新的师生关系和同伴关系，从而引发了情绪和行为的异样波动；四是学习科目增多，学习压力增大。

  孩子从小学升入初中，生活、学习、人际等方面的改变带来了多重的考验和挑战。为了帮助孩子快速适应初中生活，建议家长在这个阶段一定要无条件地积极关注孩子，通过认真倾听、平等沟通等多种方法，与他建立起信任关系。和孩子一起面对和解决问题，改善孩子的心态，缓解焦虑，提高自信，做好孩子的支持者和引领者。同时，和老师及时沟通、打好配合，相信孩子能很快融入新环境，踏上新征程。

六、如何培养孩子的自理、自立能力

"五育"并举、融合育人、全面发展，是新时代人才培养的要求。然而现实情况是，父母眼中的一些好孩子，老师心中的一些好学生，却缺少自信、自立、自律的品质，缺少积极乐观的心态和执着追求的精神，缺少理性务实、冷静开放的素质和责任感。那么如何培养孩子的自理、自立能力，使我们的孩子成为德智体美劳全面发展的人才，更好地适应未来社会的需要呢？

[案例一]

你能陪孩子多久呢

儿子晓璇的衣服很是干净整洁，无论是自己的卧室，还是教室的课桌也都收拾得清清爽爽，条理有序。但是，之前可不是这样的。读小学时，他总是不爱洗脸，蓬着头发，每次都是在我和他爸爸的强迫下才去理发。平时桌面上也很乱，桌洞里的书、本子、试卷总是杂乱无章地混在一起。每次上课的前几分钟，他总是低着头，用很长时间在桌洞里翻找书本。为此老师几次找他谈话，每次他都答应得很好，却未曾改变。晓璇从小就没有养成良好的习惯，小时候在家里奶奶总是事无巨细地惯着他。平时衣来伸手、饭来张口，十三四岁了还是奶奶给他整理房间、洗衣服。

读初中后，我和他商量，自己的事情要自己做，更要力所能及地帮助妈妈做家务。我鼓励儿子从小事做起，自己的袜子、内衣和校服要自己洗，自己学着整理铺盖、书桌、收拾卧室。只要孩子自己做了，哪怕是做得不够妥帖，我也会用便利贴画上爱心鼓励她，儿子也会用简笔画的方式回应。有一次我很不舒服，就故意没硬撑着起床给他做饭，而是让他从网上搜出菜谱学着做。他兴致很高，小心翼翼地照着步骤一步步有模有样地学着做了个西红柿炒蛋和难度较大的红烧虾尾。做好后，我邀请奶奶一起品尝，边吃边称赞他比妈妈做得都好。儿子的兴趣被激发了出来,每到周末都会给我们全家做一道菜,并且在自己洗衣服时都会问一句:"妈妈,你的衣服需要一块洗吗?"他还经常帮我拖地做饭。每次我都开心地拍着儿子的肩膀说:"有儿子真好!都说女儿是妈妈的小棉袄,我的儿子是皮大衣,既好看又保暖!"受到鼓励后,儿子做事的劲头更足了。

(陈灵芝)

[案例二]

在日常生活中培养孩子的自理能力

我的孩子今年15岁,即将参加中考。孩子身体健康,性格开朗,有爱心,有礼貌,学习勤奋。尤其让我们自豪的是,她的自理能力在同龄人中算是比较强的。她会把房间收拾得很漂亮,会及时把自己的脏衣服洗干净,还会做几样拿手菜,饭后也能自觉地刷洗餐具等等。孩子有这些表现跟我们在日常生活中有意识的培养是分不开的。

在小学低年级的时候,我们就给孩子规定好,自己的衣服自己洗,并且她爸爸也以身作则。那时孩子的年龄小,能力有限,她自己的小衣服自己洗,大衣服我就帮她洗。随着年龄的增长,个头的长高,现在所有的衣服,她都能自己洗,并且洗得很干净。孩子3岁起,自己就单独在一个房间睡觉,我们就教她怎样整理自己的房间,无论她的房间有多乱,我都不会帮忙,都要她自己及时把东西整理好。我们告诉她这样做的目的,一是让她知道珍惜自己的劳动,二是因为自己放的东西自己容易找到。

为了让孩子养成干家务的好习惯,从孩子上小学六年级开始,我们家就实行分餐制:每个人的碗、筷、盘子颜色不一样,饭后每人清洗自己的餐具,放在各自固定的位置。现在她已经养成习惯,每次吃完饭后,都会自觉地把自己的一套餐具刷洗放好,有时还帮我们刷洗,从不推诿。

另外,每年的暑假、寒假也是让孩子学习做家务、提高孩子自理能力的好时机。每到这个时候,我们就帮孩子订好计划,把学习、玩耍、做家务都列在其中。在这段时间内,经常是我们回家时,孩子已经打扫好了房间卫生,正做着饭等我们呢。每当这个时候,我的心里甭提有多高兴了。

(姚秀娥)

[案例三]

该放手时就放手

暑假到了,正在上初三的儿子对我说:"爸,我已经过了16周岁的生日了,暑假里我想去打工挣自己的学费,你觉得怎么样?"我心里咯噔一下子,忍不住担心孩子承受不了挫折。但是孩子主动提出这事,我也特别欣慰。儿子终于长大了,可以让他去闯一闯了。正好离家二里地的一家厂子在招暑假工,我就帮他联系了一下。

到了厂子里,车间主任领着我和孩子到处转了转,说了工序和注意事项,孩子当时就留下了。第一天下班回家,孩子说就是干一些零工、杂活,太无聊,没兴趣。并且是以计件工资的形式给报酬,做一件才一毛钱,一天下来不停歇地做也就赚七八十元。我引导地问道:"大家都做同样的事情吗?"儿子答道:"当然不是。"我接着说:"你知道这是为什么吗?"儿子摇了摇头,我说:"因为含金量高的技术活是需要真正的技术工人来干的,他们的技术和能力是无人可以替代的,所以他们的工资是普通工人的五六倍。而那些谁也能做的工序是没有文化水平要求的,因此工资也极低。看似简单的分工背后也是有文化知识作为基础的。"孩子在了解了这些之后,眼睛里亮闪闪的,若有所悟。三天后,儿子对我说,"爸,我不想去打工了,很累,腰疼啊。"我同他分析:"任何事情都需要坚持,我们去打工是签了协议的,做不够半个月是没有工资的,做什么事都要持之以恒。打工和学习比起来哪个更轻松呢?坚持下来你会找到答案的。"

打工第二周的某一天,儿子没有按时下班回来,我着急地联系他的当班组长，组长在电话中夸孩子："你儿子真是好样的，这次招的10个暑假工，只有你儿子上班不带手机。今天我要求他们留下加班时，那9个孩子都找各种理由走了，只有你儿子默默地留下，我们俩一起加班码垛了。现在还没干完呢，等干完我把他送回去，你就放心吧。"

面对组长的夸奖，我心里特高兴，特地加了两个菜等儿子回家。暑假打工结束后，儿子兴奋地告诉我，他挣了1200元钱，是所有打工的小伙伴中工资最高的。组长说，以后这个厂随时欢迎他！更重要的是，有了这次打工的经历，儿子的自理和自立能力更强了。

（马玉志）

[点评]

具备一定的生活自理能力，有利于孩子身心的健康成长和良好个性的形成发展，也是孩子形成健康人格的重要前提，对他们将来步入社会有着极为重要的影响。孩子的自理能力是在平时的生活中养成的。造成孩子自理能力差的原因，大致有这么几种：一是父母的言传身教不够，没有给孩子做好榜样；二是平时的管理方法不当，没有给孩子锻炼的机会；三是对孩子溺爱，怕孩子做不好，担心孩子累着、吃不消，将孩子的所有事情统统包办，造成了孩子的依赖心理。

培养孩子的独立生活能力是一项长期、烦琐、细致的工作，要做到：

1. 遵循循序渐进的原则。根据孩子的年龄特点和能力来培养孩子的劳动技能。

2. 父母要做好孩子的第一任教师，给孩子做好榜样，言传身教带动孩子。

3. 要有耐心，持之以恒。培养孩子的生活自理能力不是一朝一夕就能完成的，家长要从生活中力所能及的小事开始培养。

4. 通过科学的方法引导孩子自己的事情自己办。如采用表扬、鼓励、讲故事、做游戏等多种形式，让孩子学习各项生活与劳动技能。

5.不能溺爱自己的孩子，要知道"温室里长不出参天大树"。要给其锻炼提高的机会，让孩子自己去体验、感受，从而培养、提高孩子的自理能力。

总之，培养孩子的生活自理能力，需要从各方面入手。家长既要有正确的教育观、儿童观、发展观，还要相信孩子，大胆地让孩子自己动手操作，以积极的行动肯定孩子的每一点进步，从而帮助孩子提高生活自理能力。

七、孩子缺乏自信心怎么办

许多中学生对自己缺乏信心，瞧不起自己，总认为自己干什么都不行，无法赶上他人。有的孩子在回答问题的时候畏畏缩缩、不敢发言；有的孩子胆小怕事，有的孩子面对困难，停滞不前，有的孩子站在生活的十字路口，缺乏勇气……这些都是缺乏自信的表现。这些现象的存在严重制约了孩子身心的发展，助长了孩子畏难的情绪，也严重挫伤了孩子的自信心。那么，应该怎样培养孩子的自信心呢？请看下面的案例。

[案例一]

改变自己　赢得孩子

儿子读初三，性格敏感自卑。在平时和他人的交往过程中，他总是唯唯诺诺。每当学校有事情需要家长签字或者询问家长关于征订资料意见的时候，他回家也表达不明白，我们只能再和老师沟通交流。

一次，班主任刘老师到我家家访。他说孩子不喜欢参加集体活动，平时几乎不和同学交流，上课听讲也总是低着头，不敢正视老师。即便老师主动提问也总是低着头用手指绞着衣服，声音低得像蚊子嗡嗡。孩子的情况让我感到十分焦虑，于是我就积极地向老师寻求对策。老师和我分析，孩子的问题一般是大人造成的。我想到，平时孩子在家的大小事情，包括买衣服和买零食也都是靠我们帮他选择。他从小在爷爷奶奶身边长大，隔代抚养更是溺爱，爷爷奶奶把宝贝孙子护佑得相当安全，从来不让孩子独自行动，哪怕是吃饭、玩耍这样的小事都跟在身边，生怕孩子独自一人不安全。儿子遇到任何事情都是我们大人拿主意，自己一点主见也没有。现在孩子上初一了，就连自己的内衣、袜子都还是拿回家让我给洗，每周穿什么衣服也都要让我拿主意，作业是否完成也都需要我来提醒。现在我想放手可是孩子啥事也不会做，无奈之下我只好还是事事包揽。

我现在要做的就是先改变自己。班主任刘老师建议我用循序渐退的方式淡出孩子的视线。一定要和学校配合，只要现在适时放手还不算晚。刘老师建议我和他爸爸多参加学校每月组织的亲子恳谈会和家校交流活动，我愉快地接受了老师的建议。有一次，孩子上学路上遇到了老师，孩子害羞地低下了头。我问孩子："对面是谁你认识吗？"孩子小声回答说是语文老师。"那你为什么不打招呼呢？你不打招呼老师不知道是你害羞，他会认为你这孩子没礼貌。"孩子羞红了脸，我趁机给他讲了自己小时候的事情，并且平时训练孩子自己去超市买东西。慢慢地，孩子见了邻居也会主动打招呼了。我终于深刻认识到，孩子的问题根源在家长。我改变了自己的认知和做法，让孩子参加家中的事情，并听取采纳孩子的建议。孩子也渐渐找到了自信，在元旦文艺汇演上还主动上台表演了呢。

其实，家庭是孩子的第一所学校，家长是孩子的终身老师。孩子的自信大都来自家长，孩子往往看着家长的脸色行事。家长对孩子的肯定是孩子做事情的动力来源，质疑和否定会打击孩子主动做事的积极性。家长的信任和正向的评价能使孩子对自己产生积极的认知。因此家长要大胆放手地培养孩子的自信心，善于发现孩子的闪光点，鼓励孩子。

（马玉志）

[案例二]

很庆幸孩子有架电子琴

我女儿非常喜欢音乐，对键盘技巧更是情有独钟。特别是她在初中一年级时一段学习电子琴的经历，对于其自信心的培养乃至今后的生活都具有非常深远的意义。

当时的情况是这样的，孩子报电子琴班时，已经上小学五年级了。她在学校里担任班长及大队长的职务，因此课余时间很少。如果按部就班地完成电子琴学习，就要影响初二、初三的文化课学习了，该怎么办呢？跳级考取电子琴证书是唯一的选择。

刚开始孩子学习劲头很大，有时间就练琴，在短短一年半的时间内连跳几级拿下了电子琴六级的证书。但是从六级到八级的学习过程中，问题出现了。此时她已是初一的学生了，在班级里又担任班长职务，新环境中她必须分出一些精力来处理班务，加上她学习电子琴连续跳级带来的学习系统上的不连贯，孩子练琴的积极性一落千丈。她经常两眼望着键盘发呆，满脸无奈的表情，甚至偷偷地躲进卧室里掉眼泪。曾经带给她荣誉与掌声、欢乐与满足的键盘，现在让她感到前所未有的压力。应该承认，孩子是懂事的，她在做着激烈的思想斗争，要放弃学习电子琴吗？多少个风风雨雨，日日夜夜，其中有老师同学多少期待与帮助，又有家长多少个日夜相伴。直到有一天孩子在琴边再也练不下去了，一手摸着她心爱的键盘，一手紧紧地抱着妈妈，放声大哭："妈妈我练不下去了，我的基础太差，过去的很多知识还没有补上，现在老师讲得我又很难跟上……"

孩子的最后一道防线崩溃了。

这件事情引起了我的高度重视，诚然，如此大的跨度带来的学琴上的难度是可想而知的，可放弃又意味着什么呢？是半途而废，是精神、意志、自信心的失落，这对于一个第一次参加课余技能学习的孩子来讲，它的影响已经远远超过了学习电子琴这件事情本身。

认识到事情的严重性，家长自然要做很多细致的工作。我首先找到了孩子的指导老师，了解了孩子的具体情况，通过分析，我认为主要是孩子缺乏自信心的缘故。于是我就给她举了很多古今中外名人成功的事例，给她讲爱拼才会赢的道理，告诉她，她现在的处境就好像登山一样，在到达山顶之前如果放弃，将永远看不到山那边美丽的景色；如果咬紧牙关爬到山顶，就能感受到成功的喜悦。一览众山小，那种自豪感只有胜利者才能拥有。从那以后孩子每天坚持练习基本功，放弃了所有空闲时间。手指弹破了，贴上创可贴继续练。由于孩子刻苦努力，她最终以优异的成绩通过了电子琴八级考试。孩子的指导老师激动地说："她创造了电子琴学习的奇迹。"

后来我发现，当孩子遇到困难时，她总是坐在她的琴边，弹奏一首首优美、激荡的曲子，来激励自己的精神，提高自己的斗志，是充电，更是加油。

很庆幸，孩子有架电子琴。

（傅 蓉）

[案例三]

让孩子品尝成功的喜悦

女儿从小就喜欢看书，在小学五年级的时候，她参加市里举办的小学生作文大赛，曾获得二等奖。但她并不认为自己有什么优势，相反，她总觉得自己比那些字也美观、文也潇洒的同学差一大截呢。因此，对她来说得个二等奖是天上掉馅饼。一晃几年过去了，女儿从小学升到了初中，表现一直平平淡淡。有一次，我们翻阅孩子的笔记，觉得女儿的作文写得还是蛮不错的。于是，就有了帮她投稿的念头。谁知她听说后，头摇得像拨浪鼓，连说："不行，不行，我那点水平，你们还不知道？别劳民伤财了。"我们困惑了，女儿从什么时候开始变得这样不自信了？于是我们试图帮她找回自信。我们就从她的笔记中选了一首题为《童年》的小诗,略加修改后投到了《中学生作文》编辑部。时隔不久,居然发表了。当我们拿给女儿看时,她是那样惊喜,简直不相信自己的眼睛……

有了这一次小小的成功,女儿的创作欲望增强了。不久,她又写了一篇短文《奶奶》,文中写了关于奶奶的两件事:第一件写了奶奶对她的疼爱。女儿很小的时候,我们在离家十几里的中学教书,是奶奶一手把她带大,直到她上小学了,才来到我们身边。她跟奶奶的感情很深,每次回老家总是给奶奶洗衣端饭,揉肩捶背。第二件写的是奶奶和她三叔的事。6年前,母亲得了脑血栓,生命垂危。那时候,三弟在河北武警某部队当连长,工作很繁忙。为了不让他分心,母亲硬是不让告诉他。也许是母亲的爱国之心感动了上苍吧,一场大病,虽然落下了个半身不遂,但毕竟赢回了一线生机……想不到,看似平常的小事女儿写得是那样感人。几天后,我们就把这篇文章寄到了《中学生作文》编辑部,谁知不久后又发表了,并且还获得了一等奖。女儿又一次品尝到了成功的喜悦,这让她变得更自信了。

今年正月初九,是母亲的八十大寿,亲朋好友欢聚一堂,三弟也千里迢迢赶回了家。晚辈们纷纷献上了对老人的祝福,女儿也送给了奶奶一份特殊的生日礼物——那篇获奖作文。母亲不识字,可她还是拿在手里用心地看着,嘴里喃喃着:"我孙女把我的事写到书里去了,我真是没白疼她。"然后,就让坐在身边的三弟念给她听。念着念着,三弟眼圈红了,哽咽着说:"娘,幸亏您命大,要不然,我这辈子会多么遗憾……"也许女儿被这一幕深深地感动了,她悄声说:"等以后有了时间,我要写一部小说。"我们齐声说:"好啊,到时候我们当你的第一读者。"大家都被逗笑了。

有梦就有希望,愿女儿梦想成真。

(宋 瑜)

[案例四]

成功是成功之母

我儿子今年已经上初三了，他的数学成绩在班里名列前茅，但开始却并非如此。记得他上一年级时，特别不爱学数学。一让他做题，他要么溜到外面躲起来，要么做题时一会儿挠挠耳朵，一会儿抓抓头发，手里的笔握住又放下。老师告诉我，别的同学都做完16道题了，他6道还没做完呢，即使勉强做完了也是做10道错5道。我真是心急如焚，为这没少对他发脾气。

后来我为了搞清楚他做题慢、不想学数学的原因，就去咨询了几位专家。在这个过程中，我明白了唠叨、训斥不是解决问题的办法。本来孩子做题困难就有自卑感，在辅导儿子做题时，我又总爱在旁边说："这么简单的题，你一定会做。"本意是激励儿子不怕困难，然而效果却适得其反。题做出来时孩子会想，做出来是因为这道题太简单了；没有做出来时孩子会想，连这么简单的题都不会做，难免更加自卑。专家建议说：成功诱发动力。对孩子来说，往往看到成功的希望，才有努力的力量，积累小的成功才能化为大的胜利。

后来有一次5道题他只做对了2道，我没有像以往那样对他吼，因为训斥只会起到反作用。这次我想到的是鼓励，于是我说："这两道题很难呀，你竟然能做出来，真不简单。我相信你后3道题也能做出来。"这给了孩子很大的信心，他很快做好了其余的3道题。

做口算题时，要求是孩子需要在10分钟内做20道题，结果孩子超时了。我想若马上指责他，会影响他的情绪。于是，我就真诚地撒了个谎："早呢，请放心，还来得及。"算完后，比要求的时间慢了一分钟，我故作轻松地说只差两秒。孩子信心十足地要求再做一次，这次的结果是孩子提前两秒做完了。

（钟凤秀）

[点评]

　　自信心对一个人的发展非常重要,是一个人走向成功必备的非智力因素之一。自信心和成功是相辅相成的,有了自信心,就容易获得成功;没有自信心,就难以获得成功。自信心让孩子不怕困难、积极尝试、奋力进取,从而获得更多的知识和经验、争取到更好的成绩。那么,当孩子缺乏自信心时,家长该怎样培养孩子的自信心呢?

　　一是要善于发现孩子的闪光点,帮助孩子找到自信。父母必须努力捕捉这些稍纵即逝的闪光点,给予必要乃至夸张的表扬鼓励。

　　二是要多一点鼓励,少一点挖苦。鼓励、赞扬对增强孩子的自信心是很有益的。对孩子做的每一件事情,父母都要表现出信赖、欣赏的态度,只说鼓励话,不说泄气话,更不说抱怨挖苦的话。

　　三是认真倾听孩子的想法和建议。这也是培养孩子自信心最重要的一点。倾听孩子的想法,让孩子自己想办法解决面临的问题,这能使孩子意识到自己的智慧和潜力,产生成就感。当你花时间倾听的时候,孩子就会认为你很在乎他的看法。当然,在交流过程中你要尽可能与孩子保持平等的姿态。

　　四是让孩子感到自己有能力干一些事情。除了采纳孩子的建议外,还可以引导孩子做对家庭、对别人有益的事,哪怕只是让孩子种种花草,采购物品。

　　五是不要拿你的孩子跟别的孩子比。别忘了,每个孩子都是独一无二的,都有自己的个性和特点。

　　六是激励孩子做具有挑战性的事情。父母要从日常生活入手,适时、适宜地布置对孩子来说力所能及的或稍微克服困难就能获得成功的事情,给予其独立锻炼的机会,才能让孩子体验到成功的快乐,建立真正的自信心。

　　七是孩子失败后伤心难过时,家长要主动关注、关心他们,帮助他们分析失败的原因，鼓励他们通过努力来弥补弱点。

八是你自己要表现得非常自信。孩子们对身边人情绪的变化非常敏感，他们会像读一本书一样"读"成年人，并不自觉地模仿成年人。

八、怎样提升孩子的抗挫折能力

如今的孩子从小过着"饭来张口、衣来伸手"的日子，是"在蜜水中泡大的"，很少尝过挫折的滋味、体验过失败的痛苦。一旦遇到困难和挫折，便会沮丧、自暴自弃、一蹶不振，甚至轻生自杀。怎样转变孩子的错误观念，帮助他们从挫折中站起来，充满自信地生活和学习呢？许多有经验的父母们总结出了一些高招。

[案例一]
信任和鼓励是孩子战胜挫折的法宝

周末，初一家委会组织去凤凰山亲子徒步，我作为家长代表开着保障车随行。徒步前宣布了规则：10个家庭一队，小组家委会主任担任队长。自己的行囊尽量自己背，不劳烦家长，看看哪个组能以最快的速度到达目的地。如果实在坚持不住，可以上保障车，但是一旦上了车就等于弃权，整个组的名次都会受影响。

有的家长一开始就用不舍的眼光看着孩子，甚至有的家长把行囊直接往自己身上背。15公里的路程孩子们的表现差异很大：有的孩子走了不到一半路就叫苦不迭，半路上蹲下身子解开鞋带给家长看脚，说是脚上起了泡。家长们陆续把孩子背上的装备行囊解下来往自己身上绑，怜爱地给孩子擦额头上的汗珠并说"宝贝，累了就歇歇吧""喝点水、吃点东西再走吧"……那些本就意志力不强的孩子趁机一屁股坐下，不想起来了。有的孩子神情沮丧，不停念叨："太累了，我走不动了……怎么还没到啊？

我肯定走不下来。"

相比他们几个小队，我们队的孩子就表现得相当平静。在开始徒步前，我就告诉孩子们："没有徒步过的人，很可能脚上会磨起水泡，但这不碍事，这点小路程比起二万五千里长征，连九牛一毛都赶不上。"就这样简单的一句话让孩子们对徒步有了截然不同的态度和不一样的预期。我们队的孩子们虽然累得满头大汗，脚上磨起了水泡，疼得龇牙咧嘴，但是问他们能坚持下来吗？需要上保障车吗？他们却表现得相当镇静，很肯定地摇摇头："不，我能坚持下来！"有的孩子互相开玩笑打气："轻伤不下火线，我们一定能坚持到底！"家长用欣慰的眼光看着孩子，一旦孩子落单，就拍拍孩子的肩膀，示意孩子跟上并鼓励他们："考验毅力的时候到了，相信你能行！"

我们总说孩子抗挫折力差，遇到一丁点困难就放弃，好像问题都出在孩子身上。其实很多时候是我们父母没有做到位，在面对比较艰巨的任务和挑战时，要能够和孩子提前聊聊整个过程中可能会出现的情况及应对措施，并且给孩子鼓励。这样就可以大大增加孩子对事情的掌控感，让他们对面临的困难有个心理缓冲。如果孩子事先不知道会出现什么情况，没有相应的心理准备，当出现小小的困难时，他们就会认为这是一件预料之外的很糟糕的事情，会把它当作一个挫折，本能地会放弃。

（孟宪辉）

[案例二]

帮助孩子正确认识挫折

女儿今年上初三了，刚上初三时她很骄傲地告诉我，自己是以级部第一名的成绩被分到一班的。我祝贺她，并开玩笑地说："打江山易，保江山难啊。"谁知，才刚过了一个多月，本来住校的她背着沉甸甸的书包回来了，脸阴得能拧出水来，进门一句话也不说，径直进了自己的卧室，重重地关上了门。晚饭时我也没问出个所以然来。第二天一早，我做好了饭，她却不起床，这令我感到出乎意料。我喊得急了，她便嚷了一句："我不上学了！"我意识到了问题的严重性，便开始和她交流，才知道她昨天的数学测验得了 47 分。这令她感到无地自容。我问她为什么会这样，她说老师浓浓的方言让她听不清楚，同学们的分数普遍偏低。为这么点事就不上学了？女儿抗挫折的能力可真是让人担心啊！

我想了想，笑着说："妈妈已经很多年没作过什么散文诗了，今天有雅兴，我来作诗，你来欣赏怎样？"女儿钟情于诗歌，立马饶有兴趣地看着我，等我作散文诗。

"挫折像风，它或许会吹迷你的双眼，让你看不清航向，远离了明天拥抱太阳的航线，但它也会鼓起你的风帆，使你乘风破浪，驶向成功的彼岸。挫折像雨，它会打湿你艰难跋涉时背负的行囊，使你脚下的路泥泞不堪，让你举步维艰，再也无意前行；但也许落在面颊上冰冷的雨点会使你清醒，让你思考究竟如何勇往直前……"

女儿打断了我："妈妈，这散文诗怎么这么耳熟啊？我想起来了，这是我初一时摘抄的一段话。妈妈你盗版啊！"我笑了，抚摸着女儿的头说："生活中不只有明媚阳光，也会有风风雨雨。人们都希望事事顺心，但'万事如意''心想事成'只是人们的一种美好愿望。导致挫折的因素是多种多样的，不管是伟人还是普通人都不可能完全避开这些因素。人们也正是在认识挫折、战胜挫折的过程中成长起来的。"女儿似有所触地点了点头，这时我高声朗诵道："人生是一次远征，征途曲折坎坷。让我们投身风雨中，栉风沐雨，在挫折的考验中成长吧！"女儿迅速地吃完饭，背上书包走出了家门。我开玩笑地加了一句："下一次如果考 47 分，可要正确面对啊。"女儿回过头羞涩地笑了。我知道，她已经认识到了挫折对于人生的意义，这会让她更好地成长。

（夏继云）

[案例三]

加强心理辅导　树立必胜信心

儿子现在上初二了,孩子自小就有争强好胜的性格,而且对结果非常敏感,一旦争胜落败,便经受不住打击。做事缺乏持之以恒的精神,稍遇挫折就会放弃努力,并为自己寻找各种借口。这种性格,在上了初中后变得更加明显了。为此,我和他爸爸翻阅了一些书籍,平时注意多与孩子沟通,侧重对孩子进行心理辅导,力图让孩子认识到以下三点:

第一,没有危机就没有成长,挫折在人的一生中是不可避免的,这种挫折在给人带来巨大压力与情绪困扰的同时,也给人带来成长的契机。人们只有在承受和克服挫折的努力中,才能发现自身的不足,进而发挥潜力,逐步完善自己。

第二,挫折具有两面性。它可以给人带来痛苦与不幸,也可使人在与困难的斗争中获得经验和信心。我们不能回避挫折,而应以一种积极的心态去面对它,在挫折中成长。

第三,宝剑锋从磨砺出,梅花香自苦寒来。一个人素质的形成与提高,是在具体生活中一点一滴地培养和积累起来的。一个人只有经过生活的磨炼,才能对生命的顽强与伟大有真正的认识。如果他能在挫折中奋起的话,那将是人生的一笔财富。

通过近一年的努力,孩子无论从思想上还是在行动上,都有了长足的进步,能正确地面对困难和挫折,增强了战胜困难和挫折的信心。

(潘万智)

[点评]

挫折是不以人们的意志为转移的生活内容之一。孩子总要长大,总要独自面对复杂的社会,生活的道路不可能总是一帆风顺、晴空万里,总会有风有雨有挫折。

引起挫折的原因有很多，总体可分为主观原因和客观原因。主观原因表现为主体的目标期望值高于现实值，而主体的能力不足以实现过高的期望；客观原因包括外界条件、社会规范不许可或者外界突然发生变故而使主体愿望不能得到满足。初中生受挫折主要有以下几个原因，反映出不同的心理现象：

1. 对自我能力估计过高，一旦未能实现愿望，他们就受挫了。

2. 在学业竞争中受挫。这是少年儿童经受挫折最常见的表现形式，由于某次考试成绩不佳或落后于原有成绩，从而产生恐慌或焦虑感。

3. 因意外刺激而受挫。少年儿童正处在心理、生理发育生长期，他们的个性发展、心理素质尚未健全，承受能力较差。

对孩子进行挫折教育，在孩子的成长过程中是非常必要的。挫折教育应从以下几方面进行：

首先是教孩子做好面对挫折的心理准备。家长应注意在日常生活中适当渗透挫折教育的内容，让孩子明白：（1）挫折是任何人都不可避免的，具有普遍性、客观性；（2）产生挫折的原因有外部原因，也有内部原因；（3）挫折是令人不快的，但这种不快的情绪体验可以控制，应使自己在经历各种挫折的过程中得到锻炼并成长。正视挫折是战胜挫折的前提条件。歌德曾说过："凡不是就着泪水吃过面包的人是不懂得人生滋味的。"

其次是在生活中磨炼孩子，在生活实践中对孩子进行挫折教育。许多研究表明，早年的挫折经验对成年后的影响甚大。如有人用动物做电击实验，发现凡幼年受过刺激的动物，成年后对刺激就能表现出迅速而有效的反应；反之，则不反应或反应迟缓，且反应的有效性也差。对人类来说也是如此。一个从小经过逆境磨炼的人，成年后就更能有效地适应环境。所谓"自古雄才多磨难，从来纨绔少伟男"，说的就是这个道理。正因为如此，许多有远见的教育家，都非常强调从小让孩子经受艰苦磨炼，使其懂得生活中还有逆境、坎坷、困难等字眼。

再次是帮助孩子战胜挫折。孩子受挫,家长要注意帮助他们分析主观原因,寻求战胜挫折的方法。如通过心理咨询进行疏导。心理咨询是通过语言、文字等媒介,给咨询对象以帮助、启发和教育的过程。通过心理咨询,可以缓解心理紧张和冲突,提高适应能力,保护身心健康。心理咨询不仅可为遭受挫折的学生提供心理宣泄,而且能帮助他们学会正确地认识挫折,掌握应对挫折的策略。

九、怎样帮孩子远离校园欺凌

校园欺凌也叫学生欺凌,是指发生在学生之间,一方蓄意或者恶意通过肢体、语言及网络等手段实施欺压、侮辱,造成另一方人身伤害、财产损失或者精神损害的行为。主要表现为:故意损坏同学物品、给同学取侮辱性绰号、敲诈勒索、恐吓排挤、散播谣言、侮辱谩骂。近年来,校园欺凌事件时有发生,严重损害了学生的身心健康,引发了社会广泛关注,影响非常恶劣。

那么,如何有效避免校园欺凌事件?在校园欺凌发生后,如何将孩子受到的伤害降到最低呢?让我们一起向下面这些家长取取经。

[案例一]

晓曼的遭遇

女儿晓曼,从小学到初中一直成绩优异,性格开朗。每到周末,回到家就和我们叽里呱啦地说说学校的事、聊聊朋友的事、诉说自己的成长历程,还贴心地陪着她妈妈逛街。可是最近一周,我俩觉得女儿表现异常,回到家里啥也不说,总是坐着发呆。妈妈约她去姥姥家也拒绝,带她出去转转也不答应。我急火火地和班主任沟通,老师也说孩子在校像变了一个人,最近看上去非常胆怯,经常躲闪老师的目光,平时很感兴趣的文体活动也不再积极主动参加了。老师跟她沟通也问不出什么事情，向其他同学了解，几个同学说不出什么却总是躲起来嗤嗤地笑。老师建议我与孩子多谈谈心，在我的再三追问之下，女儿痛哭流涕，说出了自己的遭遇。大概在半个月前，晓曼因为跟班里一个男同学多说了一会儿话，就被该男生的"女朋友"喊来同伴扇了耳光。这个女孩也是晓曼同宿舍的下铺室友，晚上到了宿舍后，小曼又受到了同宿舍5名女孩的集体殴打。她们扇小曼耳光、用脚踹她，女儿只能躲在角落里小声啜泣了大半个晚上，碍于她们人多势众不敢告诉老师，也不敢大声哭泣。之后同宿舍的女孩都孤立她，甚至还用言语挖苦她，给她取外号，小曼渐渐变得郁郁寡欢了。

我们和老师及时沟通，学校严肃处理了涉事学生。之后，我带孩子到心理咨询室咨询，经过几次咨询，孩子渐渐打开心扉，主动和咨询师交流。我们在家里也给予孩子无限支持和关爱。之后心理老师及时跟进，两个月后，晓曼恢复了开朗的性格，回到家里又开始"叽叽喳喳"了。

当孩子出现不寻常的迹象时，我们做家长的一定要注意：孩子无端出现情绪变化、行为异常、有厌学念头或突然表现出不愿上学的倾向，可能是学校里出现了一些令孩子烦恼、不愿面对的事情。再有，若发现孩子失眠、做噩梦、尿床、身上有伤痕等，千万不能忽视，这可能是孩子被欺凌的信号。我们一定要及时去学校了解情况，为孩子提供帮助。

那么，我们该如何帮助孩子远离校园欺凌呢？

1. 教会孩子自尊自爱和自我保护。家长平时要尊重孩子，不要一味要求孩子顺从，打压孩子的自尊，这样容易导致孩子在学校成为被欺负的对象。

2. 鼓励孩子建立有益的人际关系。孤僻、不合群、人际交往能力差的孩子更容易遭受校园欺凌。我们要从小培养孩子和同伴建立善意、支持性的人际关系的能力，这对校园欺凌的影响能产生缓冲作用。

3. 接纳孩子，给予孩子无条件地支持。当孩子讲述欺凌发生的情形时，请保持冷静,专注地倾听并做出回应,让孩子知道情况是完全可以控制的,无论怎样,父母都会无条件地站在他身边给予支持。

4. 身心安抚,平复孩子的情绪。让孩子把遭遇的实情讲出来,向他说明,只要他愿意谈这件事情,爸爸妈妈才有机会可以帮助他。越早把情绪处理好,对孩子的伤害和日后的影响才能越小。

(陈 志)

[案例二]

蓄正能 健体魄 远欺凌

校园欺凌是家长非常关注的话题,孩子开心、健康地成长是我们最大的愿望。

有一次,在看电视的时候,正巧看到了校园欺凌、霸凌的新闻,作为一名家长,我非常伤心难过,更不敢想象如果是我的孩子被欺凌了,该怎么办呢?同时我也很担心地问女儿:"你在学校里开心吗?喜欢和同学们、老师们在一起吗?"好在女儿说她在学校很开心,很喜欢老师和同学,让我悬着的心稳稳地落地了。然后我问女儿:"你知道校园欺凌吗?"女儿说:"知道。"我说:"有人欺负你吗?"她说:"没有,同学、老师都很好,我们都是好朋友。"

本着预防的原则,我还是和女儿进行了一番交流,希望孩子掌握一些防止校园欺凌的技巧,比如掌握简单的保护自己的方式、及时找大人帮忙等。但是预防校园欺凌,只有这些是远远不够的,在平时的生活中,我也非常注重对孩子在预防欺凌方面的教育,比如我一直以平等的方式和孩子沟通,不以大人的权威去强迫孩子做她不喜欢的事情,尊重孩子的选择,对孩子好的行为给予肯定,教孩子不欺负弱小,培养孩子的自信和良好的心态,让孩子收获正能量。

另外,帮孩子养成锻炼的习惯,让孩子拥有强健的体魄。学习一些基本的自我保护技巧,让自己更加强大。同时告诉她有困难时要跟老师、家长求助,不要自己憋在心里。

语言是生活的工具,预防校园欺凌也要培养孩子的语言表达能力和社会交往能力。现在的孩子很多时候只顾自己,不考虑别人的感受和想法。我女儿是一个说话非常直的孩子,有时候说话让人听了非常不舒服,因此我也十分担心女儿因说错话被人孤立、欺凌。所以在家里,我们也注意培养孩子的语言沟通和表达的技巧,比如通过多看书、多社交等方式帮孩子提高交往技能,增强语言表达能力,让孩子学会共情,培养孩子的同理心,引导孩子多交朋友,感受到有朋友是一件非常美好的事情。从而让孩子在社会生活中不怯生,不害怕,不害羞。

预防校园欺凌,家长重任在肩。孩子成长的旅程需要家长的陪伴和指引,家长要给予孩子所需要的心理营养,培养孩子的正能量,帮助孩子锻炼强健体魄,增强孩子的人际交往能力,提高孩子处理突发事件的应急能力,让孩子感受到家长、学校、社会的温暖和美好。

(周显玉)

[案例三]

引导孩子向校园欺凌说"不"

上个月某个晚自习课间,儿子与纪律班长小杨在教室内发生了肢体冲突。经调查,作为纪律班长的小杨曾多次利用职务之便欺辱同学,譬如有同学自习迟到、作业完不成等,小杨就会惩罚他们做值日一周或者罚站一节课、罚抄班规、罚交几元钱,有时还故意给同学起绰号等等。儿子看不惯小杨的做法,一直想教训他一下,可又担心老师包庇他。小杨也看出了儿子的不满,多次和同学一起孤立儿子,让大家不和儿子来往,这让儿子更加愤怒了。正好这天晚自习,儿子踩着铃声进了教室,小杨借此机会呵斥他,要求他到讲台前边站着默写班规五遍,儿子没理他。就在小杨再次当众喊儿子的绰号嚷着要他罚站时,冲突发生了……

事后,老师联系我到学校处理这件事。到校后,小杨很不理智,儿子也觉得没错,双方各执一词、相持不下。我看到孩子情绪很激动,并且儿子脸上被抓了,就心疼地拥抱住儿子,拍拍他的肩头,悄悄说:"妈妈很心疼你,无论发生什么情况,妈妈都相信你。但是先把详细情况说一下好吗?"儿子在我的耐心安抚下,情绪渐渐平复下来,表示以后有事先和老师、家长沟通,而不是冲动地自己解决。小杨也承认了错误,与儿子友好和解,这起校园欺凌事件得到圆满解决。

(孟宪辉)

[点评]

校园欺凌往往发生在父母的"视野盲区",父母也不可能整日陪伴在孩子周围。受欺凌者通常内向、不善表达、自卑。经常因生理缺陷等受到欺凌者言语、肢体以及心理上的攻击。当孩子发出"求救信号"时,正是"及时止损"的最佳时期,一定要耐心倾听,家长的态度很大程度上决定了孩子能否对校园欺凌说"不"。而欺凌者往往擅长伪装,学生对欺凌的界限模糊,父母以及老师容易忽略,或抱着"小事化了"的心态等,这都导致受欺凌者关上心门。他们并没有意识到,孩子们所经历的是难以言说的"被隐藏的伤害"。

父母应该切实承担起监护人的责任,加强对孩子的自我保护教育,让孩子在被欺凌后敢于说出来。从而让父母能及时了解孩子在学校的真实情况,第一时间解决问题,以防事态恶化。

成长需要更多温暖,希望每个孩子都能被善待!在孩子成长路上,我们家长要和学校合力为孩子撑起一把保护伞,让孩子健康快乐地成长!

十、孩子在学习上注意力不集中怎么办

不论是在生活中还是在学习过程中，我们都会发现有些孩子的注意力很不集中。当你与他说话时，他不会把注意力集中到你这边来，东看看、西摸摸，不知道他在想什么；做作业时，一会儿玩玩文具，一会儿撕撕纸，经常在手中玩弄一些与学习无关的东西。如果孩子养成了这种习惯，不仅不利于学习，而且也不利于以后的生活和工作。这样的问题该怎样解决呢？看看这几位家长用的是什么锦囊妙计吧。

[案例一]

寻找良方　对症下药

有一段时间，我发现孩子喜欢开着电视或听着音乐学习，或者开着门听别人说话，这是孩子学习注意力不集中的表现。我觉得孩子这样难以在精神状态上达到高水平的激活，思维上也会缺乏应有的深刻性。这些习惯不仅直接造成了学习活动的中断，更重要的是，它使孩子的思维总是在一个肤浅的层面上简单重复，而不能有纵向的深入。我不断思考摸索解决这一问题的方法，经过一段时间，取得了一定成效。我主要采取了以下几个步骤：

第一步是根据孩子注意力的起伏和变化规律，建立学习、休息的合理间隔时间表。通常，孩子学习时间的安排是每学习1小时休息5～10分钟。在养成自觉遵守这种时间设定之前，孩子会时常看表以确定自己已经学习了多长时间，这种习惯和心理预期会降低个人注意的深度。在这种情况下，我会预先在孩子看不到的地方设定闹钟，学习时间一到就能提醒孩子。这样就消除了孩子看表的习惯和心理预期，孩子的注意力好多了。

第二步是针对孩子学习几分钟或更短时间，就习惯性地起立走动或分心于琐事的情况，我就让孩子强迫自己站起来重复做一件枯燥的事情，如将手头钢笔的笔帽拔下又盖上。枯燥乏味的活动会给孩子的行为以负强化，从而降低这种行为发生的可能性。无论在理论上还是在实践上，我都觉得，只要坚持使用这种行为模式，旧有的行为习惯终将会被新的行为习惯所代替。

  第三步是激发孩子对学习的兴趣。常言道，兴趣是学习最好的老师。对有兴趣的东西，孩子的注意力一般很集中。平时我经常到书店买一些内容健康、趣味性强的青少年读物，帮助孩子提高兴趣。同样，如果孩子对课本的知识有兴趣，注意力就很集中。有时我还发现，若孩子对教授某一门课程的老师有亲近感，老师授课时，孩子的注意力就容易集中起来，回家后也比较爱学习。对此，我经常教育孩子多和老师交流，以增进孩子与老师的感情。这样，孩子的学习主动性比以前提高了，学习成绩也提高很快。

（李政武）

[案例二]

循循善诱　做好思想工作

  儿子平时坐不住，注意力不集中，看电视时也扭着身子，一会儿坐着，一会儿站着。在班级里，同学们都不愿意和他同桌，因为他很少有坐安稳的时候。为此，我伤透了脑筋。

  让人欢喜让人忧的期末考试终于结束了，儿子一脸灿烂，自认为可以长长地舒一口气了。因为他认为题目较简单，都答出来了，因此，心情格外轻松。考试后的第二天下午，儿子急急地去老师那儿看分数，仅隔了十几分钟，儿子就一脸沮丧地来到我的办公室，他一声不响地坐在那儿生闷气。从他那苦闷的表情中，我猜想儿子有可能考砸了。

  "妈妈，我这次数学又没考好，才考了 87 分。"儿子一脸沮丧地说。果然不出所料，考试成绩不尽如人意。可是儿子平时数学学得挺好的呀！

"数学不是你的强项吗？怎么会考砸呢？"我不解地问。

"我也不知道，我还认为题目很简单。"

"那我们去看看到底错在哪儿了？"我陪着儿子来到数学老师的办公室，翻看着卷子。原来，错误都出在计算题上：一道题把一个数字抄错；另一道题一个运算符号抄错了；还有一道需要验算的，结果写答案时把验算的数抄上去了。我与数学老师一起帮儿子分析着原因，大家都为儿子的失分感到惋惜。因为儿子把后面的难题全做出来了，大家理所当然地认为他应该得高分。

说实话，我对儿子的考分倒并不是很在乎，我看重的是孩子的学习习惯。作为家长，同时也作为一名老师，我深知注意力不集中会给孩子的学习带来无穷无尽的烦恼。尽管有的家长觉得孩子聪明，不以为然，可我却不这么想。我认为注意力不够高度集中，就会导致粗心。如不引起足够的重视，粗心将成为孩子学习上的拦路虎。孩子会一直得不到好成绩，久而久之，就会对学习失去信心。因此，作为家长，要尽快帮助孩子认清注意力不集中的危害，下定决心跟注意力不集中说再见，养成良好的学习习惯，从而在学业上一帆风顺。

看着儿子失意地皱着眉头，我暗暗提醒自己不能用过激的语言伤害他，但一定要让他认识到平时注意力不集中的危害性。我并没有暴风骤雨般地训斥他，而是心平气和地让他自己说说这次考试后的感想。

"妈妈，我真后悔，这些题目我都会做，怎么不小心就看错了呢？"儿子自我批评道。"不集中精力做错题与不会做题的结果都一样，都造成了扣分。这表明你的计算技能没练到位。这次粗心让你丢掉的仅仅是考试的分数，你结合实际想想，平时你在新闻中看到有些单位出了大大小小的事故，不是挺为他们感到惋惜吗？其实，事故就是由于个别工人粗心、疏忽而引起的。这些人给国家造成了多大的损失，给自己留下多大的遗憾！他后悔也来不及了。"我语重心长地教育着孩子："假如研制神舟系列载人飞船的科学家也粗心了,他们能把飞船准确送入太空,进入指定轨道吗?我们还能看到太空的景观,探索宇宙奥秘吗?"

孩子在我的循循善诱中渐渐明白了,精力不集中的危害是极大的,并下决心在今后要改掉这一毛病,让细心永伴自己。

(曹玉英)

[案例三]

找准症结　对症下药

我们都知道,从小学到初中,是孩子生长发育的重要时期,在这一时期,跟上营养是很关键的。我的孩子上了初中,个子长高了,可身体看上去还比较瘦弱。听老师讲,孩子在课堂上经常听着听着课就想别的事情去了,有时还在下面不自觉地玩些小东西。我和老师与他谈过几次话,他也想把这些不良习惯改正过来,可就是改不了。后来我咨询过一个医生,医生告诉我,在孩子生长高峰期,需要大量的营养,特别是钙。缺钙不但会影响孩子的正常发育,而且对神经系统也有影响。因为钙是一种天然镇静剂,缺钙会造成神经的兴奋,使孩子控制不了自己的一些行为,例如多动、注意力不集中等。我了解这些后,恍然大悟,孩子一直没有吃早餐的习惯,这影响了孩子的健康发育。

从此以后,我帮助孩子改变了不吃早饭的习惯。我平时也注意改善生活,给孩子多吃一些含钙的食品。经过两个月的营养强化,孩子基本上改掉了玩小东西的不良习惯,注意力明显提高,学习成绩也有了进步。

(魏春玲)

[点评]

所谓注意力集中,顾名思义,就是把分散的注意力集中起来。对孩子来说,注意力集中主要表现在读书时视力的集中,上课听讲时听力的集中,做作业或考试时心思的集中。注意力能否很好地集中，是能否学好知识的关键。我国古代的思想家孟子说过："学问之道无他，求其放心而已矣。"就是说，求学的成功之路没有别的，就是把跑了的"心""心不在焉"的"心"收回来，把精力集中在所学的东西上。因此，做家长的应该懂得从小培养孩子的注意力，不论做什么事情都要精力集中，并持之以恒，就是做游戏、看画书，也要一心一意，使孩子从小就养成学习、做事精力集中的好习惯。

造成孩子注意力不集中的原因大致有三：一是没有形成好的学习习惯，如案例一中边做作业、边看电视、边听音乐的孩子，久而久之养成了注意力不易集中的毛病；二是营养不平衡所致，如缺钙或过度摄入铅（俗称"铅中毒"），都会导致孩子多动，注意力不集中；三是孩子学习能力障碍所致，如孩子在班级内年龄过小，接受、理解知识能力较差，对所学的知识不感兴趣，也会造成注意力的分散。所以，家长应该找准原因，对症下药。

十一、孩子不主动学习怎么办

天下父母的心态几乎是一模一样的，都希望自己的孩子勤学上进、品学兼优，可往往事与愿违，世间偏有那么一些"顽劣"的孩子伤透了"望子成龙"的父母的心。很多孩子都不是主动学习的，而是在老师和父母的督促逼迫下学习或勉强完成作业。爱玩、不爱好学习、不能主动地去学习，这是多数孩子都存在的毛病。如何纠正孩子的这一不良习惯呢？

［案例一］

多一些理解和宽容

我们的孩子已经上初中二年级了，从前孩子学习虽较认真，但仅仅是完成老师布置的作业，对知识的掌握并不扎实。我们家长强调过多次，但效果都不理想，所以孩子的学习成绩不是很好，为此我们一直很苦恼。

去年期末考试前一周，孩子突然发高烧住院治疗。在治疗期间，我们希望他能复习功课，他的态度不是很积极。因为孩子持续低烧，我们也没有过多要求他。考试前一天病好出院，第二天到校参加考试。考完后，孩子一直挂念着自己的考试成绩。我们对他说："这次考不好不要紧，是生病住院影响了考试成绩。"他主动打电话问老师，老师说，不要只盯着一次考试成绩，你还有很大的发展空间。尽管这么说，孩子还是很紧张，后来成绩公布了，基本还是保持在原来的水平上。我们对此比较满意，并安慰他：如果不生病，你的成绩一定会有进步。但我们也很委婉地告诉他，如果平时各科知识都掌握得足够扎实，落下一周的课对考试成绩应该不会有多大的影响。由于我们没有因考试结果不理想而责备孩子，而是给予他鼓励、理解和宽容，孩子满脸轻松，也认识到了自己在学习中存在的问题，并坚定地说："下学期我一定好好学！"我们满怀着喜悦和期待对孩子表现出来的愿意主动学习的欲望给予了肯定。

春节前后，我们改变了原来要求孩子利用假期多复习的做法（因孩子年后开学前还要住院做一次小手术），只要求他在住院前做完作业即可。走亲访友我们照样带着他，而没有留他在家里学习。孩子很高兴，便积极主动地利用一切空余时间去完成作业。手术期间，我们给予了孩子无微不至的照顾，能为孩子考虑到的都做到了，孩子很受感动，变得特别懂事。尽管术后因刀口疼不敢动，但孩子表现得非常坚强，对我们也特别尊重，这是孩子以前从来没有过的。他与我们之间的沟通和交流也增多了，很多事情我们与他也能达成共识。

开学前夕，我们反复叮嘱孩子，要注意自己的身体，少活动，而没有对孩子的学习提出任何要求。因为我们觉得，经过了这个寒假，孩子应该能够认识到学习是他自己的事情，从而全身心地投入到学习中去。

开学后，孩子确实变了，良好的学习习惯在他身上有了充分的体现。每天先复习再做作业，做完作业后，再对学过的内容细致地复习一遍。早上自己准时5点至5：30起床，复习背诵学过的知识，学习积极性空前高涨，学习主动性越来越强，我们由衷地感到惊喜。孩子还主动地征求我们的意见，问如何做到优质高效地做作业。我们耐心地予以指导，但也告诉孩子，要善于自己总结和尝试学习方法。他最终找到了适合自己的学习方法。自开学以来，孩子始终如一地这样做着。我们和他都相信，他的学习成绩一定会越来越好！

（王国芹　范美玲）

[案例二]

循循善诱

记得我儿子上初三时，由于学习压力较大，有一天他放学回家后说："哎呀，我不想上学了。"听了这句话，我甭提有多痛心了。但理智告诉我，这时候家长不能着急，不能上火，于是我假装很轻松的样子说："怎么了，儿子？学够了？好，今天咱就不学了，我给你做好吃的！"那天晚上我做了几个儿子爱吃的菜，我们一家人边吃边聊，我说："儿子，你要是现在不上学了，也行，你也不是小孩子了，自己出去打工，完全可以养活自己，还能为我们减轻点负担。不过你想没想过，要是那样，你的'清华梦、科学家梦'恐怕就永远是梦了。"当时儿子什么话也没说，但我知道他在思考。于是我把话题转移到了轻松愉快的事情上。果然吃饱饭后，儿子像往常一样坐在了书桌前，而且学得很认真。

还有一次，那是儿子上高一的时候，我说："儿子，高中这三年，你可得好好学，别像以前那样贪玩了。"儿子说："妈妈，你放心，我一定给你考上个大学。"听了儿子的话，我心里很不是滋味，这说明儿子的学习还是有点被动。我说："儿子，你错了。第一，我不需要你给我考大学，大学我自己早就考上了。第二，我上过高中，知道上高中是很辛苦的，甚至是很残酷的。你是我的儿子，我很爱你，你受苦我会感到心痛，也许你不明白心痛比辛苦难受得多。如果你考大学是为了我，那么我劝你还是免了吧！我不要这个大学，我也不愿你受苦。"记得当时儿子很震惊，也很感动。从此以后，儿子再也没有说"不想上学""为你考学"之类的话，而且高中三年学习成绩直线上升。经过三年的努力，终于考上了自己理想的大学——清华大学。

（王丹兰）

[案例三]

给批评穿上表扬的外衣

我儿子自尊心较强，脸皮比较"薄"，常常会因为当众被老师批评几句而垂头丧气。针对这个特点，我们尽量不采用"人前教子"的方式，而是在事后对他单独批评，甚至给批评穿上表扬的外衣。

就拿读外语来说吧。自从有了外语课，我们就给他报了少儿剑桥英语班，这个班不留作业，只要求熟听课文（每晚听3至5遍）。就是这个要求，儿子也不能完全做到，连着听了两三天，就想放弃了。

我忍了几天，看情况毫无改善，便决定批评一下他。但是怎样批评呢？思考再三我才拿定主意。这天晚上，儿子做完作业后又到客厅，准备看电视。他刚一进来，我就先发制人地问："儿子，是找妈妈读外语吗？"

儿子愣了一下，只好顺水推舟地说："是。"

我马上对老公说："瞧咱儿子，多知道上进呀！前两天没见到他听读英语，我还以为是忘了，现在一看，肯定是他功课忙，没有顾上。这不，作业一做完，就知道赶紧练了。"

"好！"儿子回答得很干脆。我们回到他的房间听了半小时英语，母子俩连听带读，很快就结束了。我说："去看电视吧！"儿子也学着一休的样子，怪声怪气地说："休息，休息一下。"

第二天晚饭后，儿子主动跟我说："我的作业在学校里做完了，一会儿散步回来，咱们就赶紧练英语。"我知道，儿子惦记着看电视呢，可毕竟他知道先完成任务了，我就表扬了他。就这样，儿子在表扬声中，慢慢改掉了毛病，我自然也达到了"批评"的目的。

（韩连芳）

[点评]

孩子学习缺乏主动性，主要是因为孩子处于无欲状态。孩子学习没有原动力，也有家庭暗示的因素，诸如家庭条件优越等。要使孩子主动地学习，家长一是要帮助孩子树立远大的人生目标，知道自己为什么而学，知道学习的意义和价值，这是最为关键的因素。只有帮助他们树立远大的目标，懂得学习的价值和意义，学习才会有主动性。二是要加强引导，寓教于乐，把学习的内容和孩子的活动结合起来。三是加强实践活动，让孩子在实践中发现问题。四是为孩子树立学习榜样，寻找身边那些在各方面都比较优秀的人物，做孩子的榜样。五是让孩子自己制定好学习计划，知道自己什么时间要做什么，要学习什么。

十二、怎样提高孩子的学习兴趣

中学阶段，家长对孩子的学习愈发关注。可有的孩子不爱学习，缺乏学习兴趣，家长怎么说都没有用，而学习兴趣是学习积极性中很活跃、很现实的心理成分，它在学习活动中起着十分重要的作用。作为家长，如何提高孩子的学习兴趣呢？一些家长总结出不少高招儿。

[案例一]

多些表扬鼓励　少些批评打击

过去我很吝啬自己对女儿的表扬。每当孩子在学习中遇到困难不愿学时，我总是一味地贬低她，并说一些伤害她自尊心的话，如：你真笨，这么简单的题也不会做；爱学不学，反正你不是给父母学的；不好好学习，长大后不会成大器等。这导致遇到事情我再批评她时，她便开始跟我顶嘴，惹得我非常生气。我感觉到再这样下去，孩子就会自暴自弃，非常危险。我便开始改变我与孩子相处的做法。

听说孩子的班级要举行跳绳比赛，我就鼓励她坚持天天练习。刚开始时，跳绳个数不多，只有五六个。后来通过持之以恒的练习，她的进步出乎我的意料，最终在比赛中获得了班级第三名的好成绩。趁此机会，我大大地表扬了她一番。我跟她讲：任何事情只要坚持努力去做了，就一定会取得优异的成绩。学习也是一样，只要你努力学习，能持之以恒，肯定能学得非常出色。

自此以后，孩子充满了自信，也开始跟我讲述她每天的学习情况。但是，孩子终究是孩子，也有在考试中发挥失常的时候。每当考试成绩不理想时，我并没有批评她而是给予正确的引导和鼓励，对女儿说："没关系，你是一个很认真、很细心的孩子，下次通过努力，一定会取得优异成绩。"孩子渐渐地不再对我有敌对情绪，学习成绩也有了大幅度提高。做家长的，一定不要吝啬自己的表扬，要多寻找孩子身上的闪光点，让她觉得自己各方面都很优秀。

总之，家长要想使孩子愿意学习，必须从自身做起，把自己在日常生活中的一些错误做法改掉，正确对待自己的孩子，处理好家长与子女的关系，相信我们"望子成龙""望女成凤"的心愿都会实现。

（刘爱玲）

[案例二]

对女儿进行理想教育

兴趣是最好的老师,而理想是最大的动力。古今中外,无数成功人士的成长过程早已证明,只要有了远大的理想,就会产生锲而不舍的动力,也就没有克服不了的困难。正是基于这样的考虑,我开始有意识地对女儿进行理想教育。女儿小时候经常冒出各种各样的理想:生病到医院打针便想长大后当医生;望着天上的星星想当天文学家;看了主持人大赛后想报考中国传媒大学;前几天跟同学传阅了《漂亮老师和坏小子》,被书中的漂亮女老师所打动,又产生了要当老师的想法……其实我心里很清楚,这些都是一时冲动或仅凭肤浅的兴趣而产生的一些下意识的想法,它不是成熟的、真正的理想;但它又是理想的雏形,是希望和动力所在,只能鼓励,不能无动于衷,更不能讥讽挖苦。

为了使女儿的这些理想转化成立足眼前、努力学习的动力,我举了一些具体事例。从一些伟人、科学家成长的艰苦经历和"为中华之崛起而读书"的雄心壮志,到她的两个堂姐、两个堂哥分别考取了理想大学这一身边的榜样,通过这种方式,不断地对女儿进行着理想教育。当然,理想教育的目的并不是非要让孩子长大后如何出人头地,而是要让女儿明白:"无论要干什么,无论你有多么远大的理想和抱负,要想取得成功,要想实现它,都必须立足眼前,从现在做起,把今天的事情干好。否则,只能是望洋兴叹空悲切,志大才疏事无成。"

理想教育在女儿身上产生了理想的效果,女儿现在越来越理解父母的良苦用心,越来越明白大到为建设国家而读书、小到为实现个人理想而读书的道理,越来越认识到要想把握好自己的明天,必须首先把握好自己的今天的重要性!

(祝颖波)

[案例三]

同学习　共成长

学习无止境，成长无止境。为了培养女儿对某些"天生"无兴趣课程的兴趣，我采取了与女儿一起学习的方法。我们有时采取你问我答的方式，有时采取互相交流的方式。有时为了一个问题的回答正确与否，我们父女两个争得面红耳赤、不分上下，只得通过查字典、上网查资料的方式进行"仲裁"，或者记下来问老师。有时干脆赌气谁也不理谁了，但又经常是5分钟以后忍不住异口同声地打破沉默："老爸……""女儿……"

通过一起学习，我们父女两个找到并感受到了各自的乐趣，有了各自的收获：女儿通过和我一起学习，逐渐培养起了对学习特别是对"无趣"课程的兴趣，使本来枯燥的学习变成了充满乐趣的游戏，也喜欢上了看科学频道和新闻联播；我通过与女儿一起学习，又重温了"钠镁铝硅磷，硫氯氩钾钙"的美妙韵律，找到了"恰同学少年"的感觉，仿佛又回到了朝气蓬勃的中学时代，年轻了二十岁……

我和女儿互相影响着，一起成长着……

（孙　元）

[点评]

没有学习兴趣，就没有学习动力；没有学习动力，就不会主动学习；不会主动学习，学习成果就只能留下"苦恼"的味道。要求孩子在学习上有好的成绩，首先要激发他的学习兴趣，培养良好的兴趣品质。

1. 要使孩子在学习中尝到成功的快乐，增加信心。建议让孩子先做自己擅长和喜欢的科目，由易到难。这样可以增加他对学习的信心，从学习中获得成就感，有利于增强孩子的学习动力。

2. 要鼓励表扬他在学习上的每一点进步，不要过多地批评。做功课的时间不宜过长，中间要有休息。

3.要不断激发孩子的好奇心和求知欲。周末及节假日带他参观博物馆、科技馆，或是绘画、跳舞等。

4.培养孩子独自完成作业的能力，给予他克服困难的勇气。不要养成孩子的依赖性，要让他明白做功课是他应该做的事情。

5.不要强迫孩子去学习，或是逼得太紧，这样容易引起孩子的逆反情绪，结果适得其反。

6.为孩子提供一个良好的学习环境和氛围。温馨安静的环境更有利于孩子专注地学习。同时，父母也要做好榜样，放下手机，关掉电视，拿起书本，和孩子一起学习。父母的行为会感染和带动孩子，激发孩子的求知欲和学习兴趣。

十三、怎样提高孩子的学习效率

学习效率低是很多孩子的通病，有的孩子看似安安静静地坐在那里做功课，但实际上却心不在焉，神游四方；还有的孩子做功课就像是在无休止地长跑，从放学回家一直做到深更半夜，可是作业却是质量低下，漏洞多多，错误百出。怎样提高孩子的学习效率呢？以下案例提供的方法值得借鉴。

［案例一］

好的方法　事半功倍

我的孩子经常在做作业时忘了老师布置的作业是什么，打电话问这个同学问那个同学。背英语单词、历史和地理知识点等，总是很认真地背半天，一检查却还有很多没背过。做作业的速度非常快，但字迹潦草、错误百出。当然孩子的成绩就不理想了。

通过和老师交流，我发现孩子效率低、成绩差的原因是他没有一个好的学习方法。虽然是在学，但并没有去思考怎样才能又快又好地学习。所以孩子上课听讲不认真，容易自满，没有好的背诵方法，做作业也没有起到及时有效地巩固效果。

针对这些情况我对症下药，告诉他：课上十分钟比课下一小时还要重要，不要以为老师讲的都会了就不听了。孔子说"温故而知新"，更何况老师讲时，还可能又加入了新的知识点。做作业是为了有效地巩固新学的知识，更不能马虎对待。同时，我加大了对他做作业的监督力度，背诵不能平均用力，而是要有重点地进行，重要的、生疏的知识重点背。经过一个阶段的指导，孩子的学习效率提高了，成绩相应地有了进步，学习兴趣也加强了。我希望孩子的学习之路能越走越好。

（高春燕）

[案例二]

科学计划效率高

有一段时间，孩子放学后除了吃饭之外就是把自己关在屋里学习，有时还熬到深夜，但学习成绩却不理想。这是什么原因呢？

通过仔细观察我发现，孩子的房间里、书桌上到处都是玩具和课外读物，而且堆得乱七八糟。我意识到孩子成绩不理想的原因可能是：边学边玩，注意力不集中；学习时间安排不合理，无计划性；疲劳战术，花费时间多但效率低。

问题找到了，就要立刻采取行动。我首先向孩子讲明边学边玩是不可取的，让他把房间内所有的玩具统统收起来，桌面上收拾得干干净净、整整齐齐，课外书也不要放在书桌上。学习时要集中注意力，不要边学边玩。经过详细地了解孩子白天在校学习及完成家庭作业的情况，我帮助他合理安排了看书、做作业及休息的时间，并制定了一个学习和进行各项活动的计划。如语文作业安排40分钟，数学作业安排30分钟，生物作业安排20分钟……计划一旦制定，就要在规定时间内高质量完成；要是完不成，就要看看是因为计划制定不当,还是孩子学习方法有问题,并及时做出调整。有时我和孩子一同背一段课文,看谁背得又快又扎实,这样既激发了孩子的兴趣,又能在过程当中互问互答。孩子学习效率提高了,空闲时间多了,学习成了一件快乐的事情,学习成绩自然也提高了。

(闫振武)

[案例三]

调节好孩子的生活节奏

也许是性格原因,我的孩子不像其他女孩那样恬静、细致。在学校还好,上课认真听讲,自觉遵守课堂纪律,是老师和同学们眼中听话的好学生。但回到家里,做作业时精力总是集中不起来,一会儿喝水,一会儿吃东西,一会儿又伸出头来看两眼电视节目,学习效率非常低。如何提高孩子的学习效率呢?通过前段时间与孩子的深入沟通,我采取了一些措施,取得了一定的成效。

首先是家长从自己做起。为了不分散孩子的注意力,孩子做作业期间家长不要看电视,没有外界的干扰,孩子才能集中精力保质保量地完成作业。其次是根据孩子的具体情况,安排孩子的学习与休息时间。我的孩子特别爱睡觉,早上不愿起床,晚饭后的一段时间特别犯困。以前遇到这种情况,孩子都是咬牙坚持,看似在认真做作业,其实精力和思维都已经跟不上了。现在遇到这种情况,我就鼓励孩子睡上一小觉。一开始孩子坚决不从,认为是浪费时间,为此我耐心向她解释,疲劳学习效率很低,还不如小憩一会,精力充沛,学习效率会大大提高。我们和孩子达成共识,累了就放松一会儿,困了就睡一小觉,由家长负责到点叫醒(一般睡30分钟)。

再就是孩子比较偏爱文学,做作业累了喜欢看课外书放松。这本来是件好事,但时间往往掌握不好,有时一看就是一两个小时。针对这种情况,我要求孩子做作业间隙不能看小说、期刊等,可浏览一下当日的《齐鲁晚报》，既得到了放松，又能了解一些国内外新闻；到了周末或假日，可专门拿出适当的时间看自己喜欢看的书，做到尽情尽兴。同时要求孩子上课一定要放弃一切杂念，认真听讲，做好笔记，只有这样才能提高课堂的学习效率。

通过一段时间的实践，孩子的学习成绩有了明显提高，身心也得到了放松。

（赵学芳）

[点评]

心理学研究发现，学习时间长并不等于学习效果好，要提高学习效率，首先就要了解孩子的学习心理规律，找到造成学习效率不高的原因。

造成孩子学习效率不高的主要原因有：一是认知能力的个体差异。有的人擅长用视觉进行学习，有的人对声音特别敏感，有的人则喜欢一边动一边学习。每个孩子都有自己最擅长的学习模式，孩子如果没有找到适合自己的学习模式，学习效率自然就低。二是学习动力不足，学习没有兴趣，没有激发起学习的热情。三是学习习惯不好，一边学习一边玩，总是写字潦草、做题马虎等。四是学习方法不当，不会学习，只会死记硬背，抓不住重点和难点，不能形成完整的知识结构。五是家庭环境不良，没有给孩子提供一个有利于学习的环境。六是学习能力有缺陷，在学习的某一方面有困难，存在障碍等。

想要提高孩子的学习效率，作为家长要根据自己孩子的特点和问题的症结有针对性地施教，要在激发孩子的兴趣、培养良好习惯、掌握学习方法、合理安排时间、正确处理学与玩的关系等方面下功夫。

十四、孩子偏科怎么办

"我的孩子语文和英语成绩很好，可是数学成绩却糟糕透顶，提到数学孩子就厌烦""我的孩子数学成绩没的说，可是对文科没有兴趣，甚至连基本的生字都写不对""我的孩子偏科严重，史地生成绩总不见起色"……无数的家长提出了这样一个叫人头疼的问题：孩子偏科怎么办？

[案例一]

树立信心　变消极为积极

孩子从小学升入初中，是一个较大的飞跃。从学习的角度讲，学习内容由原先的相对单一性，走向了多样性。随着学习科目的增多，好多学生会出现不同程度的偏科现象，即对某些科目不感兴趣、考试成绩差等，久而久之就会影响其学习积极性，继而影响其综合素质的提高，不利于今后的发展。应当说这是一个关键的转折点，能否顺利跨越这一步，对孩子一生的发展至关重要。下面结合我们的实际，谈谈这方面的体会。

孩子升入初一后，也存在这方面的问题，对数学、英语等科目，表现出较高的学习兴趣，而对语文、历史、地理等科目却有明显的抵触倾向。比如：语文中的阅读理解、作文等在第一学期就出现了较大的问题，期中考试只考了 81 分，这与在小学时的差距非常大。为此，我们便耐心地和他一起分析问题的原因，比如在做阅读理解时首先要找出存在哪些问题。然后指导他怎样做，同时强调两个字"认真"。并在随后的一段时间里，加大孩子的阅读量，同他一起多做这方面的题，对于孩子不能及时解答的题目，给予适当的提示，孩子做得好时及时给予表扬。而在作文方面，更是以引导和鼓励为主，首先和他回忆小学时的获奖作文，让他重树信心。其次，给他布置每周一篇作文的任务。这一篇作文，不是一次性完成，而是分阶段来做。第一步，先让他构思主题，找出中心思想，告诉他在这个过程中思路要开阔，然后让他将中心思想表述给家长听。家长对积极、健康、向上的思想给予肯定，对消极、落后的思想给予指正。第二步，让他动手列写作提纲，将文章的骨架构建起来。第三步，完成全文，要求他尽量用最朴实的语言来表达，怎样想的就怎样写，不要矫揉造作。通过这样的训练，他的写作水平比原先有了较大提高，思路也开阔了许多。

对于其他几门较差的课程，我们也是采取类似的办法。首先，分析原因，找出症结所在，针对不同的课程，采取不同的学习方法，重点教会他怎样学。其次，和他一起学，有问题共同探讨，直至问题解决，让他体会到学习的乐趣，树立学习的信心。这不但让孩子提高了学习成绩，也让他具备了克服困难、知难而进的勇气和素质。另外还要不断提醒他，学习和干其他任何事情都一样，只有脚踏实地、付出全身心的努力才会有收获，否则就会停滞不前甚至倒退。

（薛宝赏）

[案例二]

寻找切入点　　培养学习兴趣

我女儿上初二。对化学这门课程，刚开始学的时候，女儿说挺轻松的，我也很欣慰。第一次阶段考试考完后，她的成绩还可以，只是化学失分较多，我想她得慢慢适应吧。后来看到她把错题都改过来了，我也就没再多说什么。

又到了期中考试，我再次发现女儿在化学上丢分严重，于是我耐心与她一起分析了一遍试题，加上老师的指导，女儿终于把错题都弄明白了。

再后来的考试，女儿的化学成绩虽有所好转，但起色不大。直到期末考试时，女儿的化学成绩再一次跌下去了，丈夫急坏了，买了大量参考资料和练习题给她下学期备用。

迎来了新学期，女儿的化学成绩仍不见起色。但看到女儿每晚学到深夜，我又实在不忍心说她。终于有一天，我睡不着到她屋里去看她，她还在学。我坐下来没问几句，女儿就哭了。她说她现在完全被化学上的什么元素符号、化学式、化学价搞糊涂了，本来就没背过，老师一讲多了她就更晕了，而且做实验时她太胆小，有的实验都不敢做。所以她现在一见化学就犯困。

工作之余我开始上网，查找有关的化学资料。终于找到了一个专门有关化学的网站，还可以在上面做模拟实验。女儿看到没危险性，就兴高采烈地用鼠标点击每个仪器，把它们组合起来，这激发了她对化学实验的兴趣，虽然经常失败，但她始终不放弃。后来我"引诱"她，光在电脑上做你不觉得不过瘾吗？在我的循循善诱下，女儿开始跃跃欲试。我们便在家里做很简单的实验，每一个小小的成功都能使她高兴半天。对于元素符号、化学式什么的，我还巧妙地编了一些"小典故"，把它们串联起来，使它们变得生动有趣，女儿在欢声笑语中不知不觉就掌握了。

现在女儿的化学成绩稳步上升，听老师说做实验她最快，女儿还告诉我，她喜欢学化学。

（王艺文）

[案例三]

对症下药　纠正偏科

孩子自升入初中以来，学科也相应地增加了。随着时间的推移，我们从孩子回家的表现中逐渐发现孩子对某些学科非常热衷，花费的时间也多；而在有些学科上却表现出畏难情绪，缺少应有的兴趣。我们想孩子在学习上可能存有一定的偏科现象。后来，多次文化课考试结果证明了我们的猜测是正确的。孩子有些学科的考试成绩不够理想，给他的总分拖了后腿。我们意识到，这样发展下去会给孩子今后的学习带来不利影响，需要尽快纠正这种偏科现象。但在怎样纠正上我们颇费了一番心思。

我们首先想到的是请教孩子的班主任和任课老师，因为老师是这方面的专家，而且老师在孩子心目中具有权威性，让老师对孩子进行点拨，施加影响，改变孩子学习偏科的现象。其次，我们认为需要对孩子偏科的原因进行深入分析，对症下药。以数学课程为例，通过对孩子多次数学考试试卷的分析，我们发现，孩子丢分主要是丢在思维性强的试题上。

通过与孩子沟通，我们了解到，一是有些试题孩子在考场上没能做出来，但是考完试后，孩子在考场外却能做出来。这主要是因为考场上的时间相对紧张，并不是孩子不会做。我们认为，这与孩子平时做练习少、用劲不均衡有一定关系。为此，我们耐心对孩子讲解学好数学的重要性，要求孩子多做一些课外练习，熟练掌握所学知识，这样在考场上思维就会变得更加敏捷，也就能争取更多的时间。

二是有些试题孩子认为难度较大。我们发现，试题难度大固然是一个原因，但最主要的原因是孩子在日常的数学练习上，遇到难题就绕过去，缺乏一种深入钻研的精神。针对这种情况，我们便对孩子觉得较难的题目的解题过程进行深入分析，使孩子认识到，虽然这个题目的难度相对较大，推理性较强，但是细分解题的每一个步骤之后，每一个步骤又是比较简单的。这样就把一个难题变成了一个个比较简单的题，让孩子打消了畏难情绪，从而开阔他的学习思路，激发孩子对这门课程的学习热情，增强孩子学好这门课程的信心。

除了以上做法外，我们还对孩子的薄弱课程进行必要的投入，鼓励孩子参加一些课外培训班。通过学习不同老师的讲解方法和内容，激发孩子对这些课程的学习兴趣，巩固所学知识，开阔学习思路。

总之，要想纠正孩子学习偏科的现象，需要找准问题的症结所在，然后再结合孩子的特点做深入细致的工作。

(崔武延)

[点评]

初中阶段是打基础的阶段，各科应该全面均衡发展，不应有所偏废。偏科是孩子学习中的普遍现象，几乎每个孩子都或多或少地存在着偏科现象。造成孩子偏科的原因有两大方面：一是生物遗传因素，尤其是神经系统的结构和活动类型对孩子的影响。对于这一类的偏科现象，家长应该有一个清醒的认识，要让孩子在学习中扬长避短，而不是取长补短。二是后天环境教育因素。如教师的原因（老师上课和教育管理水平的高低等）、学生自身的原因（学习方法、学习的信心、思想认识等）等。

孩子偏科对孩子的发展十分有害，家长必须帮助孩子努力克服：一要教育孩子认识到偏科对于一个人发展的危害性；二要注意培养孩子对薄弱科目的信心和兴趣；三要采取措施帮助孩子提高薄弱科目的成绩。

十五、孩子厌学怎么办

厌学属于情绪障碍，是指儿童或青少年拒绝上学或拒绝一整天留在学校，如部分缺课或全天缺课。厌学也可能与焦虑、抑郁或易怒、易激等负面情绪有关。那么，如果孩子出现厌学现象，应怎样调动孩子的学习积极性呢？下面这些父母们总结出了一些有效的办法。

[案例一]

想让孩子不厌学　家长首先不"厌学"

我儿子今年上初一，丈夫在外打工，家中大小事都是我一人忙活。因此，我很少过问孩子的事。儿子自打上初中之后，我发现他学习劲头不如以前了，晚上不做作业，有时还旷课。一天，我见儿子又在磨蹭着不去上学，便急了，骂了他几句，儿子开口就说："妈，我不想上学了，我爸不识字，还不一样挣钱。"我问他谁说的，他说："爸爸经常这样说，他根本就不支持我上学,还说让我上完初中就出去挣钱呢!"

我恍然大悟,原来孩子厌恶学习,是家长误导了孩子,使他走上了歪路。儿子年龄小,思想幼稚,不能约束自己,也没有足够的判断能力。尤其对家长的话,他们更容易信以为真。儿子出现厌学情绪,这就不难理解了。

解铃还须系铃人。为了克服孩子的厌学情绪,我还是首先克服丈夫的"厌学"情绪。有些道理我讲不清楚,就找老师帮忙,让丈夫明白了什么是九年义务教育,孩子不上学,不是个人、家庭的小事,而是关系到孩子前途、国家前途的大事。家长应对孩子负责,对国家负责,这是每一个家长应尽的义务。做通了丈夫的思想工作之后,我们又来说服教育孩子。首先,让孩子有长远打算,树立远大的理想,不能只顾眼前利益。其次,经常给孩子讲一些古今中外从小就刻苦学习的名人事例,讲自己因为没有上学而经历的痛苦,激发孩子的学习兴趣。同时,还给孩子制定了一些具体要求,如上进则奖、落后则罚等。此外,多和老师沟通,如发现孩子有违规现象,要及时批评。现在我儿子的厌学情绪没有了,学习成绩也比以前有了提高。

(张福利)

[案例二]

放弃过高期望　感受学习乐趣

我女儿原来在班上的成绩属中上游,她的学习积极性较高,但进入初三后她情绪逐渐低落。原先女儿回到家中还能及时将在校情况与我们交流,后来却逐渐开始回避我们的询问,再后来更是经常以身体不适为由不去上学,再后来干脆对家长说自己不想上学了。

我马上与学校取得了联系,通过了解,终于明白了其中的原因。原来,问题的关键还在我俩身上:我们俩文化水平都不高,因而深刻地感受到缺乏知识的痛苦,因此言语中常常流露出对女儿的殷切期望:希望她先考上重点高中，然后再考上名牌大学。但女儿因为自己成绩一般，感到无法实现父母的愿望，因而情绪日渐焦虑；再加上进入初三后学习日益紧张，便逐渐对学习失去了兴趣，最后竟产生了辍学的念头。

找出原因后，我们及时做女儿的思想工作，使她明白，并非一定要考上重点高中和名牌大学才有出息，考上非重点高中和非名牌大学照样能有所作为。我们又和老师一起分析了她以前的学习成绩，使她最终丢掉了辍学的念头，并逐渐找回了学习的兴趣。

[案例三]

少一些烦恼　多一些关爱

我女儿是个懂事的孩子，对学习很热心，平时严格要求自己，从不违反纪律。可是，自从妻子生病之后，她对学习渐渐不重视了。晚上从不做作业，有时上学还迟到。据老师反映，她上课经常走神，注意力不集中。平日里，我见她上学总是慢腾腾的，说她几句，她也表现得若无其事，弄得我很为难。

在追问无济于事的情况下，为了摸清女儿的问题根源，我就请女儿的同学帮助我了解一下。原来女儿的厌学情绪是因为家庭境况造成的。女儿知道家里为了给妈妈治病债台高筑，而且越筑越高；家庭的压力使我无暇照顾孩子，有时还对孩子冷冰冰的，更谈不上关爱。因此，女儿对学习渐渐失去了信心，想辍学又怕爸爸生气，只好用消极的办法来应付学习。

了解到女儿厌学的思想根源后，我想，我首先要给孩子创造一个良好的学习环境，同时更重要的是让孩子尽快适应家庭环境的改变，在困难中锻炼自己，树立坚定的学习信心。为此，我在改变对待女儿态度的同时，还经常给她讲一些在困难中成长起来的英雄人物的故事，如高尔基、张海迪等。其次，为了给女儿创造一个良好的学习条件，困难再大，我也尽量满足女儿的要求。学校了解到我们家的情况后，对女儿的学习给予了很大帮助。现在女儿的厌学情绪已经没有了,而且重新找回了自我。

(陈瑞雨)

[案例四]

理智对待孩子厌学

去年的四月下旬,儿子突然出现了厌学现象,拒绝进入学校,讨厌进教室学习。儿子在学校寄宿,班主任无论怎样开导,均无任何效果。无奈之下,我把孩子接回家。孩子的情绪非常不稳定,有时无比沮丧,吃饭都没胃口,有时敏感暴躁,为一点小事就冲妹妹发火。

我一边观察孩子在家的行为,一边反思:孩子为什么会厌学?是学习压力大还是遭受了不公平的待遇?我该怎么引导孩子走出现在的成长困境呢?这些问题困扰了我整整二十多天,中间我多次尝试跟孩子沟通,结果他总是默不作声地抗拒,让我感到越来越无力。

我多方求助,往返穿梭在去书店和咨询心理老师的路上。一天,我把儿子郑重地叫到跟前,准备以家中两个男人的身份来一次深度对话,而不只是父子沟通。当时,我们面对面安静地坐着,双方许久都没有开口说话。等我的情绪安静平复下来后,我才跟儿子有了第一次真心实意的沟通:"我看见这些天你饭吃得比以前少了许多,睡得也越来越晚,每次我想走近你,你好像都有些害怕,是不是我给了你太多的压力?"稍微停顿了一会,我去拉孩子的手,虽然他有些抗拒,但最终还是同意了。

"你可能会想,现在不读书了,爸爸妈妈就不爱你了,这样活得没意思……"说到这里我感觉自己哽咽了,突然脑海中跳出了自己小时候被父母责骂的场景,于是我又停顿了一会,发现孩子的表情有些诧异。等自己的心情平复了一些,我带着颤抖的声音缓慢地告诉孩子自己的心声:"其实厌学不全是你的错,身为家长,我们也有责任。我们的高期待反而给你造成了很大的压力,因为我们有太多的焦虑,才会经常大声跟你说话、给你脸色看,很抱歉!以后我们尽量改正,如果我们有做得不到位的地方,你可以提醒。孩子,不管你怎样,我们都爱你!"

  这段谈话内容是我反思过后,转变心念的真实写照。因为理解了孩子,这次沟通取得了很好的效果。在随后的生活过程中,我和孩子之间有了更多的情感交流和互动,三个月后,孩子主动复学了。后来,孩子在作文中写道:"爸爸是个很有趣的人,他很少讲道理,对我也没太多的规矩约束,但我很尊重他。"我看到这段文字后,长吁一口气,感谢自己通过不断反思,理解孩子,尊重孩子,让彼此都获得了成长。

(陈 志)

[点评]

  孩子厌学的原因是多方面的。有学校管理,特别是教师的教学行为方面的原因,如过重的作业负担让孩子不堪重负、过激的言行刺伤了孩子的自尊心等;有家长方面的原因,如家长对孩子的期望值过高,家长的教育方式简单粗暴等;有学生本身的原因,如贪玩、迷恋于电视或网络等;有家庭方面的原因,如家庭经济贫困影响了学生的学习,或家庭的意外变故给学生的心理造成过重的心理负担等;也有社会方面的原因,如现在有的学校为了扩大生源,不择手段地对学生进行诱惑性宣传等。

  找出孩子厌学的原因是解决孩子厌学问题的关键。对于因教师的教学行为而造成的厌学者,要从正面引导,让孩子明白教师良好的动机,切不可在孩子面前有谴责教师的言语;对于因家长原因而造成厌学的情况,家长要理智地找出自己在家教方面的错误做法,不要对孩子提出过高的要求,当孩子遇到困难时要鼓励其克服困难,而不要打骂或挖苦孩子;对于因贪玩或迷恋网络而荒废学业者,家长要耐心地做孩子的思想工作,并想方设法将其引导到正确的轨道上来,绝不能简单粗暴地处理问题;家庭经济困难的,家长应教育孩子应更关注学习,而不是在吃穿上跟他人比;因家庭意外导致孩子思想波动的情况下,家长应及时与学校取得联系,让孩子在集体的温暖中平复下来;同时,家长应教育孩子树立正确的人生观和价值观,树立远大的理想,自觉抵制不良诱惑。只有这样,才有可能尽快消除孩子的厌学情绪。

十六、孩子考试考砸了,家长怎么办?

孩子的学习成绩是家长们关注的焦点问题。考试结束后,家长们应该怎么看待孩子的分数呢?有些家长可能会因为孩子成绩的优劣而呈现出截然不同的态度。过度重视孩子分数的家长,往往会表现出超乎寻常的关注,甚至采取奖罚措施。当孩子考试成绩不理想时,如何跳出简单的说教模式,引导孩子总结失败教训、坚定信念、走出学习低谷是家长们需要面对的一道家庭教育难题。下面几位家长的做法值得我们学习。

[案例一]

爸爸允许你考试失败

一般来说,孩子如果考出了好成绩,爸爸妈妈多半会说:"可别骄傲,争取下次考得更好!"但女儿考出了好成绩,我却对她说:"孩子,爸爸允许你下次考试失败!"女儿刚进初中时,她的入学成绩在全班62个学生中名列倒数第二。在我和老师的鼓励下,第一次大考就名列全班第十名,以后便总是在十几名到二十名之间徘徊。我从不用分数和名次压她,总是给她创造一种宽松的氛围。但有一点我的要求很强硬,这就是每天晚上10点以前必须睡觉。有次考试,她考了全班第四名,全年级近700名学生,她名列24名。但当她打电话告诉我时,我却说:"祝贺你!但爸爸允许你下次考试失败。"

不少家长往往爱对考出好成绩的孩子说"不要骄傲""下次争取再前

进几名"之类,意味着对孩子的严格要求,其实这样只会增加孩子的心理负担,不利于孩子的学习。有时候,家长的"减压"反而会使孩子轻装上阵,取得好成绩。

所以,如果女儿考差了,我会说:"祝贺你!因为你通过这次考试暴露出了问题,这正是进步的开始。考试嘛,还有下次呢!不过,下次也失败了仍然不要紧,关键是认真反思总结。"

相反,如果女儿考好了,我会说:"祝贺你!但爸爸允许你下次考试失败!"

为什么我会对女儿说这些"反常"的话呢?因为我认为,孩子的学习心态远远比其学习成绩更重要。孩子考差了,当然需要家长帮着孩子总结反思,并找出原因所在,这正是孩子进步的开始,难道不应该祝贺吗?孩子考好了,表面上很得意,但其实内心压力更大了。学习上有一定的压力是必要的,但如果这种压力超过了限度,就很可能成为孩子的一种心理障碍,影响着她未来的进步。所以,在这种情况下,家长适当减轻点孩子的压力,反而更有利于孩子下一步的学习。

(董爱文)

[案例二]

心理辅导不可怕

孩子进入初三阶段的第一次大考成绩出来了,成绩大大低于孩子之前的预期。在此之前,他的考试成绩一直名列前茅。当天回到家里,孩子表现出了前所未有的低落情绪,一个人躲在房间内闷闷不乐。

在注意到儿子情绪不好后,我没有过多的劝慰,更没有责难。等孩子的情绪稍稍平复,我就带着孩子去最近的商场闲逛,试图转移孩子的注意力。但我使出了浑身解数,也没有让孩子展露出一丝笑容。

孩子无比地悲伤,除了陪着他,我不知道还能做点什么来帮助他,让他快乐起来。于是我联系了他的班主任，向他请教办法。班主任说："如果愿意，可以尝试为孩子找一个心理咨询师。"但是我马上紧张起来，心想："孩子的问题很严重吗？真的需要心理咨询吗？"

通过与老师的沟通和交流，我了解到孩子在初中阶段，确实会面临许多前所未有的压力与挫折，有时候他们不知道该怎么去面对这些困难，如果有个专业的心理咨询师，可以定期地听孩子诉说一些他认为旁人无法理解的心情，从而帮助他整理青春期所面临的各种生理与心理成长带来的困扰，这是一件非常值得尝试的事情。

我带着疑惑找到了一位心理咨询师，后来的情况证明这个决定很正确。在咨询师的帮助下我们找到了孩子情绪低落的原因：成绩失利的背后同时存在他上高中后没有适应新环境的问题。同时，咨询师也与我做了沟通，作为父母除了尽可能地理解孩子、调整自己对待孩子的方式外，很多时候还需要告诉孩子一些应对困难的方式和渠道，他们其实会去思考与尝试。对于孩子来说，一次考试的失利可能只是成长过程中的一段插曲；对于父母来说，孩子的考试成绩却好像是验证父母成败的试金石。所以当孩子考砸时，家长的情绪也会给孩子带来不小的压力。认识到这些之后，我们一家人一起调整，孩子慢慢恢复了笑颜。

（高 娟）

[案例三]

"代家长签名"的教育反思

孩子因为考试成绩差，怕父母批评，就代家长签名来瞒天过海，这种事情我听说过，但是没想到会发生在自己孩子身上。期中考试刚结束，我就接到了数学老师的电话，说孩子模仿他爸爸的笔迹，在考卷上签了家长的名字。

孩子为什么要瞒着我们，自己签名？在我的再三追问下，儿子终于说出了实情：爸爸对他的期望很高，很严厉。爸爸说过如果他的考试成绩在90分以下，这个分数离100分差几分就打几下。如果是89分，打11下，79分就打21下，以此类推。如果90分以上，就算了。为免受皮肉之苦，才自己代签了家长的名字。

听了孩子的诉说，我恍然大悟。平时孩子爸爸教育他的时候，我没有提出意见，而是赞同了孩子爸爸的行为，总认为棍棒出成绩，忽视了孩子的承受能力。孩子代家长签名是不对的，但我们用这种办法来让孩子考试得高分更是不对的。是我们的"棍棒教育"迫使孩子千方百计地躲避皮肉之苦，去搞花样骗家长。孩子考试考砸了本来就很难过，家长再打他，这不是雪上加霜吗？

我与孩子的爸爸针对这个问题进行了深入的沟通，我们也认识到了自己教育观念的错误和教育方式的欠缺。自此以后，我们改变了对待孩子的态度，降低了对孩子的期待，从孩子的实际水平出发，和孩子一起制定合理的目标。当孩子失败的时候，我们不再苛责和打骂他，而是安慰和鼓励他，态度平和地与孩子沟通，帮他分析原因，寻找更科学的学习方法。就这样，我们的亲子关系越来越好，孩子在学习上越来越自信，学习成绩也越来越好了。

（高　娟）

[点评]

家庭应成为孩子幸福安宁的港湾，特别是孩子考试失利的时候，懊悔悲伤之情流转心中，是最需要家长抚慰的时候。但有的家长沉浸在"恨铁不成钢"的情绪中，失去了应有的理智。大发雷霆者有之，谩骂打人者也有之。对此，家长不妨做好以下几点：

一是接纳孩子，不批评指责。孩子考试失败后，回到家中，最在意的是父母的反应，此时，做父母的一定要管理好自己的情绪，先给予孩子宽慰,然后再帮孩子分析原因,寻找提升途径,让孩子感受到父母的爱是不会因考试成绩优劣而变化的。

二是帮孩子调整心态,重新出发。作为父母,在孩子情绪平复后,和孩子一起认真研究试卷,分析出错原因。找出掌握不扎实的知识点和能力缺失的地方,鼓励孩子跟老师、同学细致沟通,虚心学习,调整学习方法。尽快弥补,迎头赶上。

三是建立良好的家庭氛围。良好的家庭氛围会给孩子编织一张安全的网。在和谐的家庭氛围中,孩子可以真实地表达自己,即使面临困难、问题或冲突,也可以及时释放情绪,解决问题。

十七、孩子爱攀比,花钱大手大脚怎么办

现在有不少孩子在生活当中存在着攀比心理,但这种攀比不是体现在学习上,而是表现在吃穿用上。有的孩子看到别人穿名牌、吃大餐、用高档文具,回家以后不体谅家庭的实际情况非得缠着父母也要买这些东西不可。有的父母挺为难:买吧,情况不允许;不买吧,孩子赌气,搞得挺不愉快。那么如何才能改掉孩子的攀比行为和花钱大手大脚的毛病,使他们有一个正确的消费观呢?下面一些家长的做法很值得借鉴。

[案例一]

孩子的行为需要父母的正确引导

儿子小宇从小就是个懂事的孩子,从来不乱花钱。小时候带他去超市让他任选零食和玩具他也从不贪心,都是买性价比高的东西。可自从他升入初中跟一帮要好的朋友住在一起之后,就慢慢地变了。每次回家,他都在和我们聊天的过程中说起——某某的妈妈给他买了什么名牌服装啦,某某用上高档手机了,某某的鞋子是什么品牌啦,某某的书包值多少钱啦等

等。他的生活开销也一路飙升。有一次，他居然撒谎说餐费和教材费丢了，让我再给他送六百元钱，他又借了同学两百，用这些钱给自己买了一部二手手机。这个周末，孩子从家回学校时就只穿了一双鞋子，任他妈妈怎么说也不捎第二双，还表示即便非让他捎到学校也绝对不穿，理由是鞋子不是名牌的不舒服。

我猜测小宇之所以有这样的攀比行为背后的心理可能是：人家有，我也要有，这是在寻求伙伴认同，找到归属感。

基于此，我们决定用一种孩子易于接受的方式来教育他。

首先，我邀请小宇一起翻看我的支付信息，让他了解我们家最近一个月的消费明细，以及其中用在小宇身上的大约占了多少，让他对家庭的整体消费情况有个基本的概念，并对自己日常生活所需"是什么？是多少？"有个比较清晰的认知。然后和孩子商量达成协议：每周，将小宇日常消费所需的钱以零花钱的形式交由孩子自己保管，让他按照自己所需，自己花钱，自己记账。培养孩子正确的消费观念，增强其家庭责任感。

另外，和孩子分享我的感受和理解：生活上爱攀比，说明小宇心理上有竞争向上的意识，想达到别人同样的水平或比别人更好。因此，引导他将攀比的焦点转移到日常的学习、良好的行为和兴趣爱好的培养等方面。毕竟学生的主要任务是学习，学习上和大家保持一致或领先同学，会极大地增强他的自信，同时孩子的独立性、自主性也会慢慢获得提升，关注点也就不再局限于与伙伴在物质方面的攀比了。

慢慢地，儿子不再关注品牌，心思回到了学习上，又像先前那样懂事、节俭了。

（石　瑜）

[案例二]

改变消费观念　从家长做起

随着孩子年龄增大,他的压岁钱也逐年增多。开始,他买东西还问我,后来就随意支配不再问我了。原来有的玩具照常买,文具盒中的铅笔、橡皮各式各样满满的,小刀也有四五把,挂在腰间晃来晃去。看到这种情况,我告诉儿子,钱是劳动所得,不能随意花,已经有了就不要再乱买了,留着钱可以买别的更有用的东西。儿子说:"这是我的压岁钱,是属于我的,你们大人花钱没人管,又为啥管我?"就这件事我特意去咨询了心理医生,他们认为孩子婴幼儿时大脑一片空白,其思想观念的行为、行为方式与习惯的养成都离不开成人的教诲和周围环境的感染。家长是孩子的第一任老师,孩子耳濡目染,习惯成自然,乱花钱可能与家长花钱大手大脚有关,所以家长首先要注意自己的一言一行,以身作则。我反思了一下自己的花钱方式,在某些方面确实存在不当之处。回家后我们商讨后决定,以后家中再花钱买东西都和儿子商议,让儿子也成为家庭开支决议的成员,看哪些应该买,哪些不应该买。并让儿子监督我俩,如果我俩出现乱花钱的现象就及时制止。此后,每当家庭开支过大时,儿子就不时地对我们说:"钱快花完了,一定要节约花。"从这以后孩子乱花钱的毛病改掉了,俨然成了一个能理财的小大人。

(康文庆)

[案例三]

培养孩子合理消费、善于理财的能力

2021年4月的某一天,有位衣着朴素的家长突然找到了我。经询问得知,这是我们班一个同学的家长。仔细询问了一下,原来是家中的银行卡里少了一大笔钱,孩子父母找来孩子聊了一下,才发现是孩子私自用了,问用去了哪里,才发现孩子花钱大手大脚的问题。孩子家里也就是很普通的农村家庭，孩子家长说："以前一直觉得孩子很听话，直到今天家里去银行转账才发现这个问题。平时我们日常生活费已经给了不少，孩子奶奶也给了她一份，她还分别跟我和他爸要钱。当时她说是要买书包、裙子之类的，我就没多想。我没工作，银行卡里的钱也是我平时省下来的生活费。正好有一次我看见她微信来了消息，说快递到了，等隔天去取才发现她私下给别人寄了东西。有几个朋友寄东西也正常，我也理解，可后来我发现她微信上有各式各样的人，有的连话都没说几句她就给人发红包，金额20到50不等，还给别人充话费，充游戏币。我自己省下来的钱都不舍得用，没有想到就这么被孩子挥霍出去了。孩子正值青春期，我又不能说话太重了，怕孩子有不好的念头。"

孩子觉得自己有钱同学才和她玩，再加上互相攀比成风，虚荣心作怪，一开始没打算偷用银行卡里的钱，但是开了头就止不住了，又不敢和家里说，以至于一发不可收。

针对孩子的情况，孩子妈妈做了以下尝试，效果不错。第一，给孩子适当的零用钱，数目不大，但相对固定，并且跟孩子定了规则，让她学会合理支配，按需购买，慢慢地让孩子养成合理消费的习惯。第二，给孩子在银行开了个人账户，帮助她养成定期存钱的好习惯，她存下来的钱可以用来购买自己喜欢的贵重物品。第三，教孩子"记账"。这样有助于孩子形成花钱的计划性。第四，让孩子体会到父母赚钱的辛苦。家长把自己的工作情况告诉孩子，让孩子知道要生活就要工作，教育孩子懂得节约用钱。通过这些方法，既培养了孩子合理消费、善于理财的能力，也让孩子学会了感恩，改掉了攀比虚荣的毛病，孩子现在越来越懂事了，父母也很欣慰。

（王原田）

[案例四]

让孩子当"财政部部长"

当女儿要求我给她买一套价格昂贵的文具时,我告诉她:"太贵了!爸爸妈妈一个月才能挣多少钱!"女儿认真地"查"起我们的收入情况,我如实奉告。"那么,爸爸妈妈一个月挣的钱都花在什么地方了?怎么这么快就花光了?"没想到女儿竟然怀疑起我这个家庭"财政部部长"的"清白",真是"不当家不知柴米贵"!

"让女儿当两个月的家庭'财政部部长'。"当我把这个决定向父女俩宣布时,得到了一致赞成。令女儿高兴的是她终于有了经济大权,可以想买什么就买什么。我不动声色地向女儿交出了家庭账本。由于她年龄小,现金还是由我掌管,不过家庭的一切开支由女儿全权决定,并由她记录开支流水账。第二天一早,她便命令我:"现在就去买下那套文具。"我的心在火辣辣地痛,却不得不一边告诉自己"舍不得金钱套不住女儿",一边和女儿一起买回那套相当于我们一个月 1/5 的生活费的文具。女儿认真地在她的账簿上记下了她的第一笔账:买文具 360 元。此后,女儿继续"滥用职权",我们餐桌上的食谱变了样:青菜、排骨、米饭、馒头全不见了,取而代之的是女儿最爱吃的煎豆、QQ 糖、火腿肠以及可乐、面包。我还是缄口不语,陪着满脸苦相的丈夫和神采飞扬的女儿吃着"西式快餐"……

这样的日子过得飞快,差一周到月底的时候,女儿还向我发号施令买这买那。我遗憾地告诉她,这个月的钱已经花光了。于是,这一周除了维持全家基本的生活支出而透支一部分钱外,餐桌上的食物换成了咸菜加馒头,女儿的酸奶更是不会有了。女儿有想要交账的意思,我却不肯收权:"你让这个月的收支达到平衡后我才收账。"无奈之下,女儿还得继续当她的"财政部部长",不过全然没有了刚接手时的高涨情绪。

两个月"财政部部长"的任期届满,当女儿老老实实地向我交出财政大权时,她的乱花钱、挑食、铺张浪费等毛病都已经改掉了。

(王有有)

[点评]

　　随着经济的飞速发展和人民生活水平的大幅度提高，人们勤俭节约的意识逐渐淡薄，社会上腐化奢侈、铺张浪费成风，对青少年学生的影响很大。孩子生活不节俭，胡乱花钱，甚至比富摆阔、奢侈浪费，这不得不引起我们的重视。

　　青少年正处在世界观的形成发展期，他们很容易受到这种不良风气的浸染。其原因有很多：一是我们忽视了对学生勤俭节约、艰苦奋斗品格的培养；二是青少年容易产生盲目攀比心理。他们往往不去比学习、比进步，而是从更实用的角度上去比吃、比穿、比花销；三是青少年更容易有从众心理。对很多事情，他们往往来不及认真思考是对是错，就跟别人学，别人怎么干，他也怎么干。

　　每个家庭的经济情况不同，如何教育孩子把钱用在有利于自身发展的地方是每个家长都要认真思考的问题。为孩子花钱，不管多少，都要有正确的消费观——是否高效益地使用金钱、财物；是否合理消费，用所当用；是否有利于孩子身心健康发展；是否杜绝了奢侈浪费。

　　为了培养孩子节俭的品质，下面几个建议可供家长参考：

　　1. 教孩子正确认识金钱的含义。要让孩子从小懂得钱是什么，钱是怎么来的和怎样正确地对待钱财。

　　2. 教孩子学会花钱。孩子的消费行为是由被动逐步走向主动的，从小学低年级开始就应该教孩子如何买东西，如何用钱，如何选择物有所值的物品。教孩子把钱保管好，防止丢失、被窃。培养孩子先认真思考再花钱的习惯，避免盲目消费。有些家长让孩子"一日当家"、记收支账，是教孩子学会理财、培养节俭品质的好方法。

　　3. 教孩子学会积累。孩子手里的零用钱、压岁钱应该让他学会有计划地使用、适当积累。让孩子在存钱、用钱的过程中养成节俭的好品质。

　　4. 教孩子懂得量入为出。要让孩子明白，花钱必须有经济来源，花钱要看支付能力如何。即使家庭经济富裕，也要坚持前面提出的三条建议。

5.教育孩子珍惜物品，不浪费。让孩子懂得所吃、所穿、所用都来之不易，随意浪费是不珍惜劳动果实、不尊重劳动的表现。让孩子经常参加劳动，体会劳动的艰辛。

十八、如何指导孩子合理使用电子产品

网络在给我们的生活、工作和学习带来诸多方便的同时，网络游戏也以迅猛之势把孩子们"拉下水"。在我们的身边，有越来越多痴迷网络游戏的"小网痴"对学习失去了兴趣，他们成绩下降、逃学旷课、昼夜不归、离家出走，有的甚至由此走上了犯罪的道路。他们不仅给自己和家庭带来了伤害，也成了造成社会不安定的因素之一。

今天，日趋发达的网络给许多家长带来了新的困惑和忧虑。因为他们发现孩子喜欢看电视胜过看书、孩子们对手机的迷恋大大超过对学习的兴趣，尤其是那些铺天盖地的带有诱骗性的广告，还有那些打着色情擦边球的镜头，简直让家长们防不胜防。

那么，该怎样解决这些难题呢？一些家有"小网迷"的父母们，总结出了一些有效的高招。

[案例一]

用玩手机来逃避现实压力

大多数父母都将手机、电脑看成洪水猛兽，生怕给了孩子手机，就毁了孩子一生。但如今的时代，手机等电子产品已经成为日常生活中不可或缺的一部分，不管我们怎么严防死守，孩子总是会有接触电子产品的渠道。

我的儿子读初二，特别喜欢玩手机。只要孩子回家拿我们的手机看，我都是给规定时间限制的，时间一到立刻没收。但是疫情以来孩子上网课，

要用手机传作业,我们就没法子制止孩子用手机了。忧虑也随之而来,唯恐他借传作业之机玩游戏或者聊天,担心手机里那些他从未见过面的朋友把儿子给带歪了。于是我们规定儿子书房不能关门,以便于我们能随时查看儿子是在学习还是在玩手机。只要看到儿子拿着手机但不是在学习我就觉得扎眼睛,恨不得夺过来给他摔得粉碎!儿子对此很反感,于是狠狠地摔门以示抗议,并把自己反锁在屋子里让我毫无办法。我只能采取断网的办法控制孩子,有时甚至鼓动他爸爸揍他一顿。这个恶性循环只会让我和儿子之间的距离越来越远。他曾经对老师说:"我爸妈就知道成绩,其他事情在他们眼里都是一文不值,手机里那些从未见过面的游戏好友,都比他们关心我!"

长期下来,孩子学习成绩变差,不仅没有朋友,就连亲子之间的沟通也很少,我们怎么说,孩子也听不进去。我和老公静下心来反思自己的行为,我们这样做会把孩子越推越远。孩子觉得在手机游戏里面没有父母的埋怨和指责,反而能得到及时的回应和认可。在大人那里无法被看见、被理解的需求,却能在游戏中得到满足。每闯一关,会有奖励,失败一次,会有鼓励,一路过关斩将,孩子的成就感得到很大满足。我想:如果让手机离开自己一天,我也会很焦虑。平时我们两口子从来离不开手机,睡觉时放在床头边充电,就连有时吃饭也都把手机放在餐具边盯着。其实,家长在做,孩子在看。孩子痴迷电子产品是因为我们做了坏榜样。

为了孩子,我们夫妻俩放下了手机,学会了沟通、鼓励和表扬,修复了亲子关系,用心地陪伴孩子成长,慢慢地,孩子有了变化。

(石 瑜)

[案例二]

和孩子有个"约定"

孩子班里有几位同学都拥有自己的手机,并且每周都把手机带到学校门口的小卖部寄管。只要放学就窜出学校捧起手机玩个够，周末在家里有时通宵不放下，读网络小说、听音乐、玩抖音……就连吃饭也是抱着手机玩得不亦乐乎。做家长的用尽方法威逼利诱，但孩子还是和大人"捉迷藏"，对此我们也是无可奈何。

在孩子沉迷手机这一普遍性的难题面前，一般会出现两种情况：一种是非常强硬的家长。将手机没收将游戏卸载，或者打骂孩子一顿，或者干脆抢过来摔得粉碎。家长看似赢了，但孩子会对父母产生怨恨，孩子很可能会偷偷地找机会玩别人的手机，不会从根本上对自己负责任，孩子也学会了撒谎欺骗父母。一种是软弱的家长。奈何不了孩子的哭闹和胡搅蛮缠，只好举白旗投降，听之任之。这一类被宠坏的孩子会为所欲为，并学会用发脾气来控制父母，对父母表示抗议，让父母感到内疚。这些孩子常常冲动、任性，无法控制和管教，并以自我为中心，自私自利。

其实孩子对手机的渴望是没有错的，孩子对手机的渴望并非出于交流的需要，而是因为内心对外面精彩世界的好奇。这份对未知的好奇心，引领着孩子通过手机去了解外面的世界，进而建立起对未来的向往与应对新环境的自信。

手机是一把双刃剑，我们不能将它视作洪水猛兽，应该对孩子进行正确的引导，教孩子如何利用手机攫取知识、查阅资料、提升自己。我和孩子约定：玩手机可以，但是要事先约定时间和规则，一旦违反，就要承担违约责任。这是约定，不是命令。我把约定书面化并和孩子一起张贴在家里的显眼处，让我们时刻可以看到。当孩子完成了约定，我及时给予鼓励。当孩子违约时，必须承担违约责任。让孩子清楚地知道完不成约定将失去什么。如果不追究违约责任，约定就没有丝毫约束力了。通过这种方法来解决冲突会让儿子更有参与感，孩子更易于接受！他在完成约定时更积极，成功率也高。与父母强加给自己的命令相比，通过这种方式，孩子会感觉到父母对自己的尊重。同时，对于自己参与制定的方案会有更强的执行动力。

（陈　丹）

[案例三]

因势利导　满足孩子的好奇心

女儿今年上初三，从小听话，学习认真，成绩一直稳居年级前茅。平时，孩子寄宿在学校，每个礼拜回家一次，只要孩子去了学校，我们都非常放心。一天，我接到了学校的一个电话，要我去学校一趟。当我跟以往一样高高兴兴地到了学校时，班主任老师却告诉了我一个令我意想不到的消息：孩子私藏手机，而且上课偷玩。我这才认识到了问题的严重性。

我也曾听说过不少学生偷拿手机上网的事，但无论如何也没想到我那从小听话的女儿会与这事有关。我认为事出有因，于是就没有先批评她，而是静心听她解释。女儿振振有词："现在是信息时代，班里就有不少同学有手机，为什么我不可以？"我看到孩子带手机只是出于攀比心理，心想，何不顺势引导孩子学会正确使用手机呢？

俗话说：浇花要浇根，帮人要帮心。我首先从思想上抓起，给她讲了信息时代网络的利弊。然后话锋一转：其实我并不反对你用手机，人家比尔·盖茨不就是从小玩电脑长大后才成了电脑奇才的吗？如果你想通过手机学习的话，咱们干脆买台平板吧。孩子感到非常高兴，说一定会充分利用好平板。同时，我与女儿约定：使用平板上网不能耽误学习，使用时间为周六晚和周日下午。我还鼓励孩子利用网络发展自己的爱好，并且定期汇报自己的上网收获。我还在女儿书桌上挂上了从书上摘的一段话："网络交流是最伟大的学习方式，网络的最大意义在于认识世界、辅助学习。"用以时刻提醒她持之以恒，科学运用网络这把双刃剑。经过一番努力，孩子没有使我们失望。由于满足了孩子的需求，并加以正确引导，孩子的学习成绩不仅没有后退，而且还代表学校参加了全市中小学机器人制作比赛呢！

（房师新）

[案例四]

加强监督　让孩子安全上网

"上网太不安全！网络太多危险！上网有太多陷阱，网上充斥着黄色与暴力。"这就是我对网络的一贯看法。因此，家里虽然买了台电脑，我还是坚决禁止孩子上网。有段时间，孩子瞒着我在家里上了几次网，在我一顿"棍棒教育"后，孩子承诺再也不上网了。可谁能料到，一天孩子学校来电话，告诉了我一个令我非常恼怒的消息：孩子因为逃学去网吧上网被学校通报。

我本想狠狠教训他一顿，但转念一想，这件事证明我教育孩子的老一套办法不能奏效了。为此，我专程请教了心理咨询师，专家认为：孩子长期沉迷于网络游戏，智力发育将受到极大的影响，那些上网成瘾的孩子，智商将比原来低得多。因此，中小学生上网过多，特别是玩网络游戏，应是弊大于利的。那么，怎样才能戒除孩子的网瘾呢？专家建议我：既然禁不住，何不有限度地让他上网呢？我决定试试看。

我首先请几位警察朋友提供了一些有关网络犯罪的案例，使孩子充分认识到网络是一把"双刃剑"，有利也有弊，以确保孩子从主观上避免对不良信息的寻找和浏览。其次我进一步加强了同老师的沟通，适时把握学校的作息时间，确保孩子按时上学和回家，让他没有机会去网吧上网。另外，我通过了解和学习网络知识，利用具有相关保护功能的软件和小程序，来屏蔽不良内容。最后，我还同孩子建立了一个"游戏规则"：学习成绩稳步前进，适度游戏。通过这些举措，最大限度地掌握了孩子的网络使用情况。现在，孩子的网瘾已基本消除了。

（徐春晖）

[点评]

网络和电子产品都是"双刃剑"。目前中小学生迷恋手机、平板等电子产品，迷恋上网，主要有这么几个因素：一是由于好奇心比较强。面对一个新事物，大部分孩子抱着试试看的心理，想探个究竟。二是对学校生活感到无聊，对学习不感兴趣。通过上网，消磨时间，在各种网络游戏中体验成功的喜悦，来弥补学习上的失败。三是人际关系障碍。有了网络，孩子现实中的交际范围越来越小，生活闭塞，于是更喜欢到虚拟世界中去寻求友谊和心灵倾诉。

要想正确引导孩子合理使用电子产品，就需要针对孩子的性格特点和不同的上网动机，各方面尤其是学校和家长要密切配合，切忌教育方法千人一面，管理方式简单粗暴。要因势利导，让孩子树立正确的网络学习观，而不应泯灭孩子的好奇心和求知欲。针对第二种情况，要教育孩子正确看待学习中的挫折与失败，学校也要抓好后进生的转化工作，培养学生多种兴趣和爱好，使他们体验到学校生活的充实。针对第三种情况，家长要多抽出点时间陪陪孩子，让孩子体验到家庭的温馨。学校要适当组织些有意义的活动，给孩子提供交往的机会，培养他们团结协作的团队精神。对于电子产品的使用，应掌握以下几个原则：一是定时看；二是有选择地看；三是家长最好能够陪同看。

总之，要通过以上措施，尽最大可能发挥网络和电子产品的积极作用，把它们的消极作用降到最低。

十九、孩子逆反怎么办

身为父母，管教孩子是应尽的责任。但是进入初中后，原本乖巧可爱的孩子变得总爱和父母对着干，家长的话一句也听不进去。有些孩子表现得明目张胆，有些孩子表现为消极对抗。不少父母发现：亲生骨肉在和自己"作对"。对此，家长往往很生气，认为孩子不服管，不尊重大人，稍不冷静，训斥打骂孩子也是常有的事。但结果往往事与愿违，越打越坏。

心理学家把青少年这段爱和家长、老师"作对"的时期称为"逆反期"。在孩子进入"逆反期"后,家长该怎样与孩子交流呢?

[案例一]

以柔克倔

有一次,我给女儿辅导作业,一道数学题我讲了半天,可她却心不在焉。我火冒三丈,桌子一拍,让她到房间去闭门思过。女儿知道自己理亏,默默地走进房间,可我依旧火气难消。好半天,我才克制住自己的情绪,推开房门,只见女儿正耷拉着脑袋抽泣着。我走过去,注视着她的眼睛,柔声说道:"你心里是不是很难过?爸爸态度不好,不够朋友,爸爸向你检讨,以后爸爸一定改。原谅爸爸好吗?"女儿抬起泪眼,不相信地盯着我,目光里的惊讶、感动却让我的心隐隐作痛。我向她笑了笑,她却哇哇大哭起来。我抱住她,为她擦干了眼泪。她说:"爸爸,是我不好,我一定认真听!"我的眼泪也下来了,可心里却甜丝丝的,想不到,一句温柔的话却胜过一切,"柔"真的能克"刚"呀!回到书桌旁,女儿竟然说:"爸爸,这道题让我好好想想,也许我自己可以把它做出来。"果然,女儿全神贯注地思考着,不一会就做出来了。

从那以后,每当有分歧,我都是放下架子,以朋友的口吻跟她商量,所以每次都能和平地解决问题。偶尔,女儿还会有叛逆的举动,如果不是原则性的错误,我都不会发火,而是就事论事地跟她讲道理。如果她不听,我就说:"唉,我们还是不是朋友啊?你可真不够朋友!"说完,我就假装生气地沉下脸,女儿便也会笑着说:"好好好,听你的,老兄!"

(段景洲)

[案例二]

孩子叛逆，父母可以这样做

儿子小毛是家中的大宝，身材较为瘦小，读初一。读小学的弟弟比他小三岁，但是个头和小毛差不多，虎头虎脑非常可爱，学习成绩也很优秀。爸爸是长途货车司机，经常不在家，我在饭店打工，工作时间长，又要照顾两个孩子，非常辛苦。我们两口子对大宝寄予了很高的期望，可他的成绩却经常刚过及格线，他和老师、同学的关系也不如意，几度出现过辍学的念头。我也总觉得他不如弟弟听话乖巧，经常唠叨他心思不放在学习上，大毛嫌烦，经常和我争执。我也经常向他父亲数落他的"罪状"，这使处于青春期的他变得更加叛逆。在某次期中考试后，他爸爸狠狠地揍了他一顿，他离家出走了。我们报警、查监控，经历了一番心力交瘁的折腾后，终于找到了孩子。在这之后，亲子关系越加紧张。

参加了学校组织的亲子恳谈会后，我意识到，小毛是一个自卑的孩子，瘦小的身体让青春期的他在同学中没有"分量"，不理想的学习成绩更让他看不到光。家中可爱的小弟弟总把他比下去，我们对他关注很少，小毛在家中得不到想要的关爱，有种被孤立的感觉，时常出现焦虑、违拗情绪。另外，我们对他过高的期待压得他喘不过气来。我还总是用唠叨和责骂的方式纠正他身上的小毛病，这种单一的教育方式让青春期的他听不进去，更导致他心生反感。特别是父亲的责骂、训斥甚至暴打等粗暴的家庭教育方式让他长期积压的情绪无处宣泄。他感受不到被尊重与被信任，所以他自暴自弃，越来越叛逆。

和谐的亲子关系是进行良好家庭教育的基础。在老师的指导下，我从以下几方面入手改善家庭教育的方式：首先对小毛的学习抱有积极的教育心态。重视他性格、品性的发展，真诚地寻找孩子的闪光点，鼓励孩子，欣赏孩子，表扬孩子，设身处地地理解他，给小毛充分的尊重。其次，使用正确的教育方法，改善亲子关系。我不再揪着孩子的学习成绩不放，而是充分挖掘孩子的兴趣点,让他体验到成功的快乐,提升自信心和独立解决问题的能力。第三,避免唠叨,不翻旧账。出现问题时不再当面指责、训斥,而是就事论事。

纠正孩子的不良行为不是一朝一夕的事,要想帮助孩子养成好的习惯,家长要做到坚持,有耐心和爱心。

（张 莉）

[案例三]

孩子叛逆是个大问题

我是一个30多岁的父亲,孩子今年上初二,以前我一直认为自己是个称职的爸爸,物质上从来没有缺过他什么,可从那天以后我发现我错了。

"你别说了,我没兴趣读书,不读书也能挣钱的,爸爸妈妈你们真虚伪,除了让我学习,你们还会说什么?"嘭!伴随着儿子摔门而去的声响,我模糊了双眼……

想想以前那么乖巧的孩子,现在变得叛逆、沉迷玩手机、成绩垫底、抽烟喝酒、撒谎逃课,老师看到他也头疼。我更是不知道该用什么方式教育他,被他折腾得没有了办法。

为了改善孩子的状况,我想尽了办法:

起先,我想着到网上找些好的文章、视频发给孩子,希望能够让他改变。但是更多的时候,得到的是冷冰冰的回复,他并不愿意跟我互动沟通。

然后,我让家人、亲戚、朋友去劝说孩子,不要耽误了自己以后的前程。结果孩子愤怒地告诉我,家丑不可外扬,而我却让这么多人来指责他,他觉得压力好大。为这事,他更是好久没有理会我们,对我们非常反感。

后来,我带着儿子去看心理医生,本来想通过心理医生来帮助他,谁知道适得其反。回来后他跟我说:"我没病为什么要去看医生,你才有病。"

就这样,一次次自我摸索、自我拯救的结果是:孩子好像更叛逆了。

有一天，孩子对我们吼道："你们真正懂我吗？你们是我的亲生父母吗？"这样的话，让我和他爸爸都很痛苦很震惊！后来，在跟朋友聊天的时候听说，他家的孩子之前也叛逆过，现在有了很大的改变。他教会了我如何有效地和儿子沟通交流：

1．父母要学会倾听。耐心听孩子的讲述，让孩子把话说完，这样我们才可能知道孩子的真实想法和需求是什么。

2．营造和谐的沟通氛围。和谐的气氛永远是与孩子沟通的最好添加剂，一起去听音乐会、参观绘画艺术展，都可以成为谈话的素材，都是与孩子沟通和交流的最佳时机。

3．积极学习，广泛涉猎，了解孩子的兴趣爱好，让孩子觉得和我们有话可说。

4．尊重孩子，不到处宣扬孩子的隐私，保护孩子的自尊心。这样，孩子才能真正把我们当成知心朋友。

5．不唠叨，多赞美，少批评。因为赏识才能成功，抱怨导致失败。

通过上面这些方法，我和儿子之间的关系慢慢破冰了，父子之间的谈话越来越多，儿子也变得越来越开朗。

（李　明）

［案例四］

以平等的心态对待孩子

我们经常为管不住自己的孩子而发愁。最初的几年，因缺乏经验，没有充足的心理准备来面对孩子身上出现的各种各样的问题，以至于经常对孩子大吼大叫，或采用强制办法让孩子必须服从。随着孩子一天天长大，这种命令式的教育方法逐渐失去了作用，孩子经常对我们说"不、不行。"直到有一天，我们刚喊完孩子的名字，不等说出具体事情，孩子马上就会跟上"不"字；不论我们提出什么事情，孩子都用"不可以"来回敬我们时，我们才发现自己对孩子已经束手无策。

这时，我们才意识到问题的严重性，开始反思自己以前在对待孩子的教育方式上的确过于简单、粗暴了。经过一段时间的学习，我们汲取了一些家庭成功的育儿经验，我们认识到，前几年在教育孩子的过程中出现了失误，沿用了以前旧的育儿观念，没有运用现代科学的方法来教育孩子。有错就改，做一名合格的家长成为当务之急。于是我们和孩子商定，以后父母如有做得不对的地方或是对他提出了不合理的要求，都请孩子及时给我们指出来。

我们改正的第一个错误，就是放弃了对孩子命令式的态度，把孩子看作是一个独立的人，遇事和孩子商量。另外无论做什么事情都提前向孩子说明，提出要求，讲清道理，什么事情可以做，什么事情不可以做，都交代得明明白白。这种平等是发自内心的，孩子真正感到了来自父母的尊重。其次，我们不剥夺孩子的权利。只要不违背原则，他自己的事情都由他自己做出决定。这样既锻炼了孩子的能力，又避免了因一些琐碎事情与孩子产生摩擦。亲子关系搞好了，孩子真正体会到了父母的关爱，就乐意与父母沟通。

衷心祝愿所有父母都能培养出优秀、健康的孩子。愿天下所有的孩子都有合格的家长。

（谭晓燕）

[点评]

孩子进入"逆反期"后会出现种种逆反行为，这是很正常的。因为人在生长发育的不同阶段，会有不同的生理特点和心理特点。青春期的孩子兼有儿童和成人两个时期的特点：一方面，青少年缺乏适应社会环境的独立思考能力、感受能力和行动能力等；另一方面，初步觉醒的自我意识又让他们产生了强烈的表现欲。

"逆反期"是一个人从儿童到成人过渡的关键时期,如果不加以正确引导,会导致青少年对人对事产生多疑、偏执、冷漠、不合群、对抗社会等病态性格,让他产生信念动摇、理想泯灭、意志衰退、工作消极、学习被动、生活萎靡等问题,进一步发展还可能向犯罪心理和病态心理转化。

家长应该如何加以正确的引导帮助子女度过这段"逆反期"呢?这是每位家长都十分关心的问题。

首先是多与孩子进行情感交流。情感交流是人类的本能需求,在青春期,孩子其实存在与父母沟通的强烈愿望,所以家长要适时把握,注意倾听。其次是要做到身教重于言传。由于父母是孩子最直接的老师,故父母要注重提高自身修养,用良好的品行影响孩子,促进孩子心理的健康发展,帮助他们平稳度过逆反期。

二十、孩子"宅",体质差,家长应该怎么办

随着物质和文化生活水平的不断提高,青少年在身高、体重等身体指标上均有明显提升,但其身体素质却呈现下滑趋势。对此,我们不禁要问,是什么原因导致了物质生活越来越富足的今天,青少年却在向"手无缚鸡之力"的孱弱书生发展呢?我们仔细观察生活会发现,在空闲时间,青少年最喜欢做的事情是刷手机、上网打游戏、听歌、追星、看电影。"宅"成了时尚,别说是让他们出去运动,就连吃饭都要腾出手来玩手机。兴趣培养,社交主题,几乎都围绕着网络展开,缺乏对体育运动的接触,因此,也很难建立正确的身体素质管理和健康生活观念。家长应该如何帮助孩子改变"宅家"现象,增强体质呢?下面这些家长的做法很值得借鉴。

[案例一]

亲子锻炼好处多

我是一个初中孩子的爸爸,我觉得"宅孩"往往有个宅爸、宅妈,我国多数成年人也没有运动的习惯,其实父母的体育锻炼行为和习惯是会影响孩子的。一个家庭的孩子是不是经常活动,与父母相关。当父母在家里都是看电视的,那么孩子自然也爱看电视。如果父母每天都在安排时间运动,孩子也大概率地会跟随父母一起运动。除此之外,父母在日常行为中多谈论运动的好处、买运动工具,甚至观看与运动有关的视频节目,都会给孩子带来耳濡目染的"熏陶"作用。孩子受氛围的影响,自然增加了运动的机会。孩子参与得越多,便越有可能养成习惯,养成习惯后,孩子更容易产生对运动的爱好。

我从小就让孩子多运动,在孩子上小学的时候我尽可能多地抽时间带着孩子到外面跑步、爬山,在和孩子锻炼的过程中,经常和他沟通交流一些话题,这样既锻炼了身体,还增进了父子感情。所以儿子体质不错,而且也愿意和我分享一些他的小秘密。上初中后,我们让儿子开始练习打羽毛球,当然我和妻子都喜欢运动,每个星期我们一家人都会到小区广场上打一两次羽毛球,儿子现在的羽毛球水平不错。此外,篮球也是儿子的最爱,儿子常常会约上几个好朋友一起去打篮球。我觉得从小让孩子坚持锻炼好处多多,起码个子长得高了,协调能力好了,也很少生病,性格也开朗,愿意和同学交往。

(孟宪辉)

[案例二]

让孩子在关爱中成长

儿子在读初一的时候,平时也没有什么活动,一有时间就待在电脑前,叫他出去都不去,周末在家的时候,还爱睡懒觉。因为儿子不爱锻炼,体育成绩就不怎么好,体质也越来越差,我和孩子爸爸都很担心。于是我们耐心和孩子交流,寻找背后的原因,原来孩子也不是不想出去,而是刚到初一也没啥好朋友,没有一块玩的。于是,我和孩子爸爸商量不管多忙,也要抽时间多陪伴孩子,保证每天下班后跟孩子交流,利用晚饭后的时间,跟孩子一起散散步,说说心里话,聊聊孩子感兴趣的话题。尽量每天的饮食做到营养均衡,变着花样给孩子准备饭菜,还鼓励孩子结交好伙伴,主动交往。因为孩子在小学时学过打乒乓球,于是爸爸在周末尽量抽时间陪孩子到小区打乒乓球,在打乒乓球的过程中,孩子又结交了新的朋友,有时候孩子就和好朋友相约一块打乒乓球。我们还鼓励孩子帮我们做家务,出去买东西也叫上孩子,孩子也挺乐意参与。慢慢地孩子变得愿意和我们交流了,也喜欢锻炼了,有时候还主动邀请他爸爸去打乒乓球。一段时间后,孩子的身体素质有了明显的提高。我觉得我们要多关爱孩子,要创造条件,鼓励、支持孩子参加各种体育锻炼,以增强孩子身体各部位的机能和适应环境的能力,增强孩子的体质。尤其是爸爸要通过自身的运动行为和对待运动的态度树立起良好的榜样。陪伴孩子一起进行运动时,孩子们对于运动的认知才会受到真正的影响,他们才会真正明白运动的目的,以及他们应该在运动中达到的目标。

(曾 梅)

[案例三]

强健体魄 与"宅"告别

周末的早晨,孩子早早就起床了,然后吃饭、上网课,吃完午饭午睡、写作业,晚饭后看书、睡觉。这就是他周末的日常。曾经,我收获过一波家长的羡慕,孩子坐得住,爱看书,学习成绩好,这样的孩子太省心了,我也在别人对孩子的称赞中一度暗自得意。

但随着他年龄的增长,尤其到了高年级,这种"宅"就显现出一些不容忽视的问题。首先，孩子体质差、爱生病。呼吸道感染是常事，尤其到了冬天，感冒发烧经常会影响到上课；其次，孩子易受伤。由于得不到足够的锻炼，他肢体协调能力差，经常会有磕碰和擦伤；再次，孩子社交能力弱。课后与同龄的孩子接触少，不善于处理和同学的矛盾。

针对这种情况，我进行了深刻的反思，发现这些问题都与孩子户外活动少，缺少必要的体育锻炼有关。在上网查询和咨询老师后，我越发觉得加强他的体育锻炼刻不容缓，于是，在保证他睡眠和学习时间的前提下，我们为他制定了较为适合的锻炼计划。

1. 以身作则，带动孩子锻炼。考虑到他在校也有体育课和大课间的活动，我们晚饭后给他安排了运动量较小的散步、慢跑。每天晚餐后，我们都陪孩子一起运动，每次大约 30 分钟。每天的户外散步，也成了我们一家人交流沟通的时间，家庭气氛也变得更加融洽。我们还引导他多尝试一些运动项目，试着发现他的运动兴趣点。当发现孩子喜欢打羽毛球后，就由爸爸每周末陪他去球馆打一个小时羽毛球。在陪孩子运动的同时，我们也惊喜地发现，孩子运动带动了全家健身，形成了一种"共生效应"，家长也在工作之余放下了手机和电脑，在运动中收获了健康和快乐。

2. 注重与同伴交往，提高锻炼兴致。孩子"宅"在家的原因之一是没有伙伴，我发现小区里同龄的孩子不少，附近又有适宜锻炼的滨河景观带，于是我和几位家长约好，鼓励孩子们在寒暑假晨起跑步。由于有了同伴的督促，孩子的锻炼热情很高，假期每天六点半起床和小伙伴们去跑步。充足的阳光、新鲜的空气，增强了孩子的体质和免疫力，性格也变得开朗了。

3. 创造锻炼机会，形成锻炼规律。体育锻炼贵在坚持，最忌"三天打鱼两天晒网"。在鼓励孩子坚持锻炼的同时，我们也有意识地寻找一些简便有效的方法，让运动成为生活的一部分，比如走路上学、上楼不乘电梯等。当天气不好不适宜户外跑步时，我们就会做些简单的室内活动，如跳绳、摸高跳等。体育锻炼不一定非要在体育场馆才能进行，让锻炼生活化、规律化，提高孩子的运动兴趣，调动孩子的运动积极性，养成孩子的运动习惯，这才是让孩子"运动一生，一生运动"的好办法。

  运动对于孩子成长的必要性是不言而喻的，长期的锻炼不仅增强了他的体质，而且还能劳逸结合，缓解学习压力，提高学习效率。在运动中，孩子也能感受责任、担当和坚持。"文明其精神，野蛮其体魄"，孩子的身心健康、全面发展，不仅关系孩子个人、家庭，也对社会的发展意义重大。愿我们的孩子都能告别"宅"生活，积极参加体育锻炼，像小树一样茁壮成长！

（刘春慧）

[点评]

  "宅"在家里的孩子们长期与外界隔离，他们心理的成长会受到很大的影响。尤其在人际交往方面，长期独处使孩子不善于与人沟通，必然导致孩子人际关系不良，缺少朋友。没有朋友会直接打击孩子的自信心。很多孩子就是因为在学校跟同学关系不好而产生自卑心理，从而影响学习，严重的会发展到退学的地步。

  家长应该鼓励孩子多跟同学在一起，多做户外运动。作为父母，有时除了鼓励外还需要刻意为孩子创造一些集体环境，还要鼓励孩子积极参加学校组织的各项活动，使孩子更多地参与到集体当中去。不要因为担心业余活动太多会影响孩子学习，其实那些在学校特别活跃的孩子，恰恰也是学习方面的佼佼者。孩子不愿意出门，说明没有朋友相约。愿意一个人在家里待着的孩子多数都是性格比较内向、不善与人沟通的。但其实性格内向、腼腆的孩子并不是因为自己不想交朋友，而是因为害羞、怕被拒绝，所以从不主动与人交往。如果家长能够打消孩子的顾虑，鼓励孩子积极主动地交友，并给孩子适当的指导，相信孩子会很快走出"宅家"的生活，经常做户外运动，才能使身体的各个部位互相协调，从而让身心更健康，去迎接外面更精彩的世界。

二十一、如何对青春期孩子进行性教育

随着社会经济的发展，青少年生长速度加快，出现青春期提前的现象。孩子的青春期性教育，对许多家长来说，是一件非常棘手的事情。有的父母羞于启齿或谈性色变，不能及时科学地对孩子进行性教育，很容易让孩子通过其他的渠道获取不当信息而误入歧途。作为父母应如何科学引导孩子，以下家长的做法值得借鉴。

[案例一]

男人与男人之间的一场对话

我是一名初二孩子的爸爸，孩子今年十四岁了，已经步入了青春期。这个年龄阶段的孩子对性也产生了一定的好奇。有一天孩子正在房间里偷偷地看不雅视频，忘记关门。刚好我经过看到孩子在房间里，于是推开门进去了。孩子看到我过去，脸色通红，动作迅速地关了电脑。当时我心里虽然非常地生气，但还是忍住了，我无声地离开了孩子的房间，让孩子待会儿去书房找我，我要和孩子好好聊一聊。

随后孩子到了书房，我和孩子来了一场男人与男人之间的对话。我跟孩子说："首先，爸爸为没有敲门就直接进入你的房间而表示抱歉，对你之前做的这些行为呢，爸爸表示理解，毕竟爸爸也是过来人。爸爸年轻的时候，也曾对这些东西好奇过。二是理解但不认同。爸爸虽然理解你的行为，但是并不赞同你看这些东西，因为这些东西就如同精神鸦片一样，会危害你的心理健康。你应该远离这些东西，并且告诉身边也在看这些东西的同学们，看这些东西是不利于身心健康发展的。三是如果你对这方面好奇，我会带你看这方面相关的知识。爸爸相信你应该知道怎么做了。"

从此之后，孩子遇到性方面的困惑都会与我沟通，我还给他买了一些性教育方面的书籍，帮他顺利地度过了青春期。

（马玉志）

[案例二]

为女儿举行成长仪式

青春期是孩子们从童年向青年转变的关键时期。处于青春期的女孩子们，小小年纪就要承受诸多烦恼，如对生理发育的困扰，在心灵、情感、学习、理想、人际交往等方面的困惑。因此，这个时期也算是最容易迷失方向、荒废学业、受不住诱惑的危机期。

凯斯家庭研究中心认为，"父母在孩子的性决策上有着第一影响力，你给孩子的信息越多，他就越有可能不去尝试性行为。然而只有44%的妈妈和爸爸，与他们进入青春期之前的孩子谈过这些问题。"所以，以一种充满智慧的、公开的模式对孩子进行性教育，必须从家庭开始。我的女儿现在读初三，在我女儿初潮来的时候，我们在家中为孩子举行了一个小小的成长仪式，其实就是让孩子通过这个仪式，知道自己的成长和责任。在之前，我也读了许多关于青春期性教育的书籍、上网查阅了一些想相关资料，也咨询了老师，觉得还是应该用家庭仪式的方式来告诉她有关青春期的一些事情。首先要让孩子认识身体上从量变到质变的变化过程：12岁至15岁的青少年生长发育迅速，青少年身体的变化会造成心理上更大的浮躁不安。荷尔蒙开始发生作用，身体出现种种向成人发育的迹象。脸上出现了青春痘、嗓子变嗓。男生长出胡须，个子增高很快，开始有梦遗。女生开始有了月经及胸部发育。但是有时还是会表现出稚嫩、发育不成熟的样子。身体上的变化造成情绪上的不稳定，平时很乖巧的孩子也会闹情绪甚至叛逆，这些都是正常现象。此外，我们还送给了女儿一份特别的礼物《妈妈送给青春期女儿的枕边书》。并且在书上写下了寄语：愿这本书能与你一起度过青春期的快乐时光！女儿也特别高兴，现在已把我当成了无话不谈的朋友。

（曾 梅）

[案例三]

读懂青春　正面引导

儿子今年14岁,读初二。有一天,我发现手机浏览记录显示有色情网站的浏览信息,还看了有半小时之久。我想到之前曾把手机借给儿子查资料,一定是他看的。这让我大吃一惊,因为在我的印象里,儿子还是充满稚气的懵懂小子,怎么突然就让我觉得有些陌生了?我感到恐慌和害怕,我们到底该怎么对待这件事,是睁一只眼闭一只眼,还是跟他沟通一下?该怎么说呢?恐慌过后,我渐渐镇定下来,仔细想了想,青春期孩子的身体处于快速发育的阶段,对性的好奇是非常正常的,因为他们的生理发育可能比心理发育快。而且,现在的网络上有色情色彩的内容挡也挡不住。所以,我们不能正面批评指责孩子,而应该进行正面的引导和疏导。

于是我和孩子的爸爸商量对策,最终还是决定不直接把话说破。因为人人都有隐私,没有人愿意自己的隐私被曝光,无论对方是什么身份。如果不顾及孩子的自尊心,再好的言语都没有效果,于是他爸爸找了一个合适的机会跟孩子进行了一次关于青春期的对话。青春期到来后,家长对孩子的性教育就不只是生理上的教育了,还包含对孩子恋爱观的正确引导。爸爸平静地跟孩子讲了几点:首先男孩子到青春期对性好奇是很正常的,爸爸以前年轻时也看过,不过是在比你的年龄要大很多的时候才接触到的,爸爸也好奇过(与孩子共情);但是了解并不代表现在就要去做,针对这个问题,必须要谨慎克制。既要学会保护自己,也要学会保护别人。其次,要表达对孩子的尊重与信任、我们相信你很懂道理,可以正确地把握自己,懂得什么是正确的,什么是错误的,人在不同的时间阶段都应去做该做的事情。最后告诉孩子,如果遇到什么疑难问题,尽管来问爸爸,爸爸和妈妈永远是你坚强的后盾。经过这次对话,儿子开始信任我们,愿意和我们分享他的小秘密,与我们成了无话不谈的朋友。对青春期的孩子而言,最可怕的是他们从错误渠道获取信息，父母要敞开一条正确的沟通渠道，这对孩子来说非常重要。

（陈 丹）

[点评]

孩子们进入青春期以后，在性生理与性心理上都会产生一些变化。但他们对自身的这些变化所知寥寥，常会为此感到紧张、困惑和不安。家长应为青春期的孩子进行青春期性教育，让他们顺利地度过青春期，坦然地走向青年期。

首先，父母应该储备青春期知识和性教育知识，帮助孩子正确认识身体发育，了解基本的身体保健知识，不回避与孩子谈"性"。其次，正确看待孩子的手淫问题，不粗暴制止。我们要读懂孩子，正面引导和疏导。第三，支持孩子与异性恰当交往，正确处理孩子的"早恋"问题，让孩子懂得什么该做，什么坚决不该做。

二十二、如何指导孩子保护视力，预防近视

世界卫生组织最新研究报告称，目前中国青少年近视率高居世界第一。孩子上初中后，很多都戴上了眼镜，家长也在为孩子的视力下降发愁。孩子上学期间特别是中学学习期间，保护视力、预防近视是一个非常重要的问题。大数据研究结果表明：学生近视一旦产生，难以逆转，如不及时采取干预措施，听之任之，近视度数就会随着年龄的增加而增长，而且在10～13岁时增长更快。这个问题处理不好，会对孩子以后的学习、生活和工作造成极大的影响。下面的几个案例值得大家借鉴。

[案例一]

知晓利害　增强自我保护意识

我女儿已经上初一了,学校里学习抓得紧,家庭作业的数量也多了起来。每天下午放学后,女儿就一头扎进书房做作业。如果作业没完成,她什么事也没心思做,就是吃晚饭也得让我和她妈妈喊上几遍,才能把她从书房里叫到餐桌前。有一段时间,女儿的视力下降很快,我的心情也沉重起来,感到帮助孩子保护视力、预防近视,是急需解决的一个重要问题。

家长爱孩子胜过自己的生命,对孩子的关怀是无微不至的,但是家长不能也不可能包办孩子的一切。尤其是在保护视力、预防近视的问题上,家长不可能一刻不停地跟在孩子的后面提醒孩子。因此,重要的是培养孩子自觉保护视力的意识,让孩子从内心深处感到良好的视力对自己一生来说是多么的重要。

提高孩子自觉保护视力的意识,光靠讲道理是不够的。对孩子讲道理,孩子不一定听得懂,也不一定听得进去。于是我们就选一些发生在周围的有关近视影响工作和生活的趣事给女儿听,让女儿在开心的笑声中受到启迪。比如我的一个远房叔叔是恢复高考制度后的第一批大学生,他的妻子和他是大学同学,两人感情深厚,婚后生活美满,工作上小有成就。但美中不足的是他的妻子高度近视,摘下眼镜后两米之外什么也看不清楚。有一年他们回老家探亲,晚上到村头乘凉时他妻子忘记了戴眼镜,竟然误把蹲在胡同口的一条大黑狗当作邻居大爷,在向"邻居大爷"礼貌地打招呼时被大黑狗"汪汪"的狂叫吓了一大跳。这件事在老家一直被引为笑谈。我把这个故事讲给女儿听,女儿感觉既有趣又好笑,笑后也体会到了近视的害处。

为了加深女儿的印象,我们在饭前饭后总是会多讲几个类似的例子,并趁机提醒女儿要注意养成保护视力的良好习惯,自觉地预防近视。女儿愉快地接受了我们的劝告,保护视力、预防近视的意识明显增强。

(祝希进)

[案例二]

改善条件　保护视力

女儿上初中前，我们对女儿保护视力、预防近视的问题没太在意。认为给女儿单独留出一个房间做书房，写字台上放上台灯，这样的条件就不错了，我们上初中、高中时家里哪有这么好的学习条件呢。自从女儿出现视力下降的问题后，我们认真地分析了原因，认为是女儿原先的书房布局和晚上学习用的台灯有缺陷。原先的书房窗子小并且窗子前面连着阳台。书房里的光线比较弱，特别是阳台晾晒衣物时，书房的光线就更弱了。书房里光线不足是影响女儿视力的重要原因。同时我们还认识到，女儿原先用的台灯是普通的台灯，灯的光照强度弱，并且受电流、电压的影响也比较大，这也是影响女儿视力的一个重要原因。主要原因找出来后，我们立即采取了两个办法来解决。第一个办法是给女儿调换书房，这样就解决了书房内自然光线弱的问题。为了防止中午前后强烈的太阳光伤害女儿的眼睛，我们专门定做了纱质窗帘。第二个办法是调换台灯。我专门到灯具商店选购了护眼台灯。这种台灯无频闪、不炫目，光线明亮柔和，非常适合学生学习时使用。自从给女儿调换书房、更换台灯后，女儿在家里的学习条件有了很大改善，这对于保护视力、提高学习效率，起到了很大作用，女儿的视力也再未出现过明显的下降。

（祝希进）

[案例三]

疫情防控期间居家如何保护视力

我儿子已经上初二了，疫情居家学习期间，在线上课可能是大多数孩子的状态。那段时间，儿子的视力明显下降，我的心情也沉重起来，感到帮助孩子保护视力、预防近视，是急需解决的一个重要问题。

于是我查阅资料，询问医生，根据医生的建议给孩子换了屏幕分辨率高、清晰度适合的大屏幕台式电脑。并且使用电脑时，调节亮度至眼睛感觉舒适，不要过亮或过暗。孩子使用电脑时，提醒孩子观看距离应在50厘米（约一臂长）以上，电脑屏幕上端与眼水平视线平齐。对孩子线上学习做了要求：1. 观看屏幕听课时，可保持肩部放松，上背部扩展，上臂与前臂呈90度角，腕放松，规则地呼吸。2. 观看视频写作业时，读写姿势要保持"一尺、一拳、一寸"：眼睛距离书本约一尺（约30厘米），身体距离书桌约一拳，握笔手指距离笔尖约一寸。3. 连续视频学习时间超过20~30分钟，至少活动性休息10分钟。这样可以放松睫状肌、减缓眼疲劳，减缓大脑的疲劳、提高学习效率、缓解紧张情绪。4. 视频学习过程中，有意识地稍用力闭眼、睁眼，上下左右转动眼球，放松眼睛。也可在室内走动、做体操、下蹲运动、仰卧起坐等，清洁双手后做眼保健操，立于窗前、阳台或门前向远处（6米以上）眺望。5. 居家隔离期间可通过阳台、窗边或自家庭院"目"浴阳光，接触自然光线。一系列措施实施后，孩子的视力保护得还行，没再下降。

（陈　丹）

[案例四]

勤叮咛　常督促　养成好习惯

女儿在家里学习时，我们发现她经常有些不利于保护眼睛的习惯和姿势。比如有时坐姿不正，歪着脑袋看书做作业；有时眼睛离课本和作业本太近；有时埋头看书、做作业的时间太长，中间不懂得休息一下等等。对于这些问题，我们曾郑重地给女儿指出过、纠正过，女儿也知道这些习惯和姿势不对，但总是不自觉地表现出来。因此，我们只好常督促，勤叮咛，及时地提醒和纠正。平日里经常到书房里瞧一瞧，发现这些问题时就立即给女儿指出来。有时感觉女儿学习、做作业的时间长了一些，就提醒女儿休息一下，看一看远处的灯火和景物，做做眼睛保健操。有时女儿急于完成作业，嫌我们唠叨、啰唆。我们就耐心、温和地规劝，讲清利害，提出要求，培养孩子良好的习惯。我们也以自身的实际行动给孩子做表率，身教重于言教，父母的一言一行都会对孩子产生潜移默化的影响。总之，为了女儿将来的幸福，我们要不厌其烦地努力，持之以恒地做下去。

（祝希进）

[点评]

当前中学生视力下降是社会普遍关注的问题，也是家长关注的问题，近视已经成为危害中小学生身体健康的一个突出问题。

影响孩子视力的原因主要有三个：一是思想上不重视，存在满不在乎的心理；二是电子产品使用频率高，容易使眼睛疲劳；三是存在不良的用眼习惯，如写字、看书的姿势不端正，用眼时间过长等。

保护视力，预防近视，要从易造成近视的方面去应对。首先要让孩子真正认识到近视的危害，树立自觉保护视力、预防近视的意识，这是最基本的措施。其次是一定要给孩子创造良好的学习条件，这是不可缺少的条件。在此基础上，还要耐心地帮助孩子克服不良习惯，讲究用眼卫生。只有这样，才能收到理想的效果。

二十三、孩子没有好的学习习惯怎么办

不少家长反映，孩子上了初中以后，功课越来越多，学习难度越来越大，学习上很不适应：做作业靠家长催，边吃东西边看电视、边听音乐边做作业；每天不知道预习和复习；回家后看书、做作业，时间耗得很多，整日里忙忙碌碌，几乎天天挑灯夜读，效率却很低，学习成绩明显下滑等。孩子考试成绩不理想，家长更是急得手足无措。其实，主要原因在于孩子没能养成良好的学习习惯。那么，怎样帮助孩子养成良好的学习习惯呢？希望您能从以下几个案例中，有所启发。

[案例一]

制订计划　持之以恒

我的女儿上初中以后，仍不甘心与她最喜欢的动画片暂别。下午放学回到家，直到晚上 8 点才开始做作业，往往很晚才休息。我发现她做作业只是应付，书写潦草，答题出错率高。我与孩子进行了谈心，缩短了其看动画片的时间，这样就能节省出一个小时的时间写作业。同时帮助孩子制订计划，把学习、劳动、文娱活动、体育活动、游戏等内容安排到每一天的计划中。孩子的计划包括每天的时间安排、考试复习安排和双休日安排，以及什么时间干什么事，达到什么要求等。

每天的计划安排中，星期一至星期五除了上课之外，要把早自习和放学回家以后的时间安排好。早自习安排背诵基础知识、预习等内容，放学回家主要是做作业、复习和预习，看电视半小时和整理房间、洗漱半小时。

考试前一周取消看动画片的时间，专心复习。

周六和周日安排小结性复习（2 小时）、做作业（2 小时）、劳动（1 小时）和文体活动（1 小时）。

有了计划，目标明确了，孩子的学习不再处于忙乱无序的状态。我们平时督促孩子严格执行计划，几个学年执行下来，孩子的学习、娱乐有条不紊，学习成绩也有了明显提高。

（王淑英）

[案例二]

好记性不如烂笔头

我的女儿上初中三年级了。从小学三年级开始，孩子读课外书时，我总是让她拿一支笔，翻开一个笔记本，让孩子边读边动笔。动笔，可以是标注，用线段或者符号把她特别感兴趣的词句标注出来；也可以摘抄，不是大段大段摘抄，而是有所选择，选择自己特别感兴趣的片段。之后，可以是批注，在自己课外书的空白处，简单批一个词，如"精彩""太妙了""不对"之类；以后可以批注完整的一句话；再往后，可以用几句话完整地表达自己的意思。总之，一定要做到"不动笔墨不读书"。

外出时，我要求她及时把所见所闻和感想记录下来，哪怕非常粗略非常简单。久而久之，就养成了她写日记、记随笔的习惯。开头时可以非常简单，只写几个字，不会的字可以用拼音甚至符号代替；之后是一句话；再之后可以逐渐复杂，写成片段，甚至写成完整的文章。几年下来，她竟然积累了五六本随笔，作文竞赛也多次获奖。理解能力的提高，带动了数学、物理等学科的学习，使女儿各门功课成绩都很优秀。

（王淑英）

[案例三]

今日作业今日毕

我儿子今年 12 岁，由于年龄小，没有时间观念，不懂得时间的珍贵，对老师布置的家庭作业，一点也不急。回家后先玩个痛快，等到家长询问时，才匆匆应付，或干脆骗我们"做好了"。久而久之他养成了懒于做作业的习惯，而且作业质量差，学习效果也不好。

为了培养孩子按时、认真做作业的习惯，我查找了很多和时间有关的故事讲给他听，告诉他什么是时间，什么是效益，时间和效益是什么关系。我还从书中找到了很多和时间有关的名人名言，写在纸上，贴在墙上，时刻激励他。为了纠正孩子写作业潦草不认真的毛病，我一方面及时与他的老师进行沟通，请老师多督促，发现孩子作业进步了，就进行表扬；另一方面，作为家长，我们也及时督促孩子完成作业，要求孩子做到当天作业当天完成，双休日作业尽量安排在周日前完成。此外，我还给孩子布置了一个良好的学习环境，让其静心做作业，做作业时我尽量不与孩子说话，有话等到作业完成后再说。平时我还经常提醒孩子做作业时，不吃东西，书写要认真，审题要细心，心静志宁作业质量才会好，学习效果才会佳。

通过努力和坚持，他的时间观念比以前强多了，写作业也比以前认真了。据他的老师讲，孩子还被评为"作业标兵"了呢！

（王维强）

[案例四]

良好的学习习惯从一点一滴做起

我女儿今年上初一，各科的学习成绩一直比较好。我认为这得益于她养成了好的学习习惯。

在女儿学习习惯的培养过程中，我们的具体做法是：

首先，让她认真完成老师布置的家庭作业。这既是对所学知识掌握程度的考查，又能达到温故知新的目的。做作业的过程中如遇到问题，就认真思考，通过复习所学的内容或者借助工具书加以解决，决不留尾巴。

其次，要求女儿一定要预习第二天所要学习的内容。通过预习找出疑点和难点，这样就能带着问题认真听老师讲课，通过听讲或者请教老师的方式加以解决，避免了上课的时候眉毛胡子一起抓。通过预习，能够做到有针对性地听课，从而达到事半功倍的效果。

再次，让孩子养成读课外书的好习惯。俗话说，书是人类进步的阶梯。引导孩子从小多读书，读有益的书，养成良好的读书习惯，对孩子的一生将起到十分重要的作用。通过阅读课外书，增加新知识，开阔视野，可以大大提高阅读能力。

最后，让孩子有选择地看电视。像《朗读者》《越战越勇》《最强大脑》等节目，不仅能培养孩子的学习兴趣，而且还能提高竞争意识并认识到竞争的残酷性和优胜劣汰的道理，以促使孩子调整心态，好好学习，正确对待学习成绩。

（仪修文）

[点评]

"行为培养习惯,习惯养成性格,性格决定命运。"国内外教学研究统计资料表明,对于绝大多数学生来说,学习的好坏,20%与智力因素相关,80%与非智力因素相关。而在信心、意志、习惯、兴趣、性格等主要非智力因素中,习惯又占据了重要位置。古今中外在学术上有所建树者,无一不具有良好的学习习惯。可见,在日常的学习中,培养学生良好的学习习惯是多么的重要!孩子到了初中阶段,单凭死学、硬学是不能取得令人满意的成绩的。那么怎样才能使孩子既学得轻松又能取得一个较好的学习成绩呢?摆在我们面前的一个重要问题是如何养成孩子好的学习习惯从而提高孩子的学习效率。

孩子学习习惯的养成,需要家长做艰苦细致的工作:一是要在生活中从一点一滴抓起,在大目标下设立一个个小目标,循序渐进;二是要及时强化,多鼓励少批评,让孩子在得到肯定的喜悦中坚持下去;三是要常抓不懈,持之以恒,对提出的要求,要毫不动摇地执行;四是家长要以身作则,做好表率,这一点尤为重要。孩子好的学习习惯的养成,是家长教育过程中一项"一劳永逸"之举。

二十四、孩子经常情绪低落怎么办

初中学习压力大,孩子又处在青春期的关键期,情绪变化比较大,一会儿兴高采烈,一会儿又没精打采。好的情绪有利于孩子高效学习、保持阳光心态,低落的情绪则会给孩子带来困扰。所以,怎么帮孩子走出低落的情绪是家长应该好好学习的一课。

[案例一]

给孩子买山地车

我的孩子上初二时,有几天情绪非常低落,回家对我们爱搭不理的。我很着急,但不知道什么原因也就不好处理。

我找到了他的班主任老师和他的同学了解情况。原来是孩子期中考试没考好,考试之前他在班级同学中炫耀,只要这次考试考好了,爸爸就给他买山地车。结果这次没考好,他也不好意思向爸爸提出要山地车,在同学们面前很没有面子。

既然知道了原因,我晚饭后主动找到儿子,跟他谈心。我对他说:"是不是这次考试没考好,你觉得在同学们面前没面子了,男子汉要拿得起放得下。一次失败不要紧,关键是找出失败的原因,迎头赶上,才是最主要的。"孩子对我说:"这几天我一直在反思,数学是因为一个知识点没学明白,导致一道题不会做。英语是阅读量少,很多没见到的新单词不会。"我听到他的分析后说:"你已经找到了原因,一次考不好,也不丢人。下次继续努力迎头赶上就行了。至于买山地车,我给你买。因为你确实需要一辆自行车,也因为你做到了及时反思总结自己的不足。"儿子听了之后高兴地说:"谢谢爸爸,我一定好好学习。"

(董爱文)

[案例二]

运动改变了孩子的情绪

我是一名单亲妈妈,女儿13岁,平时都是由外婆照顾。升入初中后,学校实行封闭式管理,女儿在校寄宿,周末才回家。

自初二开学以来,我的女儿就经常感到压抑,情绪低落,情绪波动很大,经常为一些小事发脾气,甚至哭泣。对什么事都不感兴趣,莫名地焦虑、烦躁,晚上入睡困难。白天注意力很难集中,学习效率大不如以前。

学习成绩在下降，她觉得对不起我，有时候想着我的艰辛，禁不住地掉眼泪。她不知道怎么跟同学相处，也无法与班主任沟通，经常独来独往。

看到孩子这样后，我及时和孩子进行了一次谈心。告诉孩子：妈妈理解你学习压力很大。妈妈上学时也是这样，那时家庭条件也不是很好，学习压力非常大，我一度不想上了。后来是你姥姥告诉我知识改变命运，学习就像爬山，只要坚持就一定能到达顶点。孩子，你有什么困难我们一起克服，从明天开始我们不在学校寄宿，先把身体锻炼强大。

从此我们母女早上一块早起跑步，一块聊天。很快孩子就走出了负面的情绪，学习也慢慢上去了。

（李志灵）

[案例三]

接受孩子的不良情绪

当孩子出现负面情绪的时候，家长应该让孩子知道，有情绪是正常的，应该接纳自己的情绪，并学会恰当地表达和宣泄。

我的孩子在初中时也曾有段时间总是情绪不稳定，动不动就发脾气。一次写作业，我叫他吃饭，他答应了，但没行动。过了会还不出来，我怕饭菜凉了，就又催了他一遍。结果他生气地把门关上，动静惊天动地。我纳闷了：孩子这是怎么了，最近总是无缘无故发脾气？

我主动联系孩子的老师，了解孩子在学校的情况，老师告诉我："青春期的孩子有情绪是很正常的事情，孩子在生活中，不但会体验到快乐，也会有挫折、后悔、孤单的感觉。一件在成人看来芝麻绿豆大小的事，常常可以引发孩子十分强烈的情绪波动，甚至引起情绪的"海啸"，使孩子的表情、声调、手势和姿态发生变化。家长要正确看待，多关心孩子。"

于是，我调整好自己的情绪，写了一封信从门缝里塞到儿子的房间里。我在信中提到我能理解孩子的心情，希望他能给自己一些时间和空间，多去户外活动或者找自己信赖的好朋友谈心、外出游玩,及时宣泄负面情绪。在他成长的道路上,我们永远都是他坚实的后盾。果然,孩子看到我的信后,从房间里走了出来,心情好了很多,也承认自己不对。我们两个边吃边聊着他的烦恼,一切都烟消云散了。

(李 明)

[点评]

青春期孩子有自己的情绪反应系统,不愿被父母控制,情绪多变、易怒、易敏感,这些都是青春期孩子的情绪特点。对于孩子的负面情绪,家长一定要理解和接纳,尽量对他的情绪产生共情,让孩子感觉到自己有情绪波动是很正常的,自己的负面情绪也是被接受的。这样孩子就不会压抑自己的负面情绪,慢慢就能学会正视并处理自己的负面情绪,走出情绪低谷。具体可以从以下三方面入手:

1. 理解孩子的感受,帮助孩子直面问题,和孩子一起去分析和探讨解决问题的办法。

2. 避免唠叨,要相信孩子有调节情绪的能力。

3. 鼓励孩子找朋友倾诉,适量运动,及时地舒缓心情,释放不良情绪。

二十五、怎样与孩子沟通

孩子上小学的时候,在学校中学到的内容、遇到的琐事,都会回家跟父母讲个没完。孩子上了初中以后,一下子就像变了个人,逐渐把自己的内心世界封闭起来,不再像以前那样主动与家长沟通交流,与家长之间的距离日益疏远,这是许多家长在家庭教育中遇到的难题。该怎样与孩子沟通?一些家有"陌生孩子"的父母们,为我们总结出了一些有效的高招。

[案例一]

架起沟通的桥梁

对于一个初中生的家长而言，经常与孩子沟通对孩子的心理成长和个性成长十分重要。

在孩子初中三年的学习生活中，良好的沟通让我与她一直保持着朋友的关系。当她遇到困难时会向我寻求帮助，当她有快乐的事情时会与我分享，这样，她在各方面都健康成长，学习成绩也比较稳定。有的家长感到与孩子形成这种友善的关系很不易，这主要是因为他们长期习惯于孩子的顺从，习惯于对孩子发号施令，习惯于要求孩子按照自己的想法做事。但是孩子正处在青春期，逆反心理强，不愿意听从家长的"旨意"。这就造成了不和谐的家庭关系。

如何正确地与孩子沟通呢？

首先，要放低姿态，循循善诱。孩子是新时代的主人，他们的思考方式、思维角度必定与我们不同。虽然他们对于许多问题的看法并不成熟，但是他们既然思考了、努力了，既然愿意向我们敞开心扉，说明他们信任我们，那么我们就不应一味地打击他们的自信心与自尊心。如果家长总是斩钉截铁地否认他们，打击他们，而不告诉他们为什么，只要求他们"必须这样做"，就会给他们的心理蒙上一层阴影。长此以往，他们对你的话就会敷衍甚至不答，患上所谓的"家庭沉默症"。对于他们的错误，我们应循循善诱，从根本上分析，帮助他们找到自己错误的根源，再慢慢引导他们得出正确的认识，从而形成正确的世界观、人生观、价值观。

其次，要摆正自己的位置。我们与孩子的年龄差别，造成了我们之间的隔膜。但是，我们往往觉察不到那层隔膜，往往自以为十分了解孩子，从而让隔膜变得越来越大，当我们意识到时，为时已晚。有的家长认为，孩子在自己面前没有什么可隐藏的，便采用各种方法窥视孩子的生活，如看日记、听电话、翻东西等等。当孩子发现时，家长并不觉得自己有什么不对,"你是我的孩子,我有权了解你的一切,看看东西有什么要紧?"每当我与女儿谈及这方面的事时,她总说:"你们也是我的父母,我是否有权知道你们的一切呢?有许多事情你们是不能说的,因为怕我们不明白,我们也一样。"通过不恰当的方法去了解孩子,很容易伤害他们的自尊。孩子对我们寄予厚望与信任,认为家庭是自己宁静的避风港,对家的依赖性很强。但是,如果家长自己破坏了这种信任,就会引起孩子的厌恶、躁动、难过、逆反,从而失去对家庭的信任。所以,我们要想了解他们的内心世界,就应该像对朋友一样,试着去理解他们、关心他们。因为"家长与孩子是独立的个体,彼此不能互相代替,也不能互相干涉。"女儿如是说。

最后,不断学习,跟上孩子们成长的脚步。与孩子沟通,不能只谈学习,因为这样会增加他们的负担。与他们沟通,要有话题。天文地理、人文艺术,她喜欢什么你就谈什么,以增加彼此的互动、默契和融洽。有一次,我的女儿特别兴奋地对我说:"妈妈,丹·布朗又出了一本新书!"当时我马上就蒙了,丹·布朗是谁?我就问她:"丹·布朗是谁?写了些什么东西?"她有些不高兴,但还是很有兴致地给我讲丹·布朗的故事,讲《达·芬奇密码》的故事,让我大开眼界。最后,她对我说:"妈妈,你应该多看点书,才能跟上时代。你好落后啊。"一次不要紧,两次没关系,但次数多了,她就不乐意和我们谈论她所喜欢的东西了,我们也就无从知晓她的情趣爱好了。意识到这一点,我便不耻下问地咨询了女儿许多关于书籍、音乐、漫画、电影等的问题,虽然这些问题对我的工作来说作用不大,但是通过《达·芬奇密码》和《哈姆莱特》,通过艾薇儿和林肯公园乐队,通过加菲猫和小熊维尼,通过《海上钢琴师》和《辛德勒名单》,我了解了她的个性、生活及娱乐状况。同时,她的兴趣也陶冶了我的情操。

要想与孩子亲密无间,就要从沟通做起。如果你与孩子之间的关系不畅,试试我的方法,说不定会让你与孩子之间的关系变得更加融洽。

(徐玉梅)

[案例二]

平等相待　真诚面对

我儿子是那种喜怒不形于色的人，平时我还真看不出他的心事。所以，一般都是我主动跟他聊天。当然，聊天都是在不经意间的，除非他做了不好的事被学校批评。每周六晚饭后一小时的散步是我们家的传统，儿子也喜欢在散步时跟我讲讲学校的事情。

聊天时，我只是把他当成朋友一样交谈，不想给他一种长辈的感觉。有时我会跟他讲讲自己小时候的一些事，包括一些做错的事，让他觉得我也不是完美的，这样他就会愿意说自己的事。比如我跟他说过我的化学曾在全班考过倒数第一。我只想告诉他，其实每个人都是凡人，失手不要紧，但一定不能失志。每个人都会有幼稚做错事的时候，关键是自己有正确的认识。也许正因为这样，儿子才几乎什么都愿意跟我说。

我甚至还会跟儿子说我们小时候的一些恶作剧，这样他也会跟我说他们班上的一些恶作剧。有一次我跟他讲到我读大学时到庐山实习，曾跟别的学校的同学打过一架，结果有两个同学休克。他马上告诉我，他们也常干这事。然后我很不经意地说那两个同学到现在脸上还有伤痕。以此告诫儿子：有时候不经意的一件小事可能会有意想不到的后果，到时后悔莫及。

其实大部分家长都想和孩子交朋友，但不知从何下手，我认为最重要的一点是给孩子一个真实的自我。大部分父母跟孩子聊天时都会把自己的过去描写得很完美，以为这样孩子会佩服自己，其实不然，只有让孩子明白自己的父母其实很普通，他才能感到更亲近。

另外，我觉得利用网络在微信上与孩子聊天也是一种好办法。有时候他当面不愿跟你讲的东西在微信上却愿意跟你说。我儿子平时喜欢在电脑上下载歌曲，我有空时也会对他说："小子，推荐两首歌给我听听。"这时，他就会饶有兴趣地向我推荐，我也会很认真地听，不管好不好听，有时我还会问他为什么喜欢这首歌。

在与孩子沟通时，父母一定要明白一点：孩子是个独立的人，永远有一块只属于他自己的地方，想让他什么事都告诉你是不可能的。

（柳恩竹）

[案例三]

召开家庭会　亲子共沟通

女儿是我一手带大的，小时候她总是围着我说这说那，我自以为跟女儿的关系非常融洽。可是女儿到了初中二年级，似乎一夜之间跟我们成了不共戴天的仇人，几乎我和她爸的每一句话女儿都要反驳、挑剔，甚至是无理取闹，她什么道理都听不进去，弄得家庭气氛非常紧张。我们也深深地陷入了迷惘中，不知所措。后来我们发现，女儿常说的一句话是："都是我的错。"针对女儿的这种表现我们采取了定期开家庭会的办法，方法是：每周六晚上开家庭会，先让女儿给我们指出近期内的缺点错误或对我们不满意的地方，然后我们再给她指出近期内的缺点错误或对她不满意的地方。并要求对提出的缺点错误无论对错，被提出缺点错误者都要认真地听，并做记录，最后可以对提得不合理的地方进行反驳或说明。到下次开会时自己先汇报错误改正程度如何，然后再分析最近一周内所出现的新问题。

平时吃饭或休息时，我们就只评论时事或最近发生的有趣的事，减少了亲子之间的矛盾和冲突。为了避免女儿青春期出现的心理问题，我们跟女儿时常谈起我们在青春期时的荒唐想法和做法。渐渐地，女儿跟我们无话不谈，包括她的异性交往情况等，女儿的学习成绩也一路提高。

（杨爱青）

[案例四]

从孩子感兴趣的话题谈起

平时，我会利用吃饭的时间与孩子聊上几句，他时不时地也会表现出一种"不屑一顾"的神情。记得上小学的时候，他在学校有什么所见所闻所感，放学以后都会迫不及待地讲给我听。可自从升入初中以后，他就很少与我交流了，他认为我们之间有了"代沟"。这种情况的出现比他学习成绩上不去还令我着急。我就试着琢磨孩子的心理：他是不是觉得自己已经长大了，可以独立思考了，或认为父母不了解他的兴趣爱好，说的都是以前的事儿，所以不愿意与父母进行交流。我为什么不能循着他的兴趣爱好，走进他的思想世界呢？

我先从朋友、同事那里侧面了解了初中生热衷的话题、喜欢的读物、崇拜的明星，然后根据孩子的特点，查阅了相关的材料，对以上提到的几个方面的内容都做到有所了解。在以后的日子里，我有意地在孩子面前提到音乐、漫画、足球等他较为感兴趣的话题，他果然就"上钩"了，不仅会与我谈论他喜欢的歌星、动漫，还评价说"老妈水平提高了"。初战告捷，我会主动和他一起看电视节目。在看电视的同时，我们还聊一些生活、学习上的事情，借此我了解了他的很多想法，并拉近了我们的距离。有了这个良好的开端，我们彼此之间的交流明显增加，他对我们的态度也明显好转了，并能够耐心地听取我们给他的一些建议。

（马 静）

[点评]

初中生与小学生的重大区别之一就是其自主意识得到了巨大发展，这是孩子心理发展的一大进步。如果在这一阶段其自主意识得不到尊重、爱护和引导，就会出现所谓的"心理闭锁"，父母难以与其沟通。所以，孩子与家长出现沟通危机，主要原因在于父母。父母始终把孩子当"小孩子"

看，板着面孔摆着一副居高临下的"家长"姿态，动辄不是教训就是训斥，看不到孩子在生理和心理上发生的重大变化，缺乏和孩子沟通的技巧。孩子总希望父母能与他共享快乐或分担愤怒、恐惧、压抑、悲伤，而我们做父母的却往往只爱听"好消息"，不爱听"坏消息"，或是反感孩子的"唠叨"。长此以往，孩子失望了，把一些"心里话"埋在心底深处。久而久之，父母与孩子之间越来越疏远。

家长要想与孩子要实现很好地沟通交流，应注意从以下几方面去改变自己：一是转变思想观念。与孩子很好地沟通，不仅是沟通技巧的问题，更重要的是一个观念转变的问题。父母要转变思想观念，把孩子当"人"看待，平等相待；把孩子当作朋友，相互尊重。二是要在家庭中创造一种"倾听的气氛"。父母要善于耐心倾听孩子的诉说，表达出对孩子们每天所讲内容的兴趣，孩子会觉得有种被尊重的感受。三是与孩子"平行交谈"。作为父母，无论你多有忙，都应留意一下孩子在干什么，并尽量抽时间与之交谈，交谈时多听听孩子的见解，避开所谓的"冲突"。四是为孩子充当"顾问角色"。通常孩子认为自己有能力解决问题。因此，父母应该给孩子建议，帮助他（她）把事情弄明白，而不是急切地提出批评。五是给予孩子"个人空间"。孩子不希望父母完全控制他（她）的生活，更不想让父母拖着他（她）走，否则他（她）可能会经常躲避你，从而使隔阂进一步加剧。六是不方便说就写下来。父母可将那些孩子不愿听或拒绝听的话写下来，把事情、道理写下来后，等孩子安静下来后，将本子拿给他（她）看，会对他（她）有所启发。在一些事情的解决上，这样做可能会更加有效。七是与孩子一道分享。当你不能确认孩子提供的哪些信息正确时，不管怎样，你都应该像对待一件礼物一样与孩子一起分享。

二十六、孩子不理解父母怎么办

很多上了初中的孩子以为"我就是世界的中心",什么事都不能逆他的意愿,以至于对家长的"逆耳忠言"也不以为然,甚至大发雷霆,连声叫嚷爸妈不爱他。自己吃好的、穿好的、用好的、玩好的,觉得生活本来就是这样,父母的钱可以随便花,时尚消费很正常,既不管家中的经济承受能力,也不体谅父母的难处和艰辛。不少家长都有这样的感觉,孩子越大越厌烦家长的唠叨,越大越不理解家长。孩子不理解父母怎么办呢?

[案例一]

孩子能干的　父母不包办

我女儿活泼好动,热情开朗,是一个阳光女孩。她从小一直与她的爷爷奶奶生活在一起,养尊处优,基本上没有干过家务活儿。后来到了上学的年龄,我便把她接回家中,与我们夫妇俩一起生活。然而很快我们就发现,女儿的"破坏力"超强。刚刚拖好的地,她会像没看见一样毫无顾忌地穿着脏鞋满屋里乱窜;刚刚洗干净的衣服穿在她身上,一天工夫就"色彩斑斓"了。这时我才意识到,爸妈对女儿的教育出了问题。我和我的爱人工作很忙,不像爷爷奶奶那样有许多闲暇,如果天天跟在她屁股后,不出一个月,繁忙的工作与沉重的家务就会累垮我们。所以,在进行过多次批评教育都不见效果后,我决定采取行动了!

首先,因为女儿已经有了干活的能力,所以我便把她的小衣物都让她自己洗,如袜子、内衣等。刚开始,她出于好奇,干得相当卖力,每天都把衣物洗得干干净净。可时间稍长,她就坚持不住了,开始"三天打鱼,两天晒网"。再后来,索性不干了。我也不管她,反正如果她不洗衣服到时就没衣服穿。过了一段时间,臭袜子、脏衣服堆满了角落,女儿本以为我会帮她洗,却没想到我只不过用一个大盆一放就不管了。直到她没衣服穿的那天，她真的急了，把穿过的脏衣服全都扒拉出来，可件件都脏得"不堪入目"。当她大声向我求救时，我说："谁让你把衣服穿得这么脏，自己还嫌累嫌脏不愿意洗。平时我们又工作又做饭，还要洗这堆脏衣服，岂不是更烦更累？你还不注意爱惜，现在倒好，你说怎么办吧？"此时的说教比平时的喊叫有意义多了，女儿从此真的注意起来，像个小大人似的，学会了体谅父母，理解他人。

（衣玉春）

[案例二]

在交流中增进理解

工作了一天的家长，学习了一天的孩子，彼此都希望能有个轻松交流的氛围。我们应该何时与孩子谈话交流呢？我认为最为有效的时间就是就寝时间或吃饭时间。例如：当孩子已上床准备睡觉时，我就坐在他的床边，关切地问他"你今天什么时候过得最快乐，今天有没有让你不高兴的事情"等问题。这时，我就可以听孩子说说他们在学校里发生的一些趣事，听孩子说说在学习上所遇到的一些烦恼，我也对孩子谈一些我们大人小时候的趣事或者是有关自己工作的情况。在彼此的交流中，家长既可以更好地了解孩子的想法，也可以让孩子体会家长的辛苦。另一个与孩子交流的主要时机是：一块儿做家务的时候。每当周末或节假日，我都会让孩子和我一起做家务，有时我们一起清扫楼梯，有时一起做饭、洗碗……我惊喜地发现，在这个过程中，孩子不仅可以感受到劳动的快乐，更能从中体会到家长的辛苦。

再一种方法就是采用书面沟通的方式。当孩子任性、不理解家长的良苦用心时，做父母的一定要学会克制情绪，可以把想对孩子说的话写出来，不要忘记表达对孩子的爱，这样孩子对写在纸上的忠告会牢记在心。我那爱面子又倔强的儿子也学会了用这种方式与我沟通。

因此，选准与孩子进行沟通交流的时机，创造民主、平等、和谐的家庭氛围，是较好地构筑家长与孩子之间相互理解桥梁的坚实基础。

（谭永芳）

[案例三]
用心了解孩子

教育孩子一直是我最在乎的事情。上初中后，孩子进入了青春期，心理发生了一系列的变化。

孩子长大了，对事情的认识也不同了，开始有了独特的见解，学校发生的事情大多都只对自己的好朋友倾诉或藏在心中，也不告诉父母了。孩子认为他的思想已经成熟，开始产生排斥父母的想法，甚至对父母的关心产生厌恶，认为父母跟不上时代，索性大小事情都不跟父母说。当父母主动询问时，说不上三句话就吵起来也是常事。这一点，我在自己孩子的身上感受深切。

我认为对于孩子的这种现象，父母最应该做的就是放下架子，认真地、恳切地同孩子谈一谈，用心倾听一下孩子内心的想法，也把自己的想法对他说一下，做到互相了解、互相体谅，而不是互相责怪。

前几天，我与女儿因为假期出游的事情产生了一些摩擦。我希望全家行动一致，一起出去散散心，而女儿却坚持要自己出去，按照自己的想法去做，去自己喜欢的地方。

刚开始，女儿便与我吵了起来。我责备她太过天真，认为她根本没有能力自己一人外出，尤其是到北京那么远的地方。而女儿却认为我太过啰嗦与谨慎，太小看她了，不了解她已经长大了。就为这事，女儿午饭也没吃就摔门走了。

晚上，我到她的房间平心静气地与她沟通，告诉她我的顾虑：一个女生自己出门，而且去很远的地方，存在很多危险与不便，同时也听取了她对这件事情的意见。经过沟通，她了解到了独自出游的危险、不便，而我也认识到应该给她一定的空间让其自由地活动。

最后我们谈妥,由家长陪同去远一点的地方旅游。但给孩子几天到近处自己玩的时间,这样大家都开心,我们也放心。

在这之后我与女儿有了一个共同的约定:以后遇到事情,双方必须把想法都讲清楚,客观公正地分析事情的利弊,哪一方都不能武断地下定论,也不能吵架,有事情要平心静气地讨论。

其实,用心了解孩子,做到与孩子相互谅解并不难,重要的是不能用家长的身份去压孩子。

(姜素芹)

[案例四]

体验父母不易　理解父母之心

我是一个农民个体户,是开卡车搞运输的,因自己文化水平低,不会算账,常常挨"宰",所以一心希望两个儿子能好好读书。谁知事与愿违,弟兄俩花钱不少,学习成绩却很不好,竟然还出钱让同学替写作业,他们怎么就不理解我的良苦用心呢?我带着疑问找到了家庭教育指导师李老师,让他给我支招。

怎样让孩子理解父母的心呢?他告诉我:一是必须了解孩子的心。人与人之间,心是互换的。想让孩子理解父母的心,父母首先要耐心倾听孩子的心声;二是必须让孩子了解父母的不易。对孩子来说,把功课搞好是他生活在世界上,对家庭、社会和集体最基本的责任,这种责任应让孩子从小接受,慢慢强化,而不应该让父母用金钱去"购买",要让孩子发自内心地付出努力。孩子的金钱和物质欲望越容易满足,就越懒惰越逃避责任;三是家长要给孩子分享自己工作的困难。孩子知道了父母劳动的不易,才能理解父母,珍惜所得。

我接受了李老师的建议,假期带儿子出了几次车,让他们当当助手,体验一下堵车、坏车、路面不佳的无奈；参与结账，亲身感受到没有知识和技能的苦衷；在实践中了解钱来之不易。从此孩子学习认真了，花钱不再大手大脚了。

[点评]

初中阶段，心理学上称之为"心理断乳期"，生理学上称之为"青春期"，社会学上称之为"危险期"，教育学上则称之为"最难教育和管理期"。其实，这都是由这一阶段的学生特殊的生理和心理特点所决定的。所以家长应该十分关注这一阶段孩子的成长和发展，以上几个案例给我们提供了很好的建议。

要让孩子理解父母，父母首先要理解孩子；父母要理解孩子，首先就要了解孩子；父母要了解自己的孩子，就要放下家长的架子，俯下身子跟孩子交朋友，跟孩子心贴心地交流。只有交流才能达到彼此的了解和理解。为了让孩子理解父母，家长在与孩子沟通时，应注意交流这样一些内容：一是让孩子多了解自己的父母（父母的生日、爱好、幼时趣闻、健康状况、工作情况等）。在了解的过程中，父母还可以适当地讲一些往事，加深孩子对父母成长的了解，从而更深地体会到父母的艰辛。二是父母应该静下心来与孩子进行交流，告诉孩子自己的困难、辛苦以及工作状况，让孩子去理解父母、关心父母，营造和谐的家庭氛围。三是与孩子建立密切的沟通，让孩子了解父母的烦恼和辛苦，晚饭时如果你能多和孩子聊天，让孩子也能了解你在工作中遇到的问题，这会让孩子产生被重视的感觉，认为自己可以替父母分担部分重任，从而激发孩子的责任感。四是教育孩子学会理解，凡事除了从自身的角度考虑以外，还要推己及人，以他人的观点观察问题，这样才能不失偏颇。要教育孩子关心父母，在这个基础上才能学会理解、关心他人。五是教育孩子珍惜父母的劳动，让孩子也参与一些简单的家务劳动，在劳动的过程中让他体会到任何事情都不是能轻易得到的，必须付出努力，并让孩子理解父母对他的期望及为此所做的一切。

二十七、如何培养孩子的交往能力

现在的初中生，绝大多数喜欢网上交流，所以现实生活中，在交往上存在着不同程度的问题：有的盛气凌人，自以为是，甚至不愿与人为伍；有的恐惧、孤僻、害羞、缺乏自信，不愿与他人交往；有的是非不分，讲哥们义气，甚至还和不良少年混在一起，以至于误入歧途。所以培养孩子的人际交往能力，是家长应该重视的一个普遍性问题。

[案例一]

激励孩子交往的兴趣和欲望

家长应鼓励孩子花一定的时间和精力去和同龄人聊天、玩游戏、旅游，绝不能以耽误文化课学习为借口而忽视了孩子在其他方面的学习。当孩子有与同学玩耍的愿望时，要积极鼓励；当孩子表现出对与他人交往的恐惧感和厌恶感时，要耐心细致地与孩子交流，帮助孩子缓解紧张感，并为孩子创造交往的条件，无论如何都不能将孩子的朋友拒之门外。

我儿子上初一了，性格很内向、胆小。一天放学，在路上他偷偷对我说，他想到同学王建家里去玩，并且让我把他送去。我一听，心里一动，好机会！可以借机培养孩子的交往能力。于是，我把孩子送到了王建的家门口，让他自己进去，我回车里拿点东西，儿子爽快地答应了。当我再回到王建的家门口时我惊呆了，儿子仍旧一动不动地站在那里，显然是没有进去，并且眼里还含着泪水。问他原因，他闭口不答。我心里一紧，感觉到儿子虽然有交往的愿望，但还心存恐惧，我得对他开展"心理战"。于是我对他说："你不是想找王建玩吗？我想王建和他的妈妈一定也非常希望你来玩的，我还听说王建的妈妈非常喜欢你，非常想让你到她家玩呢，你不信，我把王建和他的妈妈叫出来，让他们告诉你吧。"我先让儿子等在门外，然后进去把事情的来龙去脉跟王建的妈妈讲了，并告诉她怎样对儿子说。

王建的妈妈把事先准备好的话对儿子说了后,儿子终于破涕为笑,两个伙伴也快乐地玩了起来。从此以后,儿子再也不怕单独到同学家去玩了。

(王召吉)

[案例二]

安排任务　鼓励实践

我儿子生长在比较偏僻的农村,相对封闭的环境不利于他社会交际能力的形成。因此,我很注意从小培养他这方面的能力,并取得了较好的效果。

为了培养儿子的社会交际能力,我有意识地在生活中设置一些情境,给他一些任务并鼓励他完成,使他走出封闭状态,亲身体验与他人的沟通与交流。有一年春节前,我在给一只猪头去毛时,沥青不够用了(当时,猪头去毛的方法是用沥青煮开后浇在猪头上去毛),我知道同村居住的离我家比较远的一户人家有沥青,而这时儿子只有5岁,他既不知这一家住的具体位置,也不太认识他们家的人。我觉得这正是锻炼他社交能力的好机会,因此,我提出让他去借一点沥青用,并向他说明了这一家房子的方位标记和对其家人的称呼,让他记熟后即鼓励他去完成。很快儿子把沥青要来了,并且还受到了这家女主人的赞扬。儿子非常开心,女主人无意的赞扬也强化了我这次有意安排的效果。

再后来儿子上了中学,凡需同本村邻居联系的一些事情,比如传个话、请好友来家中聚一聚等我都让他去做,每次他都做得很好。每完成一次任务,我都有意识地对他进行赞扬。通过这些锻炼,儿子的社会交际能力越来越强,并初步形成了独立完成工作任务的能力,邻居们都称赞他比同年龄的孩子成熟得多。我相信,等孩子长大成人离开故土到外地去学习或工作时,一定可以迅速融入集体,这势必为其以后的发展打下了良好的基础。

(孙维业)

[案例三]

如何让孩子把握与同伴交际的"度"

家长在教会孩子如何选择朋友后，还不能放手，应该再"扶上马送一程"，也就是说还应该教会他如何把握与同伴交际的"度"。因为外面的世界很精彩，一旦把握不好和朋友交往的"度"，就可能成为酒肉朋友；也可能玩物丧志，一事无成，碌碌无为。这也是家长不愿意看到的。

家长只有细心观察，及时发现孩子身上的细微变化，才能在第一时间给孩子指出问题，提出建议。孩子升入初中三年级刚两周，我在偶尔翻看他的作业时发现数学老师在他的作业本上写了"你的作业退步了"的批语，我心里一惊，以往孩子的作业每次都是被展览的优秀作业呀。仔细一看，字不工整了，错题数也增加了。我把孩子叫过来，提醒他说："你要用心了，老师都给你批语了。"孩子说："知道了。"又过了一周，我又看到数学老师的批语："注意，你的作业退步了！"这次我感到问题严重了，我决定抽时间去拜访老师。

一天中午，孩子带着他的一个同学一起来我家吃饭，我非常热情地招待他们，谈话中得知这个同学每天自己骑自行车从邮电大厦穿过几条马路来上学，中午在学校吃饭。这个同学非常有主见，独立性很强。看到孩子能和这样的同学做朋友，我很高兴，至少他可以学得独立些、坚强些，但心中仍有些不放心……看两个孩子谈得很投机，我提醒他们别忘了下午上学。午休醒来，孩子们都走了，可是我发现他同学的书包还在我家。我马上拿起书包赶到孩子的学校，他的同学正在操场打篮球，我把书包递给他后，直接上三楼找孩子。铃声一响，只见孩子第一个冲出教室，眼睛直盯着操场，以至于撞到我身上都没抬头看清撞的是谁。我叫了孩子的名字，他打了个趔趄停下来，并低下了头。

和数学老师沟通后，我才知道，最近一段时间孩子玩心太重，有些玩野了。我终于找到孩子学习退步的原因，并及时与孩子沟通，使孩子的错误得到及时纠正。我很欣慰,现在孩子已经能把握与同学相处的"度"了,也已经能自己决定什么时间干什么事了。同学们约他出去玩,他能自如地决定去还是不去,与同学之间的关系也更融洽了。

(张 兹)

[案例四]

学会自嘲

我的儿子性子倔,脾气急。记得有一次一位同事跟他开了一句玩笑,他竟拿起砖头去追赶人家,结果弄得同事很狼狈,我也很尴尬。这样的性子,使他在与朋友交往时,常常发生冲突。比如每次到楼下玩,去的时候兴高采烈,没过多久儿子便满脸怒气地回来了。回到家的儿子,每次不是说朋友笑话他,就是说某某人坏。有时候他干了一件很搞笑的事,如果我们拿他来说事,他定会勃然大怒。这样的状态,不但直接影响到了孩子的心理,也影响了他与伙伴、同学之间的交往。这种状况长期持续下去,很可能会影响孩子的处世态度。面对这种情况,我决定帮助孩子改变一下思维方式,让他能为自己营造一个好的成长环境。

首先,我让儿子知道每个人都会做一些很幼稚,甚至很可笑的事,其中当然也包括一些伟大的人物。我给儿子讲了牛顿"大猫走大洞,小猫走小洞"的故事,又给儿子讲了父母曾经干过的很可笑的事。这样,是想让儿子先笑笑别人,从笑声中感受到释放情绪的愉快。

第二步,让儿子讲讲他的同学中谁经常出窘况,大家对这个同学是什么态度,这个同学本人有什么反应,他自己觉得这个同学怎么样。有一次,儿子回家说有位同学闹了一个笑话,大家都哈哈大笑,而这位同学耸了耸肩,并扮了个鬼脸说了一句"见笑了"。我紧接着追问儿子:"你觉得这位同学怎样?"他说:"很有趣,很可爱,很幽默,尤其他的耸肩动作,很有风度。""那么,他跟同学的关系怎样?""很好啊,大家都很喜欢他。"抓住机会,我告诉儿子:"同学的笑声并不都是带有嘲讽的意味,相反,这位同学会以自己的魅力成为受同学们欢迎的人物,而且,将来毕业了他还会成为同学们记忆中最亮丽的风景。"

最后一步是适时地引导孩子。有一次,儿子做了一件很惹人发笑的事,当家人大笑时,他表现得很是不满,刚要发作,我在旁边提醒他想一想那位耸肩的同学,儿子听后最终说了一句:"权当逗你们乐乐吧。"我知道儿子开始迈出了最艰难的第一步,尽管是被迫的,但毕竟是迈出去了。

通过这种方式,孩子的消极情绪得到了缓解,而且孩子也越来越有自信,天天高高兴兴的。

(刘艳波)

[点评]

社会交往能力是一个人适应社会、融入社会、走向成功的一种重要能力。一位成功学专家曾说:"所有成功的人之所以成功,是因为他的人际关系非常好。"

人的中学时期是形成社会交往能力的一个重要时期,但在这一时期社会交往能力的培养却是我们传统教育的一大缺失。教育孩子如何同老师、同学、父母交往,以及将来怎样与同事、领导、爱人、子女交往,几乎是我们传统教育的空白。在这样的情况下,家庭教育就应该承担起这一缺失的责任。那么家长应如何培养孩子的社会交往能力呢?一是要有意识地对孩子进行择友上的引导,让孩子知道什么样的人才算是好朋友,向孩子介绍革命先驱谢觉哉在《交朋友中的道理》一文中的忠告:"要交'益友',不交'损友'。"二是鼓励孩子多与人交往,指导孩子学会如何交往,懂得沟通、宽容,对待朋友要真诚坦率,以诚相待,严以律己,宽以待人。三是培养孩子交往的健康心理,克服自傲、自卑、恐惧、孤独、忌妒等不良心理,做到在交往时自信、大胆、大方、合群。四是给孩子创造与人交往的机会和条件,让孩子多参加集体活动和各种社会活动,有机会接触方方面面的人,与形形色色的人打交道。另外,要给孩子的交往创造条件。在现实生活中我们不难发现,当孩子在某些方面有了特长,这些特长就会为他结识新朋友提供机会,并会在交往中增强他的自信心。五是要告诉孩子一旦与同学产生矛盾,除了自己想方设法化解外,还可以寻求老师、家长或其他同学的帮助,避免将矛盾激化。

二十八、孩子早恋怎么办

中学阶段是生理和心理飞跃发展的时期,伴随着性生理的成熟,便会萌发一种对异性的爱慕之情,因此在初中阶段会较多出现所谓的"早恋"现象。一旦发现这一问题,父母心里往往非常着急,因为万一处理不好,可能对孩子的一生都会造成不良的影响。对于如何帮助"早恋"中的子女正确对待这种情感,安全度过这种危险期,一部分家长总结出了一些高招。

[案例一]

母爱让女儿远离"早恋"

我女儿读初二,14岁。她小时候,我和丈夫为了创业,无暇照顾她,只好把她留在爷爷奶奶身边,直到小学毕业,才接到我们身边读初中。因为忙于生意,又觉得她一直很听话,会照顾自己,也就没多管她。

有一天,老师上门来家访,告诉我最近女儿跟一个男孩交往甚密,甚至有同学"举报"说曾看见他们手牵手散步……早恋!当时我脑中立刻乱成了一锅粥,都不记得是怎样送走老师的。我呆坐了大半天,总算理清了思绪:这孩子可能是太孤单了。她回到我们身边一年多了,我们周末陪她的次数竟然屈指可数!她离开爷爷奶奶,来到一个几乎全然陌生的环境中,而唯一熟悉的父母却无暇顾及她,怪不得她越来越沉静了呢!看来不是因为"长大",而是因为孤独啊!我慢慢平静下来,心里也有了底儿。

女儿放学回家后,我没提老师家访的事,而是为她做了一桌丰盛的晚餐。吃过饭,我又陪她写作业。看到她眼中的疑惑,我内疚极了!连这么平常的照顾都使她犯疑,可见我以前是一个多么不称职的母亲!就是从这天起,我把大部分生意交给丈夫,努力做一个好妈妈,精心准备每一餐饭,每天陪女儿做功课,周末陪她去少年宫上兴趣班、去书店、逛商场,或者回老家看望爷爷奶奶。

眼看女儿一天天恢复了往昔的活泼,成绩也稳步上升,我知道,这场"早恋"风波应该烟消云散了。一问老师,果然,他们的来往已趋于正常。现在她的课余时间几乎都交给我了,哪里还有余暇分给别人呢!

(徐宝芹)

[案例二]

释放压抑情绪

一天晚上 10 点多,我被急促的电话铃声惊醒,是儿子打来的,在跟我说事之前,他首先让我保证不要告诉爸爸。原来他喜欢上隔壁班的一位女生,每当从她的教室走过的时候,就特想看她。弄得他现在做什么事都没心思,情急之下便给我打电话。

这个求助电话让我有点犯难。儿子腼腆而又倔强,不敢和女孩接触,正因如此他比较压抑自己。如果我再让他控制自己,则未必有效果。想到这儿我决定铤而走险。我告诉他,喜欢看时空闲时间只管看,看完后心情愉快,去做自己该做的事,学习娱乐两不误,甚至可以在与她相遇时打招呼。儿子听完后犹豫了一会问:"能行吗?"我鼓励他试过之后再说。

过了一段时间后我去看望小儿子,顺便询问近况。他泄气地说:"有一次本来想打招呼,结果被同学遇见了便不了了之,以后再也没有勇气接触了。"最后他无奈地说:"不管了,顺其自然吧。"看到他失落的样子,我告诉他:"你目前这种情况只能有三种结果:一是两人互相勉励,成为共同进步的好友;二是经过一段时间后渐渐忘记,这件事将成为你青春期的一段心路历程;三是两人在频繁的交往过程中耽误了学习,最后不欢而散。后两种情况比较多。因为你们并不是在恋爱,而是你喜欢多看对方一眼,就像看到一幅喜欢的图画就想买下,并天天欣赏它,而人是无法买下天天看的。所以你心里总惦记着,因此心神不宁。"

为了让他进一步明白自己所处的状态,我问他:"你想过要和她天天生活在一起吗?"儿子摇了摇头,"那你想过要和她结婚吗?""从来没有。""所以你并不是在恋爱,而是喜欢她,想欣赏她而已。既然不敢接近,就在远处欣赏吧。"

又过了一段时间我问儿子怎么样了,他回答说就那样了。我知道他的心情已经平静下来。

(门 华)

[案例三]

迁移疏导 解铃还须系铃人

前不久,已上初三的女儿给我写了一封信,说自己喜欢上了班里的一个男孩,每天不见他就很伤心,上课时头脑中也全是他的影子。虽然知道不利于学习,也曾试过尽力控制自己,可一点也不管用,又怕被别人发现,心中十分痛苦。她说她承受不了这种压力,故而鼓了很大勇气问我该怎么办。

处于青春期的孩子,随着生理和心理的日趋成熟,会对异性产生很深的情感依恋。当孩子"陷入爱河"之时,我们要学会给他们一个救生圈。

我思考再三,觉得解铃还须系铃人。因为孩子从小自理能力、自制力较强,可让她自己解决。于是我写了一封长信给她。我告诉女儿,你有勇气写信给父母,说明你已经长大了。你必须懂得,要爱一个人,首先要自爱，要做到自爱，关键是要努力学好本领。有知识，有技能，讲道德，这样的人才配得上爱与被爱，所以要逐步把男女间相互爱慕的情感转移到学习上。如果这时谈恋爱，就要拿出很大一部分精力和时间去想对方、写情书、赴约会，必然分散精力、耽误学习，到头来只能荒废了学业。

同时我告诉她，早恋会影响身心健康。学生谈恋爱往往会引起心理失衡与矛盾。有早恋行为，怕老师批评、同学讥笑，怕家长检查、学校处分，整天处于强大的舆论压力之下，处处防备别人知道自己心中的秘密，长此以往会导致精神紧张。所以我建议女儿转移自己的注意力，积极投身于校园文化活动，扩大男女同学之间的群体交往，培养自己多方面的兴趣爱好，以此来分散对那个男同学的感情。

后来，女儿写信告诉我，她现在心里轻松多了，期中考试又进步了7个名次，她中考的目标是市一中，她说相信自己的能力。

（娄金利）

[点评]

"早恋"，早已不是一个新名词，许多心理教育专家曾提议取消这一偏向贬义的词语。他们认为，既然是恋情，不论早晚，都是美好的。我们成年人要做的，是努力避免孩子为情所伤（毕竟，他们的心理承受能力有限），而不是把这种至嫩至纯的感情一棒子打死，再冠以贬称恶名，造成一种无形的社会压力，这会使涉足其中的孩子产生沉重的负罪感。

"早恋"是一个客观存在的现实问题，但究竟如何正确对待孩子的"早恋"，恐怕是不少父母尚不十分清楚的问题。从心理角度看，男女同学的正常交往是有益无害的。进入青春期的男女同学都希望自己能够成为受到异性瞩目和受欢迎的人，为此他们会尽力改变自己，完善自己，这也是一个自我发展、自我评价、自我完善的最佳心理环境，是克服自身缺点及弱点的好机会。因此，对于孩子的早恋意识及行为，循循善诱是根本。既不能视而不见,也不能如临大敌。要耐心疏导,不必过深过细,更不能欺哄、威吓;就事论事,不搞神秘化,通俗自然地加以疏导。要鼓励他(她)多参加集体活动,培养他(她)的人际交往能力,使孩子在与异性同学交往的过程中做到互补、互学、互助。这样才能避免孩子误入"早恋"的歧途,也有利于孩子身心的健康发展。

对待早恋中的青少年,不能一味地批评压制,应该针对孩子的性格和具体问题,对症下药,积极引导。

1.要让青少年掌握一些青春期的生理和心理知识,了解自己,也了解异性,消除对异性的神秘感和好奇心,正确对待自己成长过程中的生理、心理问题。

2.要帮助孩子建立起积极向上、健康发展的异性关系,做到自然适度,真诚坦率。

3.培养孩子树立远大的理想,形成广泛的爱好、健康的情趣。

4.在处理孩子早恋问题时,切忌方法简单,态度粗暴,注意保护孩子的自尊,尊重孩子的人格,以免对孩子造成心理方面的伤害。

二十九、孩子跟好朋友闹矛盾了怎么办

朋友相处难免有一些矛盾,这些矛盾,如果处理得不恰当,就会成为阻碍友谊发展的绊脚石,进而影响孩子的心理发展,甚至会对他们的情感与行为的社会化发展产生负面影响。那么我们究竟应该怎样做,才能引导孩子正确处理好与朋友之间的矛盾,增强社交自信心,获得良好的人际关系,让孩子走上健康成长的道路呢?也许我们可以从下面几个案例中得到一些启示。

[案例一]

我和儿子做朋友

有一天,儿子外出回家,心不在焉,整个人如同丢了魂似的,做作业时注意力总是集中不起来。我实在忍不住便走过去和儿子说:"小老弟,别写作业啦,走,和爸出去打球去,咱父子俩好久没酣畅淋漓地"大战"一场啦!"

儿子拗不过我,虽不情愿但也换上装备去了小区球场,接下来发生了让我印象深刻的一幕,儿子像打了鸡血一样精力旺盛,一会飞扑救球一会飞身扣球,边打球边说:"让你打我,你就是这个球,我要把你打飞。"我看这情势不对劲啊,便假装累了提出中场休息。我一边休息,一边跟儿子了解事情发生的经过,原来是儿子和他的好朋友发生了误会。

儿子说他在做值日,扫把碰到了朋友的手,朋友回过头来用脚踢了他一下。儿子也不甘示弱,就用扫把回打了朋友一下。朋友也生气了,质问儿子为什么用扫把打他。于是,两个人就吵起来了。

在了解事情经过后,我突然想起了小时候的一个故事,于是便给儿子讲了起来:"爸爸小时候家里穷,饿肚子是经常的事,但有个很好的朋友,就是你李叔叔,他家庭条件好,看我经常挨饿,于心不忍,就让你李奶奶做两份饭,他一份我一份。一天,他把饭分给我后,有事出去了,回来后也碰巧,正好看到我在喂一只流浪狗。你李叔叔说:'喂狗呐?'。我说:'嗯,喂狗。'你李叔叔和我说完,头也不回地走了,他以为我不屑吃他给我的饭,宁愿拿来喂狗也不吃,可我不是这样想的呀,爸爸经历过挨饿的滋味,知道那滋味是真不好受,看到那只流浪狗饿得肚子干瘪,天还冷,再不分点吃的都不一定能熬过冬天,于是才把他给我的饭给流浪狗分了点。打那事发生后,好长时间你李叔叔都在生我的气,一直不理我。直至最后我实在忍不住,把你李叔叔拦住,解释了事情的经过才把误会解开。"

"爸,我知道了,我明白我应该怎么做了,等回家我就和他解释清楚。"

孩子长大了，有时候并不是不懂得其中的道理，而是不晓得该如何付诸实践，这时候可以让孩子变成观众，让他从当事者变成旁观者，从另一个角度去审视，那就能帮他迅速厘清问题，找到解决办法。这样远比和他讲大道理更具有指导效果，更有引领意义。

（张　力）

[案例二]
风筝线　手中牵

儿子和同事的孩子从小便认识，时间久了自然而然成了好朋友。上了初中以后，俩人又恰巧在同一所学校的同一个班级，关系就更好了。但最近一段时间，我发现俩孩子见面后不像之前一样有说有笑，总觉得他俩之间发生了一些不愉快的事情。于是我和同事便在私底下交流了一下，终于弄明白，两个孩子是因为班级纪律闹了点不愉快。

同事的孩子品学兼优，在班里是副班长，负责班级纪律的管理。一天中午，到了午休时间，儿子倚仗和副班长的朋友关系，便不睡觉，趁午休的时间外出，被副班长记录了违纪。我心想这小子肯定是觉着：和你关系这么好，没想到你这么铁面无私，竟给记了下来，害得我被老师惩罚，如果你可以睁一只眼闭一只眼，这事不就不会发生了。果不其然，在儿子的书包内有一张小纸条，上边记录了儿子和同事孩子就这件事情的对话。

孩子已经上了初中，从小做人做事的道理也和他讲了不少，应该放手让孩子自主处理这件事情。孩子与孩子之间有适合自己年龄段的交流方式和解决问题的方法。我要做的只是在背后把握好大方向，不要让孩子走入歧途。就好比放风筝，父母是掌握风筝线的人，用力不足，失控的风筝就会漫无目的；用力过猛，则会束缚风筝飞翔的高度。我暗示儿子应该尽快处理好和朋友的矛盾，是自己的错误就要勇于承认。

果然不出所料，儿子很快就认识到了自己的错误，认识到自己不仅不应该在午休时刻外出,影响大家休息,而且也不应该把自己犯的错误归咎到别人的身上。事后儿子主动向同事的孩子道了歉,承认了错误,两个孩子也和好如初了。

[案例三]

心与心的对话

女儿在新生报到时,便和涵涵分到了一个班,借用孩子的话说,她与涵涵更像是异姓的双胞胎,虽然之前两人互不相识,但刚说了几句话就觉得很投缘。她们军训、上课、吃饭都在一块儿,周末或放假时也经常约在一起出去逛街。可是,随着她们之间越来越熟,我发现女儿对涵涵的抱怨也越来越多。有时会听到她在小声嘀咕:"哎呀,她又在指点我的生活了,简直就像我另一个妈。整天在我耳边叨叨,说什么不能把看过的书摊在桌子上,这样看着不整齐;也不能和男同学讲话,说什么会引起早恋。可这些都是我的自由啊,她怎么总在嫌我这不对那也不对?"

直至有一天,女儿放学一回到家,便气鼓鼓地把门一摔,把自己锁在了屋子里,好久不出来。我意识到该跟孩子好好谈谈了。

"怎么了,遇到不高兴的事了吗?跟妈妈聊聊好吗?"

"妈,我俩彻底闹僵了。今天活动后休息,大家聚在一起聊自己喜欢的偶像。我说我觉着某一位歌手唱得特别好听,她听后突然说了句'他的歌有什么好?难听死了。'搞得我很难堪。当时我就没忍住跟她争辩了两句,可能语气也有点冲,反正我俩闹掰了,放学后她没等我一起走,我也没等她。哎呀,我也不知道该说什么好了,反正感觉很郁闷。"

"你开始对自己和涵涵之间的关系有所抱怨、有所担心,说明你将两人的友谊看得比较重。也正因如此,即使你们已经明显感觉到不舒服,却又不想放弃。比如你总觉得涵涵对你的生活习惯指指点点,并觉得这是一种控制。其实每个人的家庭环境不同、生活经历不同、站的角度不同,对同一件事的理解也会有所差异，这都是正常现象。"

"那我和她有意见分歧时，我是该附和她还是该据理力争？附和吧，有时候实在觉得很不舒服；争吧，又伤感情，真不知道该怎么处理。"

"如果你选择坚持自己的观点，据理力争，就很容易失去对方，失去友谊。但如果你还想要继续友好下去，就要学会讲究策略。比如，你可以找涵涵谈一谈，让她知道你的做法优点在哪里，缺点又在哪里。而她的意见你也要倾听并分析，知晓涵涵意见的可取之处和不足之处。再把你们两个人的意见进行对比，在保留自己意见的同时，也要允许对方有不同看法。另外，我觉得你在说话的时候要注意语气，缓和一点，就算你的观点是对的，话也不能讲得太满。"

那天晚上我们一直谈到深夜。几天后，孩子对我说："妈，多亏了你那天的开导，我现在心里舒服多了，和涵涵之间的小纠纷也解决啦，我和她还是好朋友，也一直会是好朋友。"

再要好的朋友也不可能百分百相似，想要友谊长久地维持下去，就要学会反思和付出，遇事多从自身找原因，少一些抱怨，我们的心理就永远不会失衡。

（曾 梅）

[点评]

朋友一起学习、生活，难免会出现摩擦、冲突，造成关系紧张，上面的几位家长针对自己孩子成长过程中的问题，采取了一些行之有效的方法，帮助孩子明确如果想要让一段友情长久地维持下去，不仅需要真心，还需要方法。

他们采用不同的方式化解了孩子在交友中遇到的各种问题，一是做孩子的引导者。孩子因为意见分歧而发生争执，都习惯于站在自己的立场上不肯让步，因此要引导孩子真诚地接纳别人，由衷地欣赏他人。二是培养孩子正确看待问题的态度。自己错了要主动承认，对方错了，要学会宽容，允许对方解释、道歉，不要抓住别人的缺点或过失不放；三是学会合理地解决问题。有时矛盾会激化，甚至上升为冲突，这时就需要让自己冷静下来，不要让一时的冲动占据上风，要想一想在矛盾中自己应负的责任，化解双方的僵化关系。在一点一滴中培养孩子正确的人生观和价值观，很有可取之处。

三十、孩子老说别人"坏话"怎么办

在日常生活中，很多孩子喜欢说别人"坏话"，甚至有的孩子在和朋友的互动中，如果有人让他不开心，他就会捏造一些事情来诋毁别人，这样的行为会导致他缺少朋友，还会影响他成年之后的工作和交往。家长怎样才能帮助孩子改正这个不好的习惯，让孩子走上健康成长的道路呢？希望下面的这些案例能给大家带来启发。

[案例一]

在孩子面前别说他人坏话

女儿班上一名同学的家长打扮得很时尚，有些家长便会口无遮拦地说她几句坏话。我开始只当耳边风，听听就罢了，时间久了，也开始觉得她的穿着打扮不合时宜，也会附和着说她几句。

那天，女儿班上的那位家长又穿了一件蕾丝的半透裙装去接孩子，一下子吸引了很多人的目光，有些男孩子也忍不住偷看。有人说她穿成这样，目的极不单纯。一个离了婚的女人，如此张扬自己，无非是想早点把自己"推销"出去，只是在学校里这样晃悠，实在是有些影响不好。她们在肆意评论她的时候，我也小声地附和着说："确实穿得有点另类。"这话，刚好被提前放学的女儿听见了。她好奇地问我："妈妈，谁是另类？安馨

（化名）的妈妈吗？"因为我们在议论安馨妈妈的时候，都没有避讳她，所以，她首先联想到的就是她。我惊讶了一下，点了下头，但又怕她刨根问底，又补充了一句："家长们随口说说而已。"

那天带着女儿去参加一个亲子活动，没想到刚好跟安馨和她妈妈同一个小组，她热情地跟我打招呼，我也只好笑脸相陪。两个孩子玩了一会儿因为一个玩具而争吵起来，女儿大声地说："我不跟你玩了，另类的孩子。"安馨嚷嚷道："谁另类？""人家都说你妈另类。"这一句话，虽然在热闹的活动中没有引起太多的注意，但还是有几个站着近点的家长，用异样的眼光望着我们，安馨的母亲怔怔地看着我，眼泪在眼眶里打转，我只好忙说对不起，当时只想找个地缝钻进去。这之后，每天接送孩子时，安馨的母亲都故意对我视而不见，我若是远远地看见了安馨的母亲，便躲着她，我们的关系尴尬极了。

这之后，我再也不敢说别人的坏话了。作为家长，我意识到应该给孩子树立一个好榜样，不能随便对别人评头论足，如果对别人有意见，应该正面解决。于是，我与女儿进行了一次长谈，检讨了自己的错误，同时和女儿约定，要彻底改掉这个毛病。

（张　美）

[案例二]

孩子爱说别人坏话，可能是嫉妒心作祟

有些孩子看到别人比自己优秀的时候，出于嫉妒就在背地里说别人的坏话。

我发现自己孩子的身上也存在着这样的问题。因为孩子班里有一个同学非常出色，不仅文学造诣非常高，还是一个优秀的体育生，但孩子却经常说那个同学的坏话。

这一天，孩子又说起了那个同学的坏话："他在我眼里什么也不是，

就是一个垃圾。"

我听完了之后非常疑惑，决定和自己的孩子好好谈一谈。于是问："明明，为什么你总是说这个同学的坏话呢？难道承认别人优秀是一件非常困难的事情吗？"

孩子说："我就是不服气，我一看到他就生气，尤其是他比我强的时候，我就想说点什么来挖苦他。"

我听后意识到孩子的心理出问题了，也许是我和他妈妈对他的期望太高，给孩子带来了太大的压力，又或许是虚荣心太重，产生了嫉妒心理。为了搞清楚，我耐心地和孩子谈起来，原来是孩子嫉妒心太重，所以总想诋毁这个同学。

我和孩子一起分析了嫉妒心的坏处：拥有嫉妒心的人，心眼会变得越来越小，很容易让别人讨厌。喜欢嫉妒别人的人，在日常生活当中是交不到朋友的，因为没有一个人愿意跟嫉妒心强的孩子在一起。孩子听后认识到了自己的错误，羞愧地低下了头。

帮助孩子认识到自己的不足之后，我又耐心和孩子一起探讨解决问题的方法：一是我们应该正确评价自己，找到自己的长处，不要总看自己的短处。二是涵养自己的精神。可以多培养自己的兴趣爱好，多参与有益于身心的活动，让自己的精神生活变得丰富，从而远离嫉妒。三是我们父母不会给他太大压力，希望他快乐学习，健康成长，找到适合自己发展的道路。

总之，对于孩子因嫉妒而诋毁别人的不当行为，不能采取打骂的方式，父母应该给孩子树立好榜样，引导其用积极乐观的心态看待事物，学会悦纳自己，欣赏他人。

（张　丽）

[案例三]

背后莫论人非

除了在公开场合自信地表现自己，一个受欢迎的孩子，还应该做到不传闲话，不传播负能量。这里，我要特别强调母亲对女儿的影响，因为女孩的成长是以母亲为榜样的。如果她看到你总是在背后议论别人，总说负面的话批评别人，她就会把这种行为当成是很正常的事情。

从女儿上幼儿园起，我就给她立一个规矩：不要在他人背后说任何坏话；如果想不出什么赞美或者友善的话，那就什么都不说。

为了帮助孩子理解传闲话的坏处，我经常跟孩子一起玩两个小游戏。

第一个游戏：接一盆水，把一块石头丢在水中央，让孩子观察激起的涟漪。告诉孩子，一个小小的石子，就像一句闲话，能够激起很多涟漪，一波一波，不会停止，可见闲话的影响力非常大。第二个游戏：拿一个空碗，准备一管牙膏，让孩子每挤出一截牙膏，就说一句对别人的负面评价，比如"谁谁很笨""谁谁很丑"。等牙膏都挤完了，让孩子试着把牙膏收回到牙膏的空管儿里面。这时，孩子会发现根本不可能做到。可见，即使是事实，任何闲话或者负面的评论造成的伤害都是收不回来的。

我们可以一边玩游戏一边跟孩子讨论，就像植物有趋光性一样，人也喜欢和光明的、正面的、积极的人相处，我们应该努力在明亮的地方做带着光的人，而不是躲在暗处做挡住光线的人。

如果孩子控制不住自己，背后说了别人的坏话，你可以在旁边用委婉的话语提醒她："谁在挤牙膏呢？"

（曾　平）

[点评]

上面的几位家长针对孩子在背后说别人"坏话"的问题，采取了一些行之有效的方法，培养了孩子正确的价值观念，很有可取之处。

首先，不要去想孩子说的坏话内容是什么，因为关注内容会容易引起家长的联想，给自己带来极大的情绪波动。也不要因为自己的情绪去给孩子讲一堆道理，期待能把孩子的毛病立即改过来。孩子为什么会说别人的坏话？在心理学的解释中，"说别人的不好"本质是攻击，家长要看到孩子在表达攻击性。而攻击本身，是由一些不良的情绪和体验带来的，比如愤怒、委屈、不满等。

在平时的生活中，家长是否过于苛求，对孩子的很多行为是否过于约束？"讲卫生""成绩差""矮胖"是否和家长对孩子的要求有关？如果在这些信息中能找到一些关联因素，那么孩子就是在通过攻击他人，宣泄自己的愤怒，因为讲别人的坏话和直接对父母表达不满，前者对他而言相对安全。

其次，"教科书式引导"有以下几个步骤：1.要明确孩子说坏话背后的原因，接纳孩子的情绪，并肯定孩子能分辨是非。2.分析原因，为什么你能做好，同学没有做好。告诉孩子，其实你也干过很多蠢事，我们每个人都会犯错。3.引导孩子接纳同学的缺点，并帮助同学变得更好。在这样一个完整的处理流程中，孩子既分清了是非，也接纳了自己，更重要的是，他学会了包容和接纳别人的不完美。

最后，父母要以身作则。孩子有嫉妒心，一般与父母有很大关系。因为父母是孩子的第一任老师，凡事都会从父母身上模仿。所以，想要孩子不嫉妒他人，那么父母首先要做到位。父母自身心胸开阔，心平气和，孩子在父母的影响下，自然情绪温和，包容大度；相反，父母心胸狭隘，那么孩子也会耳濡目染。家长的一言一行，孩子都看在眼里。所以，家长平常要多注意提高自身的修养。

德国哲学家雅斯贝尔斯曾说过："教育的本质意味着一棵树摇动另一棵树，一朵云推动另一朵云，一个灵魂唤醒另一个灵魂。"孩子爱说别人坏话，我们就要找到深层的原因，做好正确引导，从而帮助孩子变得更优秀！

第三编 专家咨询案例

  针对初中生家庭教育中的问题,我们在文献资料中搜集整理了一些经典的专家咨询案例。这些案例是我们精心选编的,集中反映了初中生家庭教育中的某些问题,既具有普遍性,又具有典型性,相信也正是您关注并感到困惑的问题。每篇案例后面都附有专家对案例中所反映的问题的科学分析和解释,并针对案例所反映的问题提出了一系列相应的教育对策和建议,具有较强的科学性和实用性。

[案例一]

诱人的网络游戏

案例介绍

阿新今年上初二,他的英语很好,因为有一些外国的朋友经常给他写邮件,阿新的爸爸就给他买了一台电脑,让他能够有更多的机会与他们交流。开始的一个月,阿新的学习劲头很大,可后来,爸爸发现晚上阿新房间里的灯关得越来越晚了。班主任告诉阿新爸爸,阿新最近上课时老打瞌睡,学习成绩都下降了。爸爸开始留意了。有一天晚上,爸爸走进阿新房间,发现阿新正聚精会神地盯着电脑屏幕,屏幕上飞速变换着游戏打斗画面,阿新好一会儿都没有察觉有人进来,双手飞快地敲打着键盘,还不时发出一阵惊呼。原来阿新迷上了网络游戏!

原因分析

1. 网络的魅力。

网络成瘾,其原因首先来自网络的魅力。国外有报告对网络空间带来的基本心理特征做了总结,其中包括:有限的感知经验(基本上只通过文字来感知彼此,现在加上视频,但文字仍然是感知的主要途径),灵活而匿名的个人身份,平等的地位,超越空间界限,时间的延伸和浓缩,永久的记录,易于建立的大量人际关系,梦幻般的体验以及"黑洞"体验。网络的独特魅力是青少年网络成瘾的重要原因。网络不仅为青少年提供了花样繁多、引人入胜的娱乐活动,而且拓宽了信息通道。

2. 青少年自身的需要。

造成青少年"网络成瘾症"的主要的心理原因有:青春期的学生想舒缓学习压力,摆脱孤独感,满足成就感,缺乏一定的自我控制能力等。

3. 父母和家庭的影响。

家长溺爱、事事包办代替或是放任自流,以及父母管教孩子的意见不一致,都会导致青少年更容易沉迷网络。尤其是当父母关系紧张、家庭不和睦时，网络世界更是逃避现实的好去处。

教育对策及建议

1. 帮助孩子确立人生目标，制订人生规划。

孩子一旦有了人生的目标和规划，就会比没有这些目标和规划时更能为自己负责任，而不再在网络上消耗太多的宝贵时间。也因为有了目标，就不会再觉得生活是无聊的，自己活得很失败，而会有战胜困难的勇气和毅力，而不是马上逃到网络世界里面去。

2. 帮助孩子掌握与他人交流和沟通的技能。

青少年在初中阶段，自我中心主义是一个比较显著的特征，在很多情况下会认为自己的想法是最重要也是唯一正确的。因此他们在与父母、老师以及同学、朋友有不同意见时，往往会比较固执地坚持自己的意见。既不会认真考虑别人的看法和事实的真相，也很少会明确地、心平气和地向别人解释自己的看法，以与别人取得共识或使别人谅解自己，而只会通过反复强调自己是正确的，甚至用争吵等方式来坚持己见。如果青少年加强了沟通能力，努力与各方面建立良好的关系，会使网络成瘾的可能性大大减少。

3. 帮助孩子养成良好的上网习惯。

首先，一定要注意保持正常而规律的生活，不要把上网作为逃避现实生活问题或者消极情绪的工具；上网要有明确的目的，有选择性地浏览自己所需要的内容，不宜漫无目的；上网过程中应保持平静心态，消除猎奇心理，不要过分投入；上网时间应注意控制，在上网之前给自己限定一个时间，不宜过长，应保持正常的生活、工作、学习规律，合理安排好自己的日常生活。对于网上的陌生人，即使谈得比较投机，也要保持基本的警惕心理，要有充分的自我保护意识。

[案例二]

她终于敢说话了

案例介绍

银雪，13岁，初一学生，衣着整洁，她忧郁的眼神中透露出几分聪慧；退缩的动作中仍可见几分伶俐。因有轻度口吃，她平时总是远离人群，上课时总是不安地低头沉思，唯恐老师提问到自己。一旦被点名，便张口结舌，越紧张越不能回答问题。平常似乎有些多疑，与班主任谈话有些小心翼翼，与同学关系紧张，学习成绩也明显下降。

原因分析

该生的口吃不是因为有先天生理上的缺陷，而是因为在后天生活中受到了刺激。银雪家生活富裕，父母都是工人，有一定文化水平，她从小非常聪慧，是父母的宠儿，是同龄人的榜样，别人都叫她"小大人"。五年级上学期期末考试前由于患了严重的流感，耽误了近半个月的功课，即将临近考试，一向争胜好强的她万分焦急，未等病情痊愈，便回到了学校。也许由于过度紧张，考试成绩不理想，这让她深感自责。加上有些同学又暗暗嘲讽，她从此变得有些沉默。上课回答问题时，也总是紧张不安、吞吞吐吐，老师对她也有点失望。敏感、追求完美的她，则越发紧张、愧疚，表现出轻微的口吃。这时家长也由于不了解原因，而对她严加管教。结果适得其反，越管问题越严重，她从人见人爱的"白天鹅"变成了"丑小鸭"。随着年龄的增长，自尊心逐渐增强，这个摆脱不掉的口吃毛病已成为她的一个沉重的心理负担。看到别人都能流畅地交谈，她心里就更加苦恼。

教育对策及建议

1. 晓之以理，消除对口吃的不良看法。

让银雪明白口吃是一个比较常见的习惯性的语言缺陷，对此自己不必过分在意，更不必过分焦虑和烦恼。据有关专家统计，每100人中就有一至两人是口吃患者。更何况她的发音器官并没有毛病，只是一种心理性障碍，要相信自己，通过训练一定会克服口吃的。

2. 运用系统脱敏法，进一步帮其克服言语表达中的恐惧。

第一，放松训练。教她学会简单的放松训练方法——深呼吸法。具体做法是：让她站定或坐定，双肩下垂，闭上眼睛，然后慢慢做深呼吸，配合她的呼吸节奏给予指示语，如：深深吸进来、慢慢呼出去，深深吸进来、慢慢呼出去……（提示其自觉紧张时可用此法进行自我放松）

第二，想象脱敏。银雪的敏感程度由浅到深情境依次为：独自说话（读书、唱歌）——和最亲近的人交谈——和同学交谈——和师生共同交谈——和陌生人交谈——当众演讲。对此，可进行指导。从她说话恐惧等级中最低的一个情境开始，由辅导者做口头描述，让她闭目进行想象。事先告诉她，当她能清楚地想象此事并开始紧张时，让她伸出右手的一个手指向辅导者示意一下。然后，让她保持这一想象中的场景30秒钟左右，同时做放松训练。

第三，重复上述步骤，想象的时间每一次可比上一次略有延长，直至她对此事件不再感到恐惧为止。然后再对下一事件进行同样的脱敏训练，直至症状完全消失。

3. 进行适当的行为训练。

第一，教其学会简单的放松训练。

第二，教其掌握言语表达的技巧。建议她在讲话时，要轻而慢，柔和而有节奏，一个字一个字地吐准字音，使听众能听清楚。应以两秒钟说三个字为宜，否则对方听不清让讲话者再说一遍时，会使讲话者处于被动地位而产生紧张，很容易口吃。另外说话前，应把想说的话在脑中准备好，或在纸上写好，避免因仓促上阵，造成自己的心理紧张。在与别人交谈时，别把注意力集中在自己的言语上，担心一字一词是否说错了，别人会笑话自己，而应抬起头，盯住听者或说话人的眼睛，落落大方地说或者听。针对一些语言困难点，不妨换一种说法，比如说"同学们"时总是口吃，就改成"各位同学"等词,这样就能连贯下来。

第三,鼓励加强交往。口吃学生往往自我封闭,怕和别人交往,这对矫正口吃是十分不利的。因而,鼓励她要勇敢地和他人交往,并在交往中主动表达自己的意愿,克服紧张心理;并积极与家长联系。建议家长多和她谈心,多给她以鼓励,不断肯定她的点滴进步,多指出她的优点,使她增强自信,最终告别口吃,恢复健全的人格。

[案例三]

"高材生"想休学

案例介绍

刘某,男,15岁,某重点中学初三学生,独子。父母经商,家里的经济状况较好。

刘某小学在老家读书,初中随父母来到城市。小时候性格内向,做事认真,比较敏感,凡事都要争第一。从小是班中的"尖子生",尤其是数学成绩,几乎每次都在97分以上。但父母对该生的期望过高,要求也过严。有一次期末考试数学得了98分,虽在班里名列前茅,父母仍不满意,总认为丢掉那2分太不应该,呵斥他太粗心。并要求该生做完试卷后,一定要仔细、逐字逐题地检查五六次;倘若成绩达不到满分,必须罚抄试卷三次。他初一初二成绩不错,以较好成绩升入初三。

刘某怀疑自己有心理疾病,有快崩溃的感觉,甚至想休学。刘某见到我(编者注:本案例辅导者)的第一句话就是"我有心理疾病,我快崩溃了,我想休学。"他表现得局促不安,手指反复摆弄衣角,焦虑、沮丧、目光无神、表情痛苦。刘某痛苦的原因是头脑中乱七八糟的想法影响了学习,担心考不上重点高中。具体表现在:上初三后学习压力加大,越来越不爱说话,与同学也不太交往,但喜欢读书,学习刻苦,成绩也不错。最近脑子里经常会出现一个念头:"现在复习的内容皆要忘记。"心里非常害怕、紧张。每逢考试时，心里就特别紧张，就有念头闪出："我太不幸了，都是心理疾病害了我，否则成绩一定很好。"每当考试考得不好时，也会闪出念头："我太不幸了，都是心理疾病害了我，否则成绩一定很好。成绩直线下降，考不上重点高中，考不上大学我就完蛋了，我想休学，不参加中考。"

原因分析

有些青少年有谨慎、胆小、害羞、呆板、思考问题过多等性格特点，这是强迫症的诱发因素。家长的教育方法不当，如过于严格、苛求，作息制度过于刻板化等，也可能成为诱发因素。

从该生的情况可以看出，这个学生的强迫症完全是由其父母的过高期望和过严要求引起的。孩子数学考了 98 分，在班里名列前茅，父母仍不满意，呵斥孩子太粗心大意，白白丢掉 2 分；父母还要求孩子一定要仔细、逐字逐题地检查五六次，倘若成绩达不到满分，还必须把整张卷子重抄重做三次。课堂学习和课外作业的负担本来就够重的了，父母还以过高过严的要求加重孩子的学习负担，造成孩子心理压力过大，信心下降，怀疑自我。当他做试卷的时候，为求尽善尽美，为避免重抄试卷三次的惩罚，便不厌其烦地验算一遍又一遍。起初，这样的做法获得了一定的效果，孩子取得了令人满意的成绩，可是，孩子总会有疏忽的时候，再加上随着年级的升高，孩子取得的满分也越来越少。这时，父母一系列盲目的呵斥与惩罚让孩子信心下降，压力不断增大，于是变得越来越谨慎，在做题的时候，验算检查次数越来越多，以致无法按时完成后面的题目。最后孩子行为失控，发展为强迫症。

教育对策及建议

1. 帮助他宣泄不良情绪，调整他的不良心态，使他能积极、向上、平和地面对困难和挑战。

小刘由于多方面的原因，认定自己患有严重的心理疾病而不能自拔，已陷入自卑的泥沼中。他过于夸大自己精神痛苦的程度，看不到自己的潜在价值，对前途失去信心。所以，第一个方案是帮助他宣泄不良情绪，调整心态。

2. 引导小刘澄清非理性观念，重拾自信心，使他能理智地面对存在的问题，而不是用心理疾病为自己开脱责任。

小刘在小学时是班里的尖子生，是老师的宠儿，是同学们羡慕的对象。升入初三后，小刘成绩不像在小学时那么突出，失去了小学时作为佼佼者的自豪与自信。他不懂得在新的环境下要学会与自己相比而不是与周围人相比，更不应消极地将自己的失落归因于心理疾病。

以理性情绪法来帮助求助者认知重建以降低压力，最重要的在于帮助求助者找出不合逻辑的想法并且加以驳斥，让求助者学习以理性的方式思考。运用理性情绪理论和认知疗法，澄清小刘的非理性信念，重新建立新的信念系统，以达到预期效果。

3. 用系统脱敏法，逐渐消除焦虑、紧张、恐惧。

采用行为疗法中的想象系统脱敏疗法，与小刘共同制定脱敏计划。小刘的焦虑等级从弱到强依次是：进校门时——听课时——听讲难题时——复习功课时——做习题时——做较难的习题时——做自测题时——做较难的自测题时——考试老师发卷子时——考试遇到难题时。当出现紧张时就做全身放松训练。

在咨询过程中，小刘的进步很快，经过两个月的治疗，他摆脱了困扰，学习成绩也有了很大进步。

特别提示

作为心理咨询辅导者，我不企图给小刘克服困难的魔杖，而是要帮助他重新拾起自己原有的克服困难的信心。总之，我要使小刘从当前的危机中看到契机，从黑暗中看到光明。我首先运用聆听、关注、沉默等咨询技巧来传达我的同感，使他对我的咨询产生了极大的好感和信任，以帮助他宣泄不良情绪，调整他的不良心态，使他能积极、向上、平和地面对困难和挑战。在此基础上，我运用艾利斯（Ellis）的理性情绪 ABC 理论，竭力引导小刘澄清非理性观念，重拾自信心，能理智地面对存在的问题，而不是用心理疾病为自己开脱责任。小刘的认识转变后，我用想象系统脱敏疗法，帮助其消除焦虑、紧张、恐惧，最终解决了问题。

[案例四]

与自卑告别

案例介绍

小刚，男，15 岁，某中学初二学生。该生性格内向，沉默寡言，自卑心理较重，认为自己处处不如别人，比别人笨，有自暴自弃的思想。学习不努力，学习成绩很差，不合群，没有好朋友。在家与父母情绪对立，听不进家长的话。

原因分析

小刚的自卑性格主要源于父母否定式的教养方式。小刚家经济条件属于中等偏上，父亲高中毕业，是村里的"能人"，母亲是个典型的贤妻良母。小刚从小好动、顽皮，也较聪慧，可上小学时上课常搞一些小动作，学习成绩较差，时常受到老师的批评。其姐姐现在在哈尔滨工业大学学习。父母望子成龙心切，从小对他们要求较为严格。对女儿一切都较为满意，并引以为豪，而对小刚却总不满意，经常训斥，骂他"笨"、"不争气"，并经常在亲友面前夸赞女儿有出息，抱怨儿子多么笨。家长的斥责、抱怨一次次打击了孩子的自尊心，使他产生了自卑心理，而对这一切家长却毫不知晓，仍然有意无意地刺伤着孩子那稚弱的"自我"。

教育对策及建议

1. 进行家庭治疗，营造有利于小刚健康成长的环境。

首先对孩子要多关心、多爱护，使他感受到家庭的温暖，消除与父母的对立情绪。

其次要对孩子少批评、多表扬，不用"不争气、没出息"之类的话责骂孩子，特别是在亲友面前。要多发现孩子的优点，加以夸赞，使孩子逐步建立起自尊心和自信心。

再次要对孩子多帮助、多辅导，与老师共同努力帮助孩子提高学习成绩，使其体会到学习的乐趣。

2. 帮助他正确认识自己，建立自信，悦纳自己。

首先，通过测智商增强其信心。

运用韦克斯勒儿童智力量表对小刚进行智商测定，结果发现小刚的智商得分为115，属中等偏上。我（编者注：本案例辅导者）有意将此结果告诉了他，以帮助他意识到"我并不笨"，从而打消其消极的自我认知。

其次，通过回顾成长历程，寻找自己最得意的事件，引发自豪感。

在轻松自然的交谈中，我运用自我披露的方法引起他的自我开放与发现，进而使他回忆起在小学低年级时学习数学的情况。小刚数学成绩曾一度领先，做数学题时总是较快完成，当时他也很喜欢数学（说话时面带几分自豪），可是因为他时常提出一些与老师不同的想法而招致老师的批评或忽视，说他故意捣乱（言语间流露出几分委屈与无奈）……后来，他就不再想学了。我不失时机地肯定了他的思维敏捷、有独特见解的良好品质，否定了那位老师不当的教育方法，鼓励他把失去的个性找回来。

再次，认清自己失败以至于最后失去目标的根源，激发进取心。

我给他讲述了"消极的外界评价（你真笨）—落后的自我认识（我这人就是笨）—低的自我要求（反正我不行了）—低的成就动机或成就动机的彻底丧失—落后的行为表现—差的学习成绩—更低的外界评价……"这一恶性循环的道理，激励他要为自己争口气，首先要认清自己的长处，通过自己的努力来改变外界的消极评价。

最后，建议他利用业余时间，求得家庭教师的帮助，把落下的课程逐渐补上，慢慢把学习成绩提上去。

[案例五]
在试卷面前我的脑子一片空白

案例介绍

小迪，初三女生，瘦瘦的，一米六五左右的个头，脸色比较苍白，精神有点萎靡不振，神态显得疲惫，这可能是心理过分紧张造成的，考前严重的焦虑使她濒临崩溃。从总复习开始她就对自己的成绩不满意，深感学习压力较大，自信心丧失。每次拿到练习卷时，脑子里一片空白，以前会做的题目也不会做了，数理化的公式忘得精光，怎么也想不起来。很害怕读书、做练习、做复习试卷，学习效果很差。情绪非常紧张，内心很痛苦，认为如果考不出好分数，就无颜见家长，越想越着急，有时觉得活着真没意思，情绪十分低落。当谈到对考试的印象时，孩子无奈地说："每次在试卷面前我的脑子就一片空白。"

原因分析

1. 家庭教育的不当。

小迪父母均为工人，文化程度不高，她从小和父母沟通得就很少，几乎所有的沟通都是与学习有关。从初一开始，她就住在姑姑家，平时都由姑姑照顾。父母工作繁忙，无暇关心她的学习，只有到了周末回家后才会问起她的学习情况。由于亲子之间缺乏交流，加上小迪的父母性格内向、教育方式简单，因此，初中后小迪和父母更加疏远。

2. 小迪对自己的不合理评价与认知。

小迪在自己老家读完小学，小学学习成绩不错，名列班级前十名。后来，父母花了不少钱才让她进了县里最好的中学。她一心想考入县级重点高中，整个初中三年都在自我加压的状态下紧张学习，进入初三后成绩下降，退至班级15名左右。

从对主诉和症状分析的情况来看，在整个复述过程中，小迪是个把自己看得很无能的人。据此，内隐机制假设如下：其模式是我（编者注：小迪）虽然有过很不错的学习成绩，但都已过去了，中学时代的我不是一个好学生了，我必须加倍努力，才能取得好成绩。对一名学生来说，分数是决定一切的，失去了好分数，一切都完了，我的理想、追求、前途都将付之东流。这一内隐机制核心的信念是学习压力与学习成绩成正比，即压力越大成绩越好。由此派生出一些中间信念："如果得不到好分数，那一定是我没有努力""姑姑对我这么关心，如果学习成绩不好，那就对不起她了""我努力了，但没有取得应有的好分数，而其他同学却能得到好分数，这只能说明自己太笨"。

其错误的应对策略是：第一，再给自己加压，不断努力；第二，怕自己脑子有问题，寻求医学帮助。

其诱发事件是：小学同学的模拟考试成绩比自己好。

教育对策及建议

对考试的极度紧张和过分自卑使小迪产生了一种典型的考试紧张综合征，即"考试焦虑症"。

在辅导过程中要帮助小迪认识到自己的心理困惑是由不正确的观念造成的，查找并认识"考试焦虑"的自动想法，消除由此而引发的负性情绪，从学习失败的阴影中走出来，恢复正常的学习生活。

1. 自我宣泄，调节情绪。

在这个步骤中帮助小迪宣泄不良情绪，调整心态，采取自我控制、自我监督的行为治疗。辅导者执行着强化的外在力量，指导小迪对自己的行为进行监督评价以及自我强化，即帮助小迪成为自己的治疗者。在这个阶段，主要做了两件事：

（1）要小迪把自己精神所受的打击事件、自己的苦恼和无助、压抑的心理和惆怅失望的不良情绪等，用自己的话说出来，通过倾诉和宣泄不满，释放自己的苦恼，寻求心理安慰和精神寄托，从外界获得安慰、鼓励以增添学习的信心和力量。

（2）利用双休日，让她放松自己的紧张情绪，找一个最亲密的朋友，倾诉烦恼和苦闷，并得到朋友的开导和安慰。

这一阶段的治疗主要由当事人本人来完成，以自我宣泄来调节不良情绪。形象地说，这是一个情绪清洗的过程。

2．探讨、解除因学习压力过大而引起的考试焦虑心理。

在这一阶段主要采取认知领悟疗法。告诉小迪一个人的生活经历，尤其是伤害性的经验，会影响个性的形成。人的情绪年龄，不像实际年龄、生理年龄那样容易协调、发展和成熟，人们常用幼年时期的方式来对付成长中的心理困惑。这样，创伤经验会成为人成长后心理障碍的种子。对小迪来说，她的创伤经验主要是进入中学后学习成绩并不理想。为此，我们着重分析了她对"过去的我"和"现实的我"之间的认知与情感，特别是对"分数—成绩—能力"的认知，从意识层面的领悟，去提高她对自己情绪症结的认识。

3．寻找"考试焦虑"的自动想法，消除负性情绪和行为。

对一名中学生来说增强自信的有效办法可能是通过自我暗示，由"他助—互助—自助"的心理机制来进行心理自助。基于这样的认识，设计了三个阶段的治疗：一是找出苦恼事件，找到"考试焦虑"的自动想法；二是通过各种手段来消除这种自动想法，从而消除由此带来的负性情绪；三是实施取利去弊策略，让她获得自我帮助，以"理性的我"来提醒、暗示、战胜"情感的我"。通过对非理性观念的质疑，使小迪懂得：分数不是万能的，光靠盲目的自我加压是无效的，只有很好地把握自己，调整好自己的心态，才能取得理想的成绩；相信自己的能力，保持一颗积极向上的心，以一种成功者的心态去面对未来的学习生活，这才是当代中学生应有的素质和风采。

经过三次面谈和多次电话咨询，小迪从过去情绪化的自我中走了出来，逐渐克服了考试焦虑。

特别提示

内隐机制的揭示是为小迪做心理咨询的关键。心理咨询的核心目标，就是提高人的自信心。所谓提高自信心，就是使人通过改变对不利环境的认识，来增强对自我的良好感觉。考前过度焦虑，就是一种过于自卑引起的焦急不安。在本案的咨询过程中，首先帮助小迪宣泄因模拟考试不够理想而引起的紧张焦虑等心理困惑和精神痛苦，并通过聆听、关注、沉默等咨询技巧来传达辅导者对她的同感，使她对辅导者的咨询产生极大的好感与信任。与此同时，正确分析她的心理困惑的内因机制：学习压力与学习成绩成正比，学习成绩不理想，只能说明自己还不够努力，应继续增强压力，才有可能取得好成绩。

当辅导者了解了这些不合理自动联想后，就着重去消除这些错误的理念和认知，进行典型的认知行为主义疗法来缓解和消除她的这些焦虑症状。这也是此次心理咨询成功的关键所在。

[案例六]

拒绝考试

案例介绍

李某，女，13岁，某重点初中初一学生。李某小学时是品学兼优的尖子学生，曾担任少先队大队长、班长。老师、学生对她评价都很高，学校也一直把她作为重点对象培养，希望她能为校争光。李某出生于工人家庭，在家族同辈孩子中也是出类拔萃的，亲戚们把她看作同辈孩子的榜样、家族的希望和明星。她自己更是神采奕奕、信心满满，对自己要求十分严格，学习刻苦勤奋、一丝不苟，成绩一直名列前茅。

进入初中后，开始李某学习成绩也不错，但她渐渐地感到自己的表现在同学中不像小学那样突出，开始有失落感，并感受到一种莫名的威胁。入学后的第一次期中考试，成绩虽然不错，但第10名的名次还是让她有失败的感觉。特别是原来成绩不如她的小学同学竟然考得比她要好，使她心里更不是滋味。她下决心找回原来的自己，更加刻苦读书，也不和同学来往，怕因此而耽误学习。由于学习方法不对，效率不高，成绩不但没有提高，反而下降了。并且和同学的关系也不好，她十分想念过去，总想找回以前的自信，又觉得再也不可能了。期末考试临近，她不敢参加考试，认为自己肯定会失败。李某父母十分焦急，带她来咨询中心求助。

原因分析

李某表现出多种情绪症状，如紧张不安的焦虑状态、信心丧失的抑郁状态等，但都不突出；同时，又表现出学习时无法积极思考、听课听不进去、作业做不下去等能力抑制障碍。她过去一直没有类似表现，进入初中后仿佛忽然换了一个人。不难看出，进入初中后，她在同学中成绩名次的改变是产生上述症状的主要刺激源。在自己成绩不能名列前茅时，她不能正确面对这一情况，导致症状出现。综上，诊断李某的症状为学校适应不良综合征。

李某的病因是由于进入初中后她不能再像小学时那样出众。深入分析，这是她对这一情况缺乏正确客观的认识，没有思想准备，产生挫折体验后又不能正确应对所致。咨询中发现，她进入初中时十分乐观，信心十足，但这种乐观与自信已带有一定盲目性，因为她对新情境中主、客观条件的变化缺乏认识。进入初中后成绩波动和名次改变是正常的，应根据新的情况调整自己的行动，适应新的环境。由于李某未能清醒认识到这些，仍用惯常的行为方式应对新环境，当成绩名次开始下降时，不能客观分析原因，采取相应的对策，而是产生盲目自卑的心理以及种种不良的适应行为。除此之外，也暴露出一些她人格发展上的弱点，如长期顺境下形成的挫折耐受性低、虚荣心强、偏执刻板等。

教育对策及建议

针对李某的情况,咨询主要从两方面进行:

一是解除局部症状。首次面谈中了解到她不敢去学校主要是不敢面对那位使她感到威胁的小学同学。第二次面谈中,咨询者有意提及该生的姓名,诱导李某将她对该生恐惧背后的不服气宣泄出来。李某由不愿提及该生到尽情贬损该生,渐渐发现自己谈及该生时不紧张了,也不怕他了。后几次的咨询中又要求李某寻找该生的优点,夸奖该生,既巩固了疗效,又纠正了她对该生片面的看法。这种疗法兼有暴露疗法和脱敏疗法的特点,效果显著。

二是启发李某对自身适应不良的认识。指出环境的变化、自己名次的改变是正常的,适应不良主要是自身原因所致,如对新境遇没有心理准备,亦不能正确评价自己,从而在主观上感受到强烈的刺激而庸人自扰。造成这种情况又和自己人格发展的弱点有关,鼓励其正确面对现实,加强自我锻炼,矫正人格发展弱点。

[案例七]

我不想上学了

案例介绍

阿历,男,初二学生,性格内向,有些自卑,并且没有青少年的活泼与朝气,行动缓慢,个性懒散。但是他孝顺老人,听父母的话,关心他人。外婆生病,他能主动帮着倒痰盂,平时能自己洗衣服,扫地也会扫外面的公共区域。他知道自己学习不好,感觉对不起妈妈,想通过这些行为来弥补。除了经常待在家里看电视,偶尔打打篮球外,他也没有什么特别的兴趣爱好。家里给他买了一辆自行车,他开始喜欢上飙速骑自行车,但不会占用很多时间。阿历自尊心强,希望得到别人的认可,受到老师的表扬,同时也很自卑。他学习成绩很不理想,这次期中考试的数学成绩不及格。

他上课经常不听课，不是睡觉，就是乱说话，老师批评他，他还不服气。作业经常全错，有时干脆抄袭同学的，因此，老师也就不批改他的作业了。在班级中他也没什么好朋友，不经常与同学交往。临近寒假时阿历表示自己再不想上学了，并打算出去找工作。

原因分析

阿历厌学主要是由于自尊心极强，又非常自卑引起的，其行为表现很复杂：

1．阿历的学习成绩差，对老师又存在偏见，认为老师不尊重自己，所以上课不听讲，成绩持续下降。

2．以前的智力测验分数很低，阿历误以为自己无论怎么努力也不会学得很好。小学五年级时，阿历做过智力测试，结果显示阿历的智商为80，测试者对阿历的母亲说过，他以后学习可能会有问题。

3．阿历长期与老人居住在一起，老人的生活方式以及思想观念深深影响了他，使他心理年龄老化，从而对生活失去了目标，也就失去了学习的动力。阿历回到家里接触的都是老人，老人们的生活方式以及思想观念对阿历的影响很深。老人们喜欢收藏东西，以备不时之需，不舍得把钱花在吃喝上。阿历也一样，喜欢攒钱，舍不得花钱。老人们经常说"活一天算一天，今天不知道明天的事""活着就挺好了""没劲"，这些思想观念也在阿历的意识中深深扎下了根，使他对未来没有憧憬。而且老人们往往易患病，需要人护理，阿历就更认为只要像自己现在这样健康地活着就挺好了。生活中没有目标，也就失去了学习的动力，因此，阿历认为只要他有一门手艺，能养活自己就行了，别的没什么需要。

4．阿历由于性格内向产生了自卑心理，自卑又使他的交友圈子狭小，体验不到与同伴一起学习和成长的快乐，学校对他而言也似乎少了一些吸引力。

5．阿历的家庭居住环境很差，巷子里的房屋很高，通道很窄，很少见到太阳。家里光线很暗，长期受暗室的影响，使他行动懒散，同时感觉外面的世界与自己无关。

教育对策及建议

1. 建立良好的咨询关系。

为了建立良好的咨询关系，我（编者注：本案例辅导者）并没有一开始就问阿历"为什么不想上学"，而是回忆并告诉他自己在初中时也有过这样的想法。他听得很认真。之后，我又告诉他我没有向他的班主任和母亲了解过他的具体情况，只知道他最近没去上学这一事实，但我很愿意与他成为朋友，帮助他寻找到自己的未来之路。在这里运用同感技术并且客观地看待阿历，不仅拉近了我们之间的距离，而且也使他放松了戒备，减少了一提到上学就反感的情绪。

2. 通过诱导方式深入查找其厌学的原因。

厌学一般主要有两个原因：一是学习压力大，二是学生自信不足或在班里与老师、同学的人际关系处理得不好。我从询问阿历最喜欢哪一科开始，了解到他喜欢语文老师，不喜欢数学、英语老师，继而不喜欢数学课。在谈话过程中，我采用了帮助阿历换角度看问题的方法，使他改变对不喜欢的老师的偏见。他认为数学老师的言语伤了自己的自尊心，而且数学老师总批评他，别人在课堂上乱说话，却不受到批评。我让他换角度思考问题。老师辛苦教，学生却不好好学，成绩下降，如果自己是老师，努力却得不到回报，是否也会生气？所以老师不是在贬低他们，而是在说气话，同时也想刺激某些同学，激励他们上进。而且在课堂上乱说话本身就不对，受到老师的批评，说明老师在关心自己，否则老师认为你无药可救，连批评你都不会了。英语老师爱讲笑话，阿历认为这是在浪费自己的时间，我向他解释老师有自己的教学方法，只要注意听就会有收获。

3. 使用艾利斯（Ellis）的情绪 ABC 理论，帮其调适心理年龄。

针对阿历心理年龄老化的情况，我使用艾利斯（Ellis）的情绪 ABC

理论,帮他调适心理年龄。与他一起分析老人产生各种不同想法的原因,比较自己与老人的区别。消除他对明天过分担忧的想法,使他认识到自己还年轻,还有很长的路要走,现在是创造的时候,要充实自己为明天做准备。

4.鼓励其与同学交往,在交往中体味快乐。

阿历正处于青春期,作为一名学生,同伴的影响往往超过成人的影响。阿历认为与学习好的同学在一起交流总要谈学习,自己学习不好,与他们没有共同语言;与学习不好的同学在一起交流,他们只知道玩,再加上他认为这些同学也玩不出新花样,就是去游戏机房,还要花很多钱,而自己的家庭经济情况不是很好,他理解父母挣钱的辛苦,就很少与这些同学一起玩;他也不喜欢与品德不好的同学在一起交流。这样一来,他在学校几乎没有好朋友。他体验不到与同伴在一起交流的快乐,也体验不到与同学在一起学习和成长的快乐,这使得他的心理年龄不符合生理年龄,在他身上也看不到青春的朝气和蓬勃的劲头。他采取了消极的退缩行为——不去上学,这是一种对交友失败的现实的逃避,其实在他内心深处还是渴望有好朋友的。

因为再过几天就是假期,我就顺势让他在家调整,但学业不能放,只要求他完成最基本的作业。为了减少他的封闭倾向,让他体验与同龄人在一起交流的快乐,激发他上学的动机,我们制定了一份行为契约。

行为契约

甲方(计划执行者):　　　　　乙方(计划检查者):

内容:

1.从今天直到下个星期见到老师前,每天按时完成寒假作业。

2.如有一天少完成寒假作业,就少骑车半小时。如果当天还是没减少骑车时间,第二天就不许骑车。

3.每天骑车时间不超过2小时。如果超过时间,第二天就不许骑车。

4. 每天到学校打篮球 1 小时，否则当天看电视时间减少 2 小时。
5. 如果每天都按时完成作业，就奖励一天的自由支配时间。

甲方签字：　　　　　　　　　乙方签字：

行动会带来情绪和态度的变化。阿历履行了自己的诺言，得到了我的好评——"你是个信守承诺的人"，同时满足了他希望得到关注和认可的心理需要，也为双方建立良好的咨询关系起到了积极的作用。打篮球需要与他人合作，他感受到了与同伴在一起交流的快乐。新学期阿历重新回到了校园。

特别提示

在辅导过程中，我首先坚持尊重、理解、支持的人本主义原则，与阿历建立良好的咨询关系，在此基础上运用角色互换的技巧，帮助他改变对不喜欢的教师的偏见；使用艾利斯（Ellis）的情绪 ABC 理论，帮他调适心理年龄；采用行为契约的方法，使他体验到与同伴在一起交流的快乐，同时也满足了他内心希望得到关注和认可的心理需要；提供给他具体的学习方法以及如何合理安排时间的指导，帮他提高学习成绩，增强在学习上的自信。在咨询过程中，家长和学校也积极配合，逐渐使阿历充满活力，更加自信，也得到了他想要的尊重。经过这些努力，最终他重新回到了学校。

[案例八]

他告别了厌学

案例介绍

小浩是某中学初中一年级学生，对学习无兴趣，上课时注意力不集中，小动作不断，经常不带书本和作业本，不抓紧时间完成作业，经老师或家长催促才勉强动笔。老师多次劝告、批评都不起作用，反而使师生关系更加对立。他甚至跟老师发火、吵闹，后来老师干脆让他回家完成作业后再来上课，想以此为警告，结果是老师越生气，小浩越是不服气，他干脆天天不交作业，因此学习成绩一天比一天差。小浩平日在校对卫生劳动却特别感兴趣，不管多脏多累，他都乐意抢着去做，目的似乎是为了逃避做作业。但一提到学习，他就心烦意乱、焦躁不安。

原因分析

小浩对学习无动力，无兴趣，不认真，不努力，基本是人为因素造成的。

一是父母的打骂，父母对他缺乏关爱，经常训斥他笨得像头猪。

二是有些老师滥用惩罚，观念不当。有的老师从一年级开始就告诉他如果不爱学习，成绩不好，要留级的，而他每年都没有留级，他觉得是老师吓唬他而已。

三是在祖父母的溺爱下小浩养成了懒散的个性，心智活动水平差，有一种说不出的苦闷感，从而产生厌学的情绪。

四是错误的自我认知。他自述"我很笨，笨得像头猪。"

教育对策及建议

1. 与他建立良好的关系。

我（编者注：本案例辅导者）做的第一步工作，就是设法让小浩能够接受我。教育学生时，必须让学生在心理上接受你、认可你，才能使学生消除心理戒备，坦诚相告，推心置腹，从而达到教育效果。小浩平日在校对卫生劳动特别感兴趣，不管多脏多累的活儿，都乐意抢着去做，因此，我和他的第一次交谈就是从劳动开始的。

在这期间我没有说一句话，让他畅所欲言而无所顾虑，把平时不敢讲、没机会讲的话全部讲出来。

2. 家庭指导。

我与小浩父母和祖父母取得联系，告诉他们家庭教育方式不当是孩子厌学的根本原因。引导小浩祖父母不要过分保护他，从而使他养成过分依赖他人、撒谎的不良习惯。引导小浩父母在赚钱工作的同时也要加强对孩子的关爱，不要只知道对孩子施压、打骂孩子而忽视他的感受。家长要关心孩子的生活和学习，应该积极创造一种和谐温馨的家庭气氛，经常带孩子到有益身心的场所活动，经常和孩子交流，关心孩子的成长，承担起家庭教育的责任。这一点得到了小浩父母与祖父母的认可和支持。

3. 行为矫正。

行为矫正的第一个方法是自我暗示。俗话说"冰冻三尺，非一日之寒"，小浩对学习无动力，无兴趣，不认真，不努力，以致有一种说不出的苦闷感，这种情况不是一下子就能改变的，需要不断与他沟通。于是我让他找几张小卡片和他一起在上面分别写上："专心听讲""不要走神儿""少壮不努力，老大徒伤悲"等词句。然后让他把这些小卡片放到自己平时容易看见的地方，如铅笔盒里、书桌前的墙上，或夹在课本里。这样，无论上课听讲还是回家写作业，只要一看到它们，小浩就会产生自我暗示，从而抑制自己的不良行为。

第二个方法是运用代币制。在家长的支持和配合下，我给小浩设计了一套行为价值与报酬计划，目标是上课认真听讲，按时完成作业，学习生活有规律，不良习惯有改进，并据此制定了一个合理的代币交换系统，采用奖券强化法。每天根据小浩的语文、数学、英语等作业情况及行为规范遵守情况，如实地进行评分，换取不同等级的五角星，然后用奖券换取实质性的报酬。如放学后可以玩半小时，晚上可以看一会儿电视、听一段音乐或同意他买一些喜欢的东西等。如果有不合格的行为，即依照规定扣回代币（见下表）。

表一　小浩的行为价值表

序号	学习与守纪情况	获代币
1	按时完成作业，书写端正	小五角星 1 颗
2	上课坐端正听讲，不做小动作、不插嘴	小五角星 1 颗
3	课间文明休息，不奔跑、不打闹	小五角星 1 颗
4	保持座位四周及课桌内外的干净	小五角星 1 颗
5	按时完成、订正作业	中五角星 1 颗
6	数学作业没有错误	大五角星 1 颗
7	英语作业得 A	大五角星 1 颗
8	语文作业得"优"	大五角星 1 颗

（说明：1 颗中五角星换 5 颗小五角星，1 颗大五角星换 10 颗小五角星）

表二　小浩的报酬（代币价值表）

序号	报酬	代币数量
1	选择喜欢的食物	5 颗小五角星
2	放学后玩半小时	5 颗小五角星
3	晚上看一会儿电视	10 颗小五角星
4	星期天和父母一起去公园	15 颗小五角星
5	去同学家玩一次	15 颗小五角星
6	买一样自己喜欢的东西	20 颗小五角星
7	当一次班级小队长	30 颗小五角星
8	远途旅行一次	100 颗小五角星

这样长此以往，他就渐渐养成了集中注意力学习的良好习惯。上课不

但能认真听讲而且还能举手发言，按时完成作业，经常得到老师们的表扬。小浩终于告别了厌学。

特别提示

厌学是在当今中小学生中比较普遍的现象。初看起来，我要做的是对厌学的小浩进行心理辅导，但实践证明，仅仅改变小浩本人是行不通的。小浩厌学只是表面的外显行为和结果，他厌学的真正原因基本是人为因素，而这又是至关重要和环环相扣的：父母以工作为重，对他缺乏关爱；老师滥用惩罚，观念不当；祖父母溺爱，以致学习动力不强；错误的自我认知等。

由此可见，小浩的关键问题是错误的自我认知和不当的家庭教育。应在引导他合理宣泄出苦闷感的基础上，帮助他意识到学习的重要性，逐步端正学习态度，从而能喜欢上学习，建立新的自我意识，最终解决问题。

在辅导方法方面，在辅导过程中基本采用以当事人为中心的辅导方法，用关注、倾听、理解、共情的方法与当事人更好地沟通和交流；同时在一步步建立起信任的基础上给予家庭辅导，解决小浩因家庭原因造成的问题，以减少当事人的压力，从而解开一个又一个系在心底的结；并用自我暗示法和代币制的方法来帮助当事人重新认识自己，树立信心；通过和当事人双方的交流互动，最终促成了问题的解决。

[案例九]

她走出了情绪的低谷

案例介绍

王某，女，13岁，某校初中一年级学生。入学仅两个多月，她情绪低落，上课时注意力不集中，一副无精打采的样子。根据她的叙述，我（编者注：本案例辅导者）了解到她是一个自尊心很强的学生，上小学时学习成绩很好，尤其是英语成绩突出，英语老师对她很偏爱。前几天，年级成立英语小组，她也报了名，并对进入英语小组充满了信心。然而，出乎意料的是，她仅以两分之差未能入选。这一事实令她难以接受，她觉得自己"完了"，进而情绪一落千丈，并出现了睡眠障碍，甚至怀疑老师对她的态度将因此而发生变化。她总感觉同学们暗地里都在嘲笑她，议论她，认为从此以后自己在班里将抬不起头来。根据王某的心理障碍表现，诊断为轻度神经性抑郁症。

原因分析

从王某的叙述中，我还了解到她自幼在学习、生活等方面都非常顺利，没有遇到过什么挫折，一帆风顺的成长环境使她抗挫折能力弱。升入初中后，许多同学都曾是小学时的佼佼者，她的优势已不存在，而她却没有适时进行调整，一旦遭遇挫折就认为自己一切都"完了"。针对这种状况，我决定采取合理性情绪疗法、认知疗法和行为疗法对她给予辅导，以改变她现在的情绪状况，并帮助她预防类似情况的再次出现。

教育对策及建议

1. 运用合理性情绪疗法，帮助王某分析情绪低落的根本原因。

我向她介绍了合理性情绪疗法的原理，告诉她许多人习惯于把自己的不良情绪归结为环境事件，如考试没考好，所以心情烦躁等。而合理性情绪疗法则认为，情绪不是由某一诱发性事件本身直接引起的，而是由经历这一事件的个体对这一事件的解释和评价引起的，而解释与评价则源于人们的信念。

2. 结合实际帮助王某分析产生焦虑情绪的不合理信念。

结合王某的实际情况，我帮助她分析了她的焦虑情绪是由于其不合理信念——即认为"我必须进入英语小组，我不能失败"引起的，而一旦实际情况与这一信念不相符，就产生了自责、焦虑、自卑、猜疑等情绪障碍和失眠症状。接着，我向王某指明产生不合理信念的根本原因是自我期望值过高。在我介绍不合理信念的基本原理及其成因分析的过程中，王某听得非常认真并不住地点头，看来我的"辅导"她是接受的。最后我采用假设最坏可能性的方法,帮助她从"全完了"的不合理的思维方式中走出来,使她认识到最坏的结果不过是没能如愿进入英语小组,这个结果其实并不像想象的那么可怕,那么令人无法接受。因为未能入选英语小组的并非自己一人,更何况名额有限,以后还会有机会的。可见,其内心的恐惧,才是产生一系列情绪障碍的根源。

3. 运用认知疗法帮助王某正确对待挫折,提高承受挫折的能力。

主要包括以下三个步骤:

(1)引导其正视挫折,对挫折有充分的心理准备。让其明白,在人的一生中,挫折是不可避免的,人们所说的"万事如意""心想事成",只是一种美好愿望,现实生活中是很难实现的。我们每个人都必须认识到这一点,有充分的心理准备,才不至于一遇挫折就束手无策。

(2)灵活对待,加以升华。告诉她,当挫折不可避免地降临到自己头上时,切忌惊慌失措,悲观绝望。要保持镇静、理智,坦然正视,冷静思考,找到原因并制定新的对策。同时通过努力,调整策略,加以转移升华,将坏事转化为好事。

(3)及时进行心理调适,减轻心理压力。通过向王某了解这次进入英语小组的同学的情况,使她认识到真正进入英语小组的只是极少数同学,还有大部分同学没有进入英语小组。同时鼓励她肯定自己,认识到自己的优势,并看到今后的目标和希望,使她树立信心,从自卑中走出来,为实现下一个目标而努力。

(4)运用"行为疗法"帮助王某磨炼意志,完善个性,彻底走出情绪低谷。

针对王某的意志力比较薄弱,经不起挫折和失败的弱点,给她布置了一些"心理训练作业"。例如,每天坚持20分钟体育运动,承担一定量的家务劳动等,让她在实践中认识到,不顺利和困难是必然的、经常的,一帆风顺倒是偶然的、少见的。

[案例十]

胖女孩的自我悦纳

案例介绍

以下是一例来信咨询的案例,从主述中可以体会到信中这个胖女孩的烦恼。

某老师:

我是一个胖女孩,这个"胖"字可没少让我流泪。妈妈常常唉声叹气,说我将来要"嫁不出去";同学拿我的"胖"来逗乐子,好像我的身材是他们的笑料似的;其实最不能接受这"胖"的正是我自己。每当我看着身材高挑的时装模特在屏幕中款款走近,或者看到婀娜多姿的舞蹈演员在舞台上翩翩起舞时,我心里总有一种说不尽的酸楚。我怪老天爷不长眼,我怨妈妈没遗传给我好的身材,我恨命运为什么这么不公平。其他的事情可以靠努力去争取,可天生一副胖身材,我想改变也改变不了。14 岁的女孩子谁不爱美?可我却和美绝缘,和一切苗条、修长之类的形容词绝缘,这叫我怎么能不伤心气馁?有时候想想,先天不足,后天设法补,不要为胖而苦恼吧,可我又做不到这么洒脱。尤其当体检要测体重时,我真恨不得让所有的秤都显示不清重量。我真是太不幸了!

原因分析

其实,为长相或身材而自卑的青少年并不少见。自卑就是一种因过度自我否定而产生的自惭形秽的情绪体验。活在自卑的阴影下,会使人丧失信心,悲观失望,不思进取。而且一旦自卑成为习惯,成为一种"我不行"的心理定势,继而会成为人格的一部分,对儿童和青少年的健康成长极为不利。

对长相、身材的关注是青春期孩子的重要特点之一,在自我意识急剧发展分化的少年时期,由于身体的急剧变化和第二性征的出现,少男少女都会对自己的外貌和身材表现出异乎寻常的关心。少年们对自己的容貌仪表的评定非常苛刻,往往以所崇拜的偶像为标准。随着年龄的增长,个体对外表的关心才渐渐降温,转而热衷于探索审视自己的内心世界。

教育对策及建议

1.用"认知领悟法",让女孩坦然地接纳自己。

第一,学会客观、全面地评价自己。通过交流,让她明白"金无足赤,人无完人",每个人都有自己的长处和短处,所以,既不要沾沾自喜,也不要顾影自怜。不要仅盯着自己的短处,要善于挖掘和发展自己的优势,以补偿自己的不足。美不仅仅是外在的、一览无余的,更是内在的,须细细品味的。最经得起时间考验、让人越思考越觉得魅力无穷的,必定是那些秀外慧中,甚至外表并不漂亮、内涵却异常丰富的人物。第二,学会客观地审视美。美确实存在着客观性,花的艳丽人人赞美而毛毛虫的斑斓却让人厌恶。但美又因人的主观审美角度差异而存在差别。既然不同的人对同一审美对象的审美眼光会有很大差别,而且即使是同一个人,随着心境的改变,对某一事物的审美感受也会发生变化,那么就没有必要把别人的或者流行的审美标准当作自己唯一的参照系,而应该拿出更多的自信和自己的审美标准来看待自己的外表、长相。如果能这样去看待诸如个子矮、长得胖、五官不漂亮等等生理状况,自己就会变得乐观开朗起来,接纳不满意的形象也就不那么困难了。

2.正确运用心理防御机制,采用自卑补偿法。

在遇到挫折的时候,从多角度辩证地看问题,形成"合理化认识"。如,当考试考得差时,可以强调考试时临场发挥不好或考试环境不利等其他外在原因,以减轻自身的压力。同时要利用自卑补偿法和转移法等心理防御机制来保持心理完整或平衡,认识到某一方面的缺陷和不足可以通过其他方面的完美和丰富形式来补偿和纠正。如果某方面的不足,是因为自己努力不够而潜力没有充分发挥,那么就以最大的决心和毅力去使缺陷变为完美。如果长相平平,就可以用优异的成绩来补偿;如果学习一般,可以通过训练诸如书法、雕刻、绘画、音乐等特长来获得他人所不及的能力。"失之东隅，收之桑榆"，理智地对待缺陷，寻找合适的补偿目标，从中吸取前进的动力，把自卑转化为一种奋发图强的动力。

3．进行积极的自我暗示，生动地把自己想象成一位征服者和胜利者。

心理学家莫顿曾提出"预言自动实现"的原则，认为人们具有一种自动实现预言的倾向。爱默生也认为，在人们的心灵的眼睛面前长期而稳定地放着一幅自我肖像，人们会与它越来越接近。所以，如果人们把自己想象成胜利者，将带来无法估量的成功。当感到信心不足时，应该给自己进行积极的自我暗示，把"别紧张，我也行""我一定能成功""我的容貌我接受"之类的话写下来，或者大声说出来。

4．建立积极的人际关系。

自卑者大多孤僻、不合群，把自己孤立起来，而积极的人际关系会为他们提供必要的社会支持系统，有利于自身压力的减轻和排除，性格也会变得开朗起来，也就更易于接纳与认可自己。

通过辅导，让信中的这位胖女孩接受这样的理念：如果你很漂亮，你是幸运的，那是老天让你做人间的幸运儿；如果你很丑，你是幸运的，那是老天想让你做社会的主宰。你是独一无二的，你是无与伦比的，请骄傲，请自豪。

第四编　亲子自测量表

　　人贵有自知之明，一个人只有正确了解自己的心理和行为特点，才能在遇到问题时作出正确的判断，采取合理的行动，从而减少失误，趋利避害。家庭教育中的很多问题同样也是由于家长不能科学、正确地认识自己和孩子所致。正确认识自己，一方面需要对自己的思想和行为不断进行检讨和反思，另一方面也可以借助一些科学编制的量表进行测量。本编我们摘录了一些经过科学鉴定或在实践中被广泛应用的测试量表，包括学生测试量表和家长测试量表，分别从个性心理特征、学习状况、社会适应、自我认知以及家庭亲子关系、家教方式等诸多方面，帮助学生和家长正确了解自己，找到相关问题的深层原因，从而在现实中注意纠正和调适，作出适当的心理行为反应，减少问题的产生，使家庭教育更加科学、合理。

一、学生测试量表

[问卷一]

你知道自己的气质类型吗

导语：

下面是一套测试题，可以帮助你了解自己属于哪一种气质类型。请看下列描述，认为很符合自己情况的，计2分；比较符合的，计1分；介于符合与不符合之间的，计0分；比较不符合的，计 −1 分；完全不符合的，计 −2 分。气质类型无所谓好坏之分，所以不用犹豫，可以尽快回答。

描述：

1. 做事力求稳妥，不做无把握的事。
2. 遇到可气的事就怒不可遏，要把心里话全说出来才痛快。
3. 宁可一人干事，不愿很多人在一起。
4. 到一个新环境很快就能适应。
5. 厌恶那些强烈的刺激，如尖叫、噪声、危险镜头等。
6. 和人争吵时，总是先发制人，喜欢挑衅。
7. 喜欢安静的环境。
8. 善于与人交往。
9. 羡慕那种善于克制自己感情的人。
10. 生活有规律，很少违反作息制度。
11. 在多数情况下心态是乐观的。
12. 碰到陌生人觉得很拘束。
13. 遇到令人气愤的事，能很好地自我克制。
14. 做事总是有旺盛的精力。
15. 遇到问题常常举棋不定，优柔寡断。
16. 在人群中从不觉得过分拘束。

17. 情绪高昂时，觉得干什么都有趣；情绪低落时，又觉得什么都没有意思。

18. 常常回忆自己过去的生活。

19. 理解问题总比别人快。

20. 碰到危险情景，常有一种极度恐惧感。

21. 对学习、工作、事业抱有很大热情。

22. 能够长时间做枯燥、单调的工作。

23. 对自己感兴趣的事情，干起来劲头十足，否则就不想干。

24. 一点小事就能引起情绪波动。

25. 讨厌做那种需要耐心细致的工作。

26. 与人交往不卑不亢。

27. 喜欢参加热烈的活动。

28. 爱看感情细腻、描写人物内心世界的文学作品。

29. 工作学习时间长，常感到疲劳。

30. 不喜欢长时间谈论一个问题，愿意实际动手干。

31. 宁愿侃侃而谈，不愿窃窃私语。

32. 别人说我时，我总是闷闷不乐。

33. 理解问题常比别人慢。

34. 疲倦时只要短暂休息就能精神抖擞，重新投入工作。

35. 心里有话时宁愿自己想，不愿说出来。

36. 认准一个目标就希望尽快实现，不达目的，誓不罢休。

37. 学习、工作和别人一样的时间后，常比别人更疲倦。

38. 做事有些莽撞，常常不考虑后果。

39. 听别人讲授新知识、新技术时，总希望他讲慢些，多重复几遍。

40. 能够很快地忘记那些不愉快的事情。

41. 做作业或完成一件工作花的时间总比别人多。

42. 喜欢运动量大的剧烈体育活动，喜欢参加各种文艺活动。

43. 不能很快地把注意力从一件事转移到另一件事上去。

44. 接受一个任务后，就希望迅速完成。

45. 认为墨守成规比冒风险强些。

46. 能够同时注意几件事。

47. 当我烦闷的时候，别人很难使我高兴。

48. 爱看情节起伏跌宕、激动人心的小说。

49. 对工作认真严谨，具有始终如一的态度。

50. 和周围人的关系总是处不好。

51. 喜欢复习学过的知识，重复做已经很熟练的工作。

52. 希望做变化大、花样多的工作。

53. 小时候会背的诗歌，我似乎比别人记得清楚。

54. 别人说我"出语伤人"，可我并不觉得这样。

55. 体育活动中，常因反应慢而落后。

56. 反应敏捷，头脑机智灵活。

57. 喜欢有条理而不麻烦的工作。

58. 兴奋的事常常使我失眠。

59. 老师讲新的概念我常常听不懂，但是弄懂以后就很难忘记。

60. 假如工作枯燥无味，马上会情绪低落。

评析：

将各题得分按下面的题号分类计分，并汇总各类得分。

胆汁质题号：2、6、9、14、17、21、27、31、36、38、42、48、50、54、58

多血质题号：4、8、11、16、19、23、25、29、34、40、44、46、52、56、60

黏液质题号：1、7、10、13、18、22、26、30、33、39、43、45、49、

55、57

抑郁质题号：3、5、12、15、20、24、28、32、35、37、41、47、51、53、59

如果其中一种气质得分明显高出其他三种，均高出4分以上，则可定为该类气质型。如果该类得分在10～20分，则为一般型；如果该类得分超过20分，则为典型型。

如果两种气质类型得分接近，其差异低于3分，而且又明显高于其他两种，高出4分以上，则可定为这两种气质的混合型。

如果三种气质得分均高于第四种，而且接近，则为三种气质的混合型，如多血—胆汁—黏液质混合型，或黏液—多血—抑郁质混合型。

如果四种气质得分相差都在3分以内，则可能你没有如实回答问题，也可能你是四种气质类型的混合型，不过这种情况很少见。

心理学把人的气质分为四种类型：

1．胆汁质：这种人情绪兴奋性高，感情强烈，好动，易于激动；对外界刺激反应快，敏捷，但欠灵活；待人接物热情、果断，意志坚强，外倾性明显；富有精力，办事效率高，但急躁、轻率、冒失、傲慢、鲁莽、刚愎自用。

2．多血质：情绪兴奋性高，对外界刺激反应迅速、灵敏；待人接物热情、主动；乐观、活泼、好动，外倾性明显；事业心强，办事效率高；情绪易变、浮动、急躁、失于轻浮。

3．黏液质：情绪兴奋性低，对外界刺激反应慢，动作迟缓；待人接物稳重、沉着；安详，缄默，情感不外露，内倾性明显；工作效率低，办事按部就班；情绪不易变化，内刚外柔，显得萎靡不振。

4．抑郁质：情绪兴奋性低，对外界刺激反应不强烈，速度慢；待人接物冷淡刻板，孤僻，不灵活，内倾性明显；沉溺于内心体验，办事效率低；与世无争，落落寡合。

[问卷二]
你知道自己的性格倾向吗

导语：

心理学认为，正像中国一句俗语"人心不同，各如其面"所说的那样，现实生活中每个人都有自己的性格。性格的分类方法有多种，目前为大多数心理学家所赞同的一种分类方法是根据个人的心理活动倾向性来进行划分的。有些人心理活动明显表露在外，即倾向于外部世界，这些人被称为性格外向者；有些人的心理活动很隐蔽、含蓄，即倾向于内部世界，这些人被称为性格内向者。在人群中，极端的外向型性格和极端的内向型性格很少见，大部分人属于中间类型即性格兼有部分外向型和部分内向型的特点，或者属于偏外向型或偏内向型性格。

如果你想了解自己的性格究竟属于哪一种类型，自己的外向性或内向性究竟达到什么程度，请进行下述"性格类型自测"。本测验共有50道题，请根据自己的实际情况作出回答。符合的，则把该描述后面的"是"圈起来；难以回答的，则把"？"圈起来；不符合的，则把"否"圈起来。

描述：

1. 我与观点不同的人也能友好往来。　　　　　　　　　是　？　否
2. 我读书较慢，力求完全看懂。　　　　　　　　　　　是　？　否
3. 我做事较快，但较粗心。　　　　　　　　　　　　　是　？　否
4. 我经常分析自己，研究自己。　　　　　　　　　　　是　？　否
5. 生气时，我总不加抑制地把怒气发泄出来。　　　　　是　？　否
6. 在人多的场合我总是力求不引人注意。　　　　　　　是　？　否
7. 我不喜欢写日记。　　　　　　　　　　　　　　　　是　？　否
8. 我待人总是很小心。　　　　　　　　　　　　　　　是　？　否
9. 我是个不拘小节的人。　　　　　　　　　　　　　　是　？　否
10. 我不敢在众人面前发表演说。　　　　　　　　　　是　？　否

11. 我能够做好领导团体的工作。　　　　　　　　是 ? 否
12. 我常会猜疑别人。　　　　　　　　　　　　　是 ? 否
13. 受到表扬后我会工作得更努力。　　　　　　　是 ? 否
14. 我希望过平静、轻松的生活。　　　　　　　　是 ? 否
15. 我从不考虑自己几年后的事情。　　　　　　　是 ? 否
16. 我常会一个人想入非非。　　　　　　　　　　是 ? 否
17. 我喜欢经常变换学习或工作内容。　　　　　　是 ? 否
18. 我常常回忆自己过去的生活。　　　　　　　　是 ? 否
19. 我很喜欢参加集体娱乐活动。　　　　　　　　是 ? 否
20. 我总是三思而后行。　　　　　　　　　　　　是 ? 否
21. 花钱时我从不精打细算。　　　　　　　　　　是 ? 否
22. 我讨厌在我学习或工作时有人在旁边观看。　　是 ? 否
23. 我始终以乐观的态度对待人生。　　　　　　　是 ? 否
24. 我总是独立思考、回答问题。　　　　　　　　是 ? 否
25. 我不怕应付麻烦的事情。　　　　　　　　　　是 ? 否
26. 对陌生人我从不轻易相信。　　　　　　　　　是 ? 否
27. 我几乎从不主动制订学习或工作计划。　　　　是 ? 否
28. 我不善于结交朋友。　　　　　　　　　　　　是 ? 否
29. 我的意见和观点常会发生变化。　　　　　　　是 ? 否
30. 我很注意交通安全。　　　　　　　　　　　　是 ? 否
31. 我肚子里有话藏不住，总想对人说出来。　　　是 ? 否
32. 我常有自卑感。　　　　　　　　　　　　　　是 ? 否
33. 我不大注意自己的服装是否整洁。　　　　　　是 ? 否
34. 我很关心别人会对我有什么看法。　　　　　　是 ? 否
35. 和别人在一起时，我的话总比别人多。　　　　是 ? 否
36. 我喜欢独自一个人在房内休息。　　　　　　　是 ? 否

37. 我的情绪很容易波动。　　　　　　　　　　　　　是　？　否
38. 看到房间里杂乱无章，我就静不下心来。　　　　是　？　否
39. 遇到不懂的问题我就去问别人。　　　　　　　　　是　？　否
40. 旁边若有说话声或广播声，我就无法静下心来学习。　是　？　否
41. 我的口头表达能力还不错。　　　　　　　　　　　是　？　否
42. 我是个沉默寡言的人。　　　　　　　　　　　　　是　？　否
43. 在一个新环境里我很快就能熟悉了。　　　　　　　是　？　否
44. 要我同陌生人打交道，我常感到为难。　　　　　　是　？　否
45. 我常会过高地估计自己的能力。　　　　　　　　　是　？　否
46. 遭到失败后我总是忘却不了。　　　　　　　　　　是　？　否
47. 我感到脚踏实地地干比探索理论原理更重要。　　　是　？　否
48. 我很注意同伴们的学习或工作成绩。　　　　　　　是　？　否
49. 比起读小说和看电影来，我更喜欢郊游和跳舞。　　是　？　否
50. 买东西时，我常常犹豫不决。　　　　　　　　　　是　？　否

评析：

　　题号为单数的题目，每圈一个"是"计 2 分，每圈一个"？"计 1 分，每圈一个"否"计 0 分。题号为双数的题目，每圈一个"否"计 2 分，每圈一个"？"计 1 分，每圈一个"是"计 0 分。最后将各道题的分数相加，其和即为你的性格倾向性指数。性格倾向性指数在 0 与 100 间。由性格倾向性指数的数值可以了解自己性格的内向或外向程度。

　　　　0 ～ 19 分　　　　　　内向型
　　　　20 ～ 39 分　　　　　 偏内向型
　　　　40 ～ 59 分　　　　　 中间型（混合型）
　　　　60 ～ 79 分　　　　　 偏外向型
　　　　80 ～ 100 分　　　　　外向型

心理学认为，很难说哪一种性格倾向性更好些，外向型、内向型、中间型都各有利弊。重要的是我们在工作和学习中应根据自己的性格倾向性来选择效率较高的工作方法和学习方法，在可能的条件下还应该根据自己的性格倾向性来选择自己最容易适应的职业。例如，性格外向的人适合于需要经常与人打交道、工作内容变化多的工作岗位，如记者、外交人员、教师、律师、营业员、导游、供销员、口头翻译人员、演员等，而不适合于从事工作单一、需要独自一个人进行的工作。反之，性格内向的人则适合于不需要经常与陌生人打交道和工作内容变化不多的工作岗位，如自然科学工作者、工程和机械设计人员、会计、画家、图书管理员、仓库保管员、书面翻译人员、绘图员、计算机工作人员、打字员、机械操作工等，一般不适合从事需要广泛进行人际交往的工作。

[问卷三]

你的人际环境适应能力如何

导语：

对环境的适应，最主要的是对人际环境的适应。你的人际环境适应能力如何？请你看看下面的描述与自己的情况是否相符，在后面记"是"或"否"。

描述：

1. 认为世界上怪人多得是，一概不予理睬。
2. 别人交谈时总忍不住想插言。
3. 总是主动向人问好。
4. 遭人指责时，首先想到的是"讨厌"。
5. 不能确切表达自己的意思，容易受人误解。
6. 对他人某些奇特的举动能够理解。
7. 不愿跟与自己不合的人交往。

8. 在家里说话通常得不到父母的重视。

9. 好奇心强，兴趣广泛。

10. 遇到困难时常常一筹莫展。

11. 与同性交往时应付自如，而对异性的想法则茫然无知。

12. 即使走投无路也决不绝望。

13. 看到别人的不良嗜好就想加以制止。

14. 很少知道别人在想什么。

15. 听别人说话时常会受到启发。

16. 听天由命胜于一切。

17. 相信有了好条件就能学习好。

18. 如因某种原因只剩下孤身一人，仍会满怀信心生活下去。

19. 自认命途多舛，反抗是无用的。

20. 觉得不论跟谁交谈都没有用，干脆闭口无言。

21. 善解应用题，长于智力游戏。

22. 听别人自我吹嘘会觉得无聊。

23. 对方动气时，自己也会恼火。

24. 决定要干的事，不获成功决不罢休。

25. 认为父母为子女操劳是天经地义的事，不必感恩。

26. 对于失败总是难以释怀。

27. 十分清楚父母对自己的期望。

28. 因为缺乏自信，很少能接受别人的建议。

29. 认为与人交谈等于对牛弹琴，还不如不费口舌。

30. 对别人的服装、发型总是很留意。

31. 有时觉得活着没有意思。

32. 生气时会揭人之短。

33. 对周围环境的变化很敏感。

34. 总觉得时间不够用。

35. 不管别人说什么，都我行我素。

36. 看电影或电视剧时，常会感动得落泪。

37. 希望到一个荒无人烟的地方去。

38. 父母为自己包办一切时会感到心安理得。

39. 有时想说什么，但考虑到对方的情绪，会欲言又止。

40. 对那些貌似幸福的人十分羡慕。每天都好像是在别人的操纵下生活。

41. 再忙也不会乱了阵脚。

42. 认为自己的人生属于自己，不容他人指手画脚。

43. 对家里人的想法漠不关心。

44. 认为人的言行都是有目的的，不能只从表面理解。

45. 认为不同代的人想法也不一样，因而寻求共同语言只能是徒劳。

46. 认为对"好""坏"如不严加区分，便会一事无成。

47. 同一个人，立场不同时所讲的话自然就不同。

48. 做事比较盲目，常常不计后果。

49. 即使想学习，也集中不了精力。

50. 对与自己关系亲密的人的兴趣和爱好十分熟悉。

51. 把不能充分发挥自己才能的原因归咎于环境。

52. 常常会有不愉快的想法。

53. 独立性强，有主见。

55. 和朋友相比，总有种吃亏的感觉。

56. 觉得虽然自己很有才能，却得不到承认。

57. 必要时可以结交新朋友。

58. 与人交谈时常会因话不投机而出现冷场。

59. 认为想干的事不能干，是因为父母不理解自己。

60.人在幸福的时候对谁都充满好意。

评析：

在 3、6、9、12、15、18、21、24、27、30、33、36、39、42、45、48、51、54、57、60题后面填"是"者得1分，填"否"者不得分；其余各题正好相反，填"否"者得1分，填"是"者不得分。而后计算总分，满分60分。

50分以上：

说明你的人际环境适应能力很强，请注意发挥你的优势。

30～50分：

说明你的人际环境适应能力属于中等情况，不用为此担忧，在生活中注意强化就是了。

30分以下：

说明你的人际环境适应能力较弱，在生活中需要注意提高自己的适应水平。

[问卷四]

你的人际交往能力如何

导语：

下面是一组关于人际交往能力的自测题目，共有30条描述，你可以按照自己的符合程度进行打分。凡符合者打2分，基本符合者打1分，难于判断者打0分，基本不符合者打-1分，完全不符合者打-2分。

描述：

1.我去朋友家做客，首先要问有没有不熟悉的人也出席；如有，我的热情就明显下降。

2.我看见陌生人常常觉得无话可说。

3.在陌生的异性面前，我常感到手足无措。

4. 我不喜欢在大庭广众下讲话。

5. 我的文字表达能力远比口头表达能力强。

6. 在公众场合讲话，我不敢看听众的眼睛。

7. 我不喜欢广交朋友。

8. 我要好的朋友很少。

9. 我只喜欢与同我谈得来的人接近。

10. 到一个新环境，我可以接连好几天不讲话。

11. 如果没有熟人在场，我会感到很难找到交谈的话题。

12. 如果要在"主持会议"与"做会议记录"这两项工作中挑一样，我肯定是挑选后者。

13. 参加一次新的集会，我不会结识多少人。

14. 别人请求我帮助而我无法满足对方要求时，我常感到难以处理。

15. 不是万不得已，我决不求助于人，这倒不是因为我个性好强，而是因为我感到很难对人开口。

16. 我很少主动到同学、朋友家串门。

17. 我不习惯和别人聊天。

18. 领导、老师在场时，我讲话会特别紧张。

19. 我不善于说服人，尽管有时我觉得自己的观点很有道理。

20. 有人对我不友好时，我常常想不出恰当的对策。

21. 我不知道怎样同嫉妒我的人相处。

22. 我同别人发展友谊，多数是别人采取主动态度。

23. 我最怕在社交场合中碰到令人尴尬的事情。

24. 我不善于赞美别人，感到很难把话说得自然、亲切。

25. 别人话中带刺揶揄我，除了生气外，我别无他法。

26. 我最怕做接待工作和同陌生人打交道。

27. 参加集会，我总是坐在熟人旁边。

28. 我的朋友都是同我年龄相仿的。

29. 我几乎没有异性朋友。

30. 我不喜欢与地位比我高的人交往,在这种交往中我感到很拘束,很不自由。

评析:

计算出总得分,得分越低,说明你的人际交往能力越强。

如果得分低于 −20 分,那么应当祝贺你,你是一个比较善于进行人际交往的人;

如果得分在 −20 ~ 0 分之间,意味着你的人际交往能力还可以;

如果得分在 0 ~ 30 分之间,说明你的人际交往能力较弱;

如果得分在 30 分以上,那么应该承认,你的人际交往能力是相当弱的。

[问卷五]

你的意志坚强吗

导语:

你的意志坚强吗?请你不要急着自我评断,还是先进行一下自我测试吧!下面的 20 道题,请你逐题读一读,然后在题后的五种答案中选择一种(只能选择一种),在选择的答案下面画"√"。

题目:

1. 我很喜爱长跑、远途旅行、爬山等体育运动,这并不是因为我的身体条件适合这些项目,而是因为它们能使我更有毅力。(很同意 比较同意 可否之间 不大同意 不同意)

2. 我给自己制订的计划常常因为主观原因不能如期完成。(这种情况很多 较多 不多不少 较少 没有)

3. 如没有特殊原因,我能每天按时起床,不睡懒觉。(很同意 较同意 可否之间 不大同意 不同意)

4.制订的计划应该有一定的灵活性。如果完成计划有困难,随时可以改变或取消它。(很同意 较同意 无所谓 不大同意 反对)

5.在学习和娱乐发生冲突的时候,哪怕这种娱乐活动再有吸引力,我也会选择学习。(经常如此 较经常 时有时无 较少如此 不如此)

6.在学习或生活中遇到困难的时候,最好的办法是立即向师长、同学求援。(同意 较同意 无所谓 不大同意 反对)

7.在练长跑时遇到生理反应,觉得跑不动时,我常咬紧牙关,坚持到底。(经常如此 较常如此 时有时无 较少如此 不如此)

8.我常因读一本引人入胜的小说而无法按时睡觉。(经常如此 较常如此 时有时无 较少如此 不如此)

9.我在做一件应该做的事之前,常能想到做与不做的好坏结果,而有目的地去做。(经常如此 较常如此 时有时无 较少如此 不如此)

10.如果对一件事不感兴趣,那么不管它是什么事,我的积极性都不高。(经常如此 较常如此 时有时无 较少如此 不如此)

11.当我同时面临一件愿意做的事和一件不愿做却吸引我的事时,我内心常常经过激烈的思想斗争,使前者占上风。(是 有时是 是与非之间 很少这样 不是)

12.有时我躺在床上,下决心第二天要干一件重要的事情(例如突击学一下外语),但到第二天,这种劲头却消失了。(常有 较常有 时有时无 较少有 没有)

13.我能长时间做一件重要但枯燥无味的事情。(是 有时是 是与非之间 很少这样 不是)

14.生活中遇到复杂情况时,我常常优柔寡断,举棋不定。(常有 有时有 时有时无 很少有 没有)

15.做一件事之前,我首先想的是它的重要性,其次才想它是否使我感兴趣。(是 有时是 是与非之间 很少是 不是)

16. 我遇到困难时，常常希望别人都我拿主意。（是　有时是　是与非之间　很少是　不是）

17. 我决定做一件事时，常常说干就干，决不拖延或让它落空。（是　有时是　是与非之间　很少是　不是）

18. 在和别人争吵时，虽然明知不对，我却忍不住说一些过头话，甚至会骂别人几句。（时常有　有时有　有时无　很少有　没有）

19. 我希望做一个坚强的有毅力的人，因为我深信"有志者，事竟成"。（是　有时是　是与非之间　很少是　不是）

20. 我相信机遇，好多事实证明，机遇的作用有时大大超过个人的努力。（是　有时是　是与非之间　很少是　不是）

评析：

计分方法：单序号每题后面的五种回答，从第一到第五种依次计5、4、3、2、1分，双序号每题后五种回答依次计1、2、3、4、5分。然后计算总分。

81～100分，你的意志很坚强；61～80分，你的意志较坚强；41～60分，你的意志品质一般；21～40分，你的意志较薄弱；0分，你的意志很薄弱。

人的意志是靠后天的锻炼培养而形成的。如果你的意志不够坚强，如果你不甘愿软弱，那么就行动起来吧！在生活中积极磨炼自己，你也会成为意志坚强的人。

[问卷六]

你有"考试焦虑症"吗

导语：

面临大考，常常有同学说自己患了"考试焦虑症"。其实，人的感觉常常并不准确。不信，请你进行下面的自我测试。阅读下面的描述，请根据你自己的实际情况，在题目后面记一个相应的字母，很符合自己情况的记 A，比较符合自己情况的记 B，不大符合自己情况的记 C，很不符合自己情况的记 D。

描述：

1. 在重要考试的前几天，我坐立不安。
2. 临近考试时，我会拉肚子。
3. 一想到考试，我身体就发僵。
4. 在考试前，我感到苦恼。
5. 在考试前，我感到烦躁，脾气变坏。
6. 在紧张的复习期间，我常会想：这次考试要是得分不高怎么办？
7. 越临近考试，我的注意力越难集中。
8. 一想到马上就要考试了，我参加任何文娱活动都没劲。
9. 在考试前，我总预感到这次考试将要考坏。
10. 在考试前，我常做关于考试的梦。
11. 到了考试那天，我就不安起来。
12. 考试的铃声一响，我的心马上紧张得像要跳出来。
13. 遇到重要考试，我的脑子就显得比平时迟钝。
14. 看到考试题目越多、越难，我越感到不安。
15. 在考试中，我的手变得冰凉。
16. 在考试时，我感到十分紧张。
17. 一遇到难的考试，我就担心自己不及格。
18. 在紧张的考试中，我会想起与考试无关的事情，注意力集中不起来。
19. 在考试时，我会紧张得连平时记得滚瓜烂熟的知识也回忆不起来。
20. 在考试时，我会沉迷于空想之中，一时忘了自己在考试。
21. 在考试中，我想上厕所的次数比平时要多些。
22. 考试时，即使不热，我也会浑身出汗。
23. 在考试时，我紧张得手发僵，写字不流畅。

24. 考试时，我经常会看错题目。

25. 在进行重要的考试时，我的头就会痛起来。

26. 发现剩下的时间来不及做完全部考题，我就急得手足无措，浑身冒汗。

27. 如果考试得分不高，家长或教师会严厉地指责我。

28. 在考试后，发现能做对的题没有答对时，我就十分生自己的气。

29. 有几次，在重要的考试之后，我腹泻了。

30. 我对考试十分厌烦。

31. 要是考试不计成绩，我就喜欢考试。

32. 我觉得考试不应该在这样紧张的状态下进行。

33. 要是不进行考试，我就能学到更多的知识。

评析：

统计你所记各个字母的数量，A 得 3 分，B 得 2 分，C 得 1 分，D 得 0 分。然后相加算出你的总得分。

总分在 0~24 分之间属于镇定水平，说明你总是以较为轻松的态度对待考试。但如果你的总分过低，说明你对考试采取了过于不在乎的态度，这也是需要改变的。

总分在 25~49 分之间属于轻度焦虑水平，说明你面对考试时心情较激动，有点紧张不安。但不必担心，这属于正常的应试状态。低水平的焦虑说明你的脑细胞已兴奋起来，准备进行或正进行高效率的工作。事实上，轻度的焦虑感有助于考试成绩的提高。

总分在 50~74 分之间属于中度焦虑水平，说明你面对考试时心情过于激动，有些过于紧张不安。以这样的紧张心情去参加考试，不利于反映出你的实际水平。这时注意调节一下自己的心态，降低一下自己的焦虑水平就是了。

总分在 75~99 分之间属于重度焦虑水平，必须引起足够的重视。因为你已患上了"考试焦虑症",它会导致你考试失败,学习难以正常进行,心理健康水平也大为降低。因此,你应找心理咨询人员咨询,以便采取措施加以治疗。

相信自测之后,很多同学会发现过去有点自己吓唬自己了。因为,心理学的研究表明,属于最后一种情况的学生只有很少一部分。

[问卷七]

你有学习疲劳的表现吗

导语:

这是一项"学习疲劳自我检查"测试,可以帮助你了解自己是否有学习疲劳的情况,以便及时进行调节。请按照你的实际情况回答"是"或"否"。

描述:

1. 早上起来感到精神焕发。
2. 如果骑车上学,会感到骑车没力气。
3. 上楼梯非常轻松。
4. 不愿与老师或同学见面、交谈。
5. 写作文很顺利。
6. 说话啰唆,连不成句。
7. 对别人的课堂发言很关注。
8. 不知不觉喜欢用两手托着下巴靠在桌子上。
9. 学习时不需要喝茶等提神的饮料。
10. 不想吃油腻的东西。
11. 很少打哈欠。
12. 眼睛总像睁不开似的。
13. 对同学的电话号码总是记得非常清楚。
14. 体重不知不觉地下降了。

15. 很少拉肚子或头痛。

16. 经常难以入睡。

评析：

第1、3、5、7、9、11、13、15题，回答"否"则加1分，否则不加分；第2、4、6、8、10、12、14、16题，回答"是"则加1分，否则不加分。

如果你的得分低于2分，那么，说明你的学习压力较小，没有学习疲劳的现象；如果你的得分在3～5分之间，那么，说明你有轻微的学习疲劳；如果你的得分在10分以上，说明你有严重的学习疲劳，应该引起足够的重视。

[问卷八]

你的考试技能如何

导语：

你的考试技能如何？想了解吗？请用"是"或"否"回答下面的题目。（答案无对错之分，回答时只要客观地判断与自己的情况是否符合即可。）

描述：

1. 直到考试之前的几个晚上，我才对需复习的大部分功课进行突击复习。

2. 考试前几天，我总是会变得紧张、不安，或由于某些其他原因而难以集中精力学习。

3. 在考试前，我会阅读一些关于如何应对考试的书或材料。

4. 在考试之前，我常把考试题整体浏览一下，再开始答题。

5. 考试期间我感到紧张不安时，就会想到这次考试自己肯定考不好。

6. 我喜欢从答卷的第一题开始做起，直到最后一题。

7. 我总在考试的前一天把考试所需要的文具准备好。

8. 考试时，遇见不会的难题，我常常不知不觉地在这道题目上花去很多时间。

9. 考试的头一天晚上我会保持充足的睡眠。

10. 如果考试前一天不清楚考试安排，我会及时与教师或同学联系，把情况问清楚。

评析：

第3、4、7、9、10题回答"是"，加1分，否则不加分；第1、2、5、6、8题回答"否"，加1分，否则不加分。

如果你的总分在6分以上，说明你具有比较好的考试技能；如果你的总分在6分以下，那么说明你的考试技能需要提高了。

[问卷九]
你与老师相处得如何

导语：

下面的20个问题会帮助你检查这方面的能力，以便了解自己的师生关系处理得怎么样。对每一条描述请如实选择"是"或"否"，然后对照计分标准计分。

描述：

1. 你是否能在老师没有提出要求的情况下主动表达自己的观点？
2. 你是否认为你可以成为老师的好助手？
3. 你是否认为远离老师是一种享受？
4. 你在学习上遇到困难时，喜欢找老师帮助解决吗？
5. 你喜欢与老师合作吗？
6. 你是否喜欢与老师谈论自己的抱负和理想？
7. 你是否经常向老师提问？
8. 你觉得自己与老师交往过程中具有独立性吗？
9. 当你向老师讲述一件事情时，老师会不会认真听？

10. 你会在教师节向老师问候或送贺卡吗？

11. 你是否经常在老师面前感到不自然？

12. 老师是否经常催促你做事情？

13. 你是否从内心中喜欢与老师交往？

14. 你是否从来不敢与老师开玩笑？

15. 你讨厌与老师在一起吗？

16. 老师会表扬或赞美你吗？

17. 你会对老师的态度感到生气吗？

18. 你是否觉得老师很无聊？

19. 你对答应老师去做的事情会漫不经心吗？

20. 你经常对老师感到失望吗？

评析：

第1、2、4、5、6、7、8、9、10、13、16题，回答"是"，加1分，否则不加分；第3、11、12、14、15、17、18、19、20题，回答"否"加1分，否则不加分。

16～20分，师生关系非常好；

12～15分，师生关系不错；

8～11分，师生关系不太好；

7分以下，师生关系不好，需要积极改善。

[问卷十]

你感到孤独吗

导语：

请根据以下每个句子是否准确地描述了你的情况，在每一条描述的后面写出"是"或"否"。如果是你目前还没有碰到过的情况，就答"否"。

描述：

1. 我对家人感觉很亲近。

2. 我有一位能与其讨论我的重要问题和烦恼的朋友。

3. 生活中，我觉得在自己参与的团体中，我与团体中的其他成员没有多少共同点。

4. 我很少与家人接触。

5. 我与家人相处得不好。

6. 我与朋友之间能很友好地合作。

7. 我与家人的关系不错。

8. 我认为当有需要时，我不可能向周围的朋友求助，我所在的团体中也没有人关心我。

9. 我会主动与朋友亲近。

10. 从朋友那里我很少得到所需要的安全感。

11. 我对所在的团体及学校有归属感。

12. 在我所读的学校中，我没有很多的朋友。

13. 当我需要时，没有任何同学会帮助我。

14. 我从朋友那里能得到许多帮助和支持。

15. 我的家人很少真正听我说话。

16. 只有少数朋友能够真正地理解我。

17. 当我有麻烦时，我的好朋友能感觉到并鼓励我说出来。

18. 我觉得在目前的朋友关系中自己有价值并被尊重。

19. 我知道周围的人谁能理解我以及能分享我的观点和信念。

评析：

第1、2、6、7、10、12、15、18、19、20题，回答"否"，加1分，否则不加分；第3、4、5、8、9、11、13、14、16、17题，回答"是"，加1分，否则不加分。

如果你的得分在 12 分以上，表明你经常感觉到孤独。得分越高，意味着你的孤独程度可能越高。

[问卷十一]

你是否有自卑倾向

导语：

下面这份量表有助于你了解自己是否存在明显的自卑感及造成自卑的主要根源。请根据自己的情况选择答案。

题目：

1. 早晨，照镜子之后的第一个念头是什么？

A. 再漂亮一点就好了。

B. 想精心打扮一下。

C. 别无他想，毫不在意。

2. 看到最近拍的照片你有何想法？

A. 不称心。

B. 拍得一般。

C. 挺不错的。

3. 你觉得周围的人欢迎你吗？

A. 没有人欢迎我。

B. 偶尔有。

C. 常有。

4. 你经常被别人挖苦吗？

A. 经常有。

B. 偶尔有。

C. 几乎没有。

5. 体育运动过后，有过自己"反正不行"的想法吗？

A. 经常有。

B. 偶尔有。

C. 没有过。

6. 你有过在某件事上自己不如他人的想法吗?

A. 经常有。

B. 有时有。

C. 从来没有。

7. 如果你所喜欢的同学与其他人更亲近,你怎么办?

A. 灰心丧气,以后竭力避开那位同学。

B. 跟那位同学公开或暗地里展开竞争。

C. 毫不在乎,一如往常。

8. 碰到讨厌之事怎么办?

A. 陷入深深的烦恼中。

B. 玩乐时就忘却了。

C. 向朋友或父母诉说。

9. 当被别人称作"不知趣的人"或者"蠢东西"时,你怎么办?

A. 因心中感到不好受而流泪。

B. 我回敬他:"笨蛋!没教养的!"

C. 坦然面对。

10. 考试没有考出好成绩时,你会:

A. 感到自己不行,只好认输。

B. 在其他事情上寻找成功。

C. 尽管如此还是继续挑战,不断努力。

评析:

选择 A,加 1 分;选择 B,加 2 分;选择 C,加 3 分。

如果你的总分在 12 分以下,那么,你可能是一个比较自卑的人。

注：以上量表，分别转引自郑日昌主编《中学生心理诊断》（山东教育出版社，1994年版）、赵然主编《学会做人》（中国工人出版社2004年版）、马志国著《男孩心、女孩心》（海天出版社，2001年版）、陈胜良主编《认识你自己》（浙江人民出版社，1999年版），有改动。

二、家长测试量表

[问卷一]
你家人的心理亲和度怎么样

导语：

家人心理亲和度是家庭心理气氛的晴雨表。你家庭中的亲和度怎么样？请就下面的10个题目，想想自己家里的实际情况，在备选答案的前面选择一项适合的，当觉得无法分辨时，请选择最相近的一项。

问题：

1. 家人经常在一起玩游戏吗？

A. 经常一起玩。

B. 有时一起玩。

C. 很少一起玩。

D. 从来不一起玩。

2. 家人经常一同外出吃饭吗？

A. 经常去。

B. 有时去。

C. 很少去。

D. 从来不去。

3. 家人一起外出旅游吗？

A. 孩子放假时必定去。

B. 暑假或过年时去。

C. 至少是暑假时去。

D. 从来不去。

4. 家人共同分担家务吗?

A. 不管做什么事全家人都同心协力去完成。

B. 不刻意分派家务,但全家人都同心协力去完成。

C. 大致上分派家务,但家人却不遵守。

D. 似乎所有的家务都让母亲做。

5. 全家人一起吃饭吗?

A. 经常全家人一起吃。

B. 尽可能全家人一起吃。

C. 有时全家人一起吃。

D. 大部分时间各自吃。

6. 父母与孩子经常谈心吗?

A. 经常谈心。

B. 很少谈心。

C. 几乎没有。

D. 觉得最好不要谈心。

7. 家人经常聚在一起吗?

A. 经常聚在一起。

B. 晚饭后尽可能聚在一起。

C. 有特别的话题时才聚在一起。

D. 不常聚在一起。

8. 孩子回家后会讲学校里发生的趣事吗?

A. 即使父母不问也会主动讲。

B. 如果父母问就讲。

C. 很少讲。

D. 父母不问，孩子也不讲。

9. 晚饭后家人经常做什么？

A. 家人在一起喝茶聊天。

B. 全家都忙收拾餐桌。

C. 全家一起看电视。

D. 各自回自己的房间。

10. 如何庆祝家人的生日？

A. 全家一起高兴地庆祝生日。

B. 吃比平常高档的食物。

C. 不特别注意生日这件事。

D. 忘记的时候比较多。

评析：

上面各题的答案，A 计 4 分，B 计 3 分，C 计 2 分，D 计 1 分，计算所得总分，看你们的家庭属于哪种情况。

34 分以上，家人心理亲和度非常高：

在家里，全家人都很团结，不管做什么事都能同心协力完成。在互不隐瞒和无所不谈的气氛中，全家人感到悠闲快乐。在这种环境中长大的孩子，一定能充分发展其个性。但是孩子随着年龄的增长，会渐渐跟父母疏远，父母必须注意维持亲子间的沟通，才能使和谐的家庭气氛长久地持续下去。

33～26 分，家人心理亲和度很高：

你的家人，在平常保持着相当平稳的亲密关系，一旦有突发事件，就能立刻紧密地团结在一起。特别是当全家一起旅游时，很少出现单独行动的情形。在这种气氛中，亲子间的沟通也不会有障碍。但是，对家事的分担等方面还有待加强同心协力的态度。

25～18分，家人心理亲和度欠佳：

你的家人有自扫门前雪的倾向，相当不容易团结在一起。如果全家人无法团结协作的话，对孩子而言，其既无法感受到家庭和谐的气氛，也容易渐渐产生以自我为中心的倾向。

17分以下，家人心理亲和度非常低：

你的家庭在"各自为政"的气氛下，家中的每个成员都缺少向心力，同时各自又会感到寂寞。这对孩子而言，绝非和谐的气氛。请增加全家人谈话的机会，互相协助做家务，享受一同外出吃饭的乐趣，如此等等都是增加家人心理亲和度、改善家庭气氛的措施。

[问卷二]

你与孩子沟通得好吗

导语：

从家庭的日常生活中父母和孩子之间对话的情况，可以测试家庭亲子沟通情况。父母可以请孩子针对下面的问题考虑自己与父母沟通的实际情形，从备选答案中选择一项合适的，以根据测试结果对以后的行为作出调整。

题目：

1. 起床后或睡觉前你与父母会相互问候吗？

A. 每天一定问候。

B. 有时问候，有时不问候。

C. 几乎从不问候。

2. 上学离家之前，你对父母说"我走了"或"我上学去了"这样的话吗？

A. 每天早上出门前一定会说。

B. 时间紧的时候就不说了。

C. 几乎什么也不说就出门了。

3. 放学回家时你会对父母说"我回来了"一类的话吗?

A. 一定会说"我回来了"。

B. 时间紧的时候就不说。

C. 什么话都不说就进自己房间。

4. 你问父母有关功课的事情时,他们怎么对待?

A. 一定当场回答。

B. 忙的时候等一下回答。

C. 大部分都说问你的老师去。

5. 吃饭时父母会问你在学校发生的事吗?

A. 每天一定问。

B. 有时问,有时不问。

C. 因为不想说话所以不问。

6. 你与父母吵架之后第二天情形如何?

A. 第二天没有再吵,气氛很快会轻松起来。

B. 有时第二天都还在生气。

C. 继续吵架。

7. 吃饭前后说"吃饭了""吃饱了"一类的话吗?

A. 一定说。

B. 有时说,有时不说。

C. 几乎从不说。

8. 你觉得饭好吃时会说"好吃"吗?

A. 一定很高兴地说。

B. 有时会说,对不好吃的东西也会说"难吃"。

C. 几乎从不说"好吃""不好吃"。

9. 父母临时有事外出时怎么办?

A. 留张纸条说明有事出去。

B. 回来之后再解释。

C. 什么都不说就出去。

10. 你回家后有事不说时，父母会注意到你神色不对吗？

A. 只要一看脸色就知道跟平常不一样。

B. 有时会觉得脸色不一样。

C. 从来注意不到这类事情。

评析：

上面各题的答案，A 计 3 分，B 计 2 分，C 计 1 分。

总分在 26 分以上，说明沟通状况良好：

这样的家庭在日常生活中亲子经常互通信息，沟通状况非常好，以日常问候为开端，轻松地谈话，孩子把父母当作倾吐烦恼的对象，家庭中充满明朗舒适的气氛。但孩子到青春期时也许会变得不喜欢说话，父母应注意保持沟通。

总分在 15～25 分，说明沟通状况一般：

这样的家庭中家庭成员对日常生活的问候语并不十分在意，亲子间不算特别密切，孩子不会主动找话说，也不是完全不沟通，只是缺乏主动交谈，不能做到畅所欲言。父母如果引导孩子从日常的问候语开始，增进彼此的沟通，会使家庭氛围更和谐、更温馨。

总分在 14 分以下，说明沟通状况欠佳：

这样的家庭中家庭成员连日常生活中一些简单的问候都没有，更何况亲子间的对话呢？因为沟通欠佳，父母常有"不知道孩子在想什么"的烦恼。因此，当务之急就是父母应多付出努力来关心孩子，可以从小小的一句问候语开始，与孩子进行沟通，以密切已经疏远的亲子关系。

[问卷三]

父母教养方式测查

导语：

家庭的教育职能主要体现在家庭核心成员——父母亲对子女的教育方式上。在个体发展的历程中，父母管教子女的态度与方式，不仅塑造了子女的性格，建立了子女的行为模式，而且也影响到子女对生活的适应性。这种影响并非单纯的，而是一个复杂的过程。它是父母对待子女的态度，经由亲子间的互动关系，使子女产生某些行为的动态过程。双亲对待子女的态度良好，适合子女的人格、类型、性别、年龄等，则子女会有良好的反应；反之，不良的教育方式，如常常过于责备、打骂、体罚、溺爱等，不仅不能帮助子女增强判断是非的能力，反而会给其造成强烈的挫败感，从而导致子女产生一系列不良行为，与家长对立，难以接受教育和指导。

父母的不良教养方式可分为六类：拒绝型、严格型、溺爱型、期待型、矛盾型和分歧型。

父母要想了解自己对孩子的教养方式有没有偏差倾向，可以让孩子做一下下面的问卷。记住：要由子女来回答问卷。

另外，父亲与母亲教养方式的问卷内容完全相同，互换人称分别测查即可。子女在作答的时候，时间没有限制，但应尽量快地回答，而不要太过仔细地考虑。问题的答案是无所谓对错的，请按照自己的真实感受回答"不是""有时是"或"常常是"。

题目：

A

1. 父亲（母亲）是否常常借口很忙而不愿意理你？
2. 父亲（母亲）是否常常因为你而感到羞愧和耻辱？
3. 你是否很少跟父亲（母亲）一起外出娱乐或运动？
4. 你是否觉得父亲（母亲）对你太苛刻，很少表扬你？

5. 你是否觉得你比其他人更易受到父亲（母亲）的斥责？

6. 你是否觉得父亲（母亲）不太关心你的感受？

7. 你是否觉得父亲（母亲）根本不把你放在心上？

8. 父亲（母亲）是否常用难听的话骂你？

9. 父亲（母亲）是否懒得与你沟通或交流？

10. 你是否常常觉得父亲（母亲）很讨厌你？

B

11. 你是否觉得父亲（母亲）过于固执？

12. 父亲（母亲）是否作决定时从不跟你商量，即使那个决定是关于你的？

13. 父亲（母亲）是否对你的意见根本不予理睬？

14. 父亲（母亲）是否总认为自己是对的？

15. 父亲（母亲）是否常常干涉你交友？

16. 在家里父亲（母亲）是否常用打骂来惩罚你？

17. 如果你坚持自己的意见，而拒绝服从父亲（母亲）的命令，是否会受到严厉的斥责？

18. 父亲（母亲）是否常常强迫你做你不愿意做的事情？

19. 关于你的升学或就业是否主要由父亲（母亲）决定？

20. 你是否觉得父亲（母亲）对你看管得过于严格？

C

21. 父亲（母亲）是否对你照顾得非常体贴细致？

22. 父亲（母亲）是否总认为你是个小孩子，还不能离开他（她）的照顾？

23. 如果你伤害了别人，父亲（母亲）是否都会原谅你？

24. 父亲（母亲）是否几乎不会斥责你？

25. 父亲（母亲）是否很愿意听从你的意见和安排？

26. 你犯了错误，父亲（母亲）是否一般不责备你？

27. 如果你在和朋友的交往中遇到麻烦，父亲（母亲）是否会出面帮你解决？

28. 如果你和父亲（母亲）在某问题上有争执，一般让步的是否都是他（她）？

29. 父亲（母亲）是否愿意做几乎任何能让你快乐的事情？

30. 对于你在物质上的要求，父亲（母亲）是否都尽量地满足？

D

31. 父亲（母亲）是否总要求你做事情要尽量完美？

32. 父亲（母亲）是否对你的学习成绩要求很苛刻，总不满意？

33. 父亲（母亲）是否认为你是他（她）唯一的希望？

34. 父亲（母亲）是否不让你做任何家务而只要你读书？

35. 父亲（母亲）对于你在学习上的花费是否尽全力满足？

36. 父亲（母亲）是否总在督促你学习？

37. 父亲（母亲）是否很反对你参加除学习以外的集体活动，认为那是浪费时间？

38. 父亲（母亲）是否对你的日常生活和心理感受关心不够？

39. 父亲（母亲）是否肯为你做任何对你学习有利的事情？

40. 父亲（母亲）是否认为你的学习成绩比其他任何事情都重要？

E

41. 父亲（母亲）对你的态度是否变化无常？

42. 父亲（母亲）是否有时候对你很严厉，而有时候又很溺爱？

43. 对于你所犯的同一类错误，父亲（母亲）是否有时候严厉，有时候又不予理睬？

44. 父亲（母亲）平时对你是否很啰唆，但当你有问题要跟他（她）商量时他（她）却置之不理？

45. 父亲（母亲）对你的态度是否随他（她）的心情而变化很大？

46. 你是否觉得父亲（母亲）对你有时很和蔼，有时很严肃？

47. 父亲（母亲）是否常常在严厉地斥责你以后又向你道歉？

48. 即使做同样的事情，父亲（母亲）是否有时会斥责你，有时则不会？

49. 即使做同样的事情，父亲（母亲）是否有时会帮你，有时则责备你不自己做？

50. 当着外人的面，父亲（母亲）对你的态度是否和平时不一样？

F

51. 在你的双亲中，是否父亲（母亲）对你管教更多而母亲（父亲）则比较宽松？

52. 在你的双亲中，是否父亲（母亲）管得很紧，而母亲（父亲）却根本不管？

53. 在你的双亲中，是否父亲（母亲）更有权威？

54. 在你的双亲中，是否母亲（父亲）常常反对父亲（母亲）的意见？

55. 在你的双亲中，你是否更喜欢母亲（父亲）？

56. 当母亲（父亲）不在家时，你父亲（母亲）是否会在背后批评她（他）？

57. 对于你的事情，是否父亲（母亲）关心更多一些，而母亲（父亲）关心少些？

58. 对于你的意见，是否父亲（母亲）反对时，母亲（父亲）就赞成？

59. 你是否觉得在你双亲中，发生争吵通常都是由父亲（母亲）所引起的？

60. 在父亲（母亲）斥责你的时候，是否母亲（父亲）常常出来劝阻。

评析：

每10题为一组，分为ABCDEF六组，A为拒绝型，B为严格型，C为溺爱型，D为期待型，E为矛盾型，F为分歧型。对于每题，回答"不是"得2分，"有时是"得1分，"常常是"得0分，该组的得分为10题分数之和。如果得分在6～10分之间，说明你对孩子的教养方式在这个方面存在问题,应该引起注意,开始有意识地进行改正;如果得分低于 5 分,则说明你对孩子的教养方式在这个方面严重不当,更应反省自己,应该在和孩子交流后进行改正或者寻求教育咨询专家的帮助。

1. 拒绝型

拒绝型的教养方式是指父母对子女的感情有拒绝的倾向。比如,对子女缺乏爱心,拒绝帮助他们,对子女不够关心、忽视、不信任,甚至虐待、威吓,等等。子女需要父母亲情的滋润,也需要家庭温暖的抚慰。父母若能及时加以关切,给予子女适当的爱心和温暖,则比较容易使子女具有正常的人格,否则子女极容易出现不良反应。青少年若在家庭中得不到爱,在学校中也就很难和同学建立友善的关系,容易对人表现出冷淡及毫不关心,他们的社会关系也就往往相当紧张。

被父母接受的子女一般都表现出为社会所欢迎的特质,如情绪稳定、兴趣广泛、富有同情心等;被父母拒绝的子女大都情绪不稳定,冷漠倔强并具有逆反心理,容易产生力求注意、过度活泼、仇恨、嫉妒、背叛等问题,严重的甚至会养成仇恨世界的心理而采取报复行为。他们要求团体接受,但他们的行为又自相矛盾,常违反纪律,除与其同类型的人之外,无人会接纳他们。

2. 严格型

严格型的教养方式是指父母对子女虽然有爱,但常常以严厉、强迫或命令的态度对待子女。采取严格的教养方式,父母往往会取得一时的成功,这也致使少数人会高估严格教养方式的效果。但由于严格教养是一种外加力量而不是出自子女的内在动力,若长期采取这种教养方式,会使这种外加力量的效果慢慢降低,最终无法达到预期的效果。于是,父母会更加苛严地责备、打骂。如此恶性循环下去,对子女个性及行为影响颇大,导致子女易与父母发生冲突,而且不易与他人和睦相处,容易遭受挫折。青少年个体遭受挫折后往往会形成行为困扰,而这种挫折若超过个体的容忍力,则个体容易产生偏差行为，形成易冲动、攻击性性格，严重时则可能导致犯罪。

3. 溺爱型

溺爱是指对子女过分宠爱，表现为对子女呵护有加，照顾得无微不至，对子女的要求无条件地接受，只讲疼爱不讲教育，对子女的行为不论正确与否都一味地迁就袒护，甚至迁怒他人。如此溺爱的结果只会使子女过于自私，缺乏自控力，产生一定的行为问题。子女出现问题以后父母也不能及时有效地阻止和控制，反而为之进行辩解、提供庇护，起到负面的强化作用，使子女有恃无恐。

在这种"爱护"下，孩子将来的发展是可想而知的，这种教养方式很容易把孩子推向一条危险的道路。父母如果在生活上给孩子过多的照顾、满足孩子的一切欲望，既会养成孩子自私的心理，也强化了孩子对父母的依赖，这对孩子的发展是很不利的。

4. 期待型

期望是人们对他人的寄托和希望。期望的力度影响着人们的情感、认识和思维，左右着人们的动机和行为。父母无一不对孩子抱有良好的期望，但是这些充满爱的期望能不能成为现实，并不取决于父母的主观意志，期待型的父母却总是不能冷静地意识到这一点。他们爱子心切，总是期待子女能够光宗耀祖，把自己的希望和未曾实现的理想都寄托在子女身上，希望子女完全遵照父母的要求去做，而容易忽视子女本身的能力和兴趣，结果是给子女带来了极大的压力。压力过大可能导致子女情绪上产生困扰，或者出现欺骗等不良行为，结果自然是与父母的理想背道而驰。

要把期望变为现实，父母应该注意把期望值控制在一个合适的水平，期望不要过高。俗话说，看菜吃饭，量体裁衣。父母对孩子应该有正确的了解和评价，并根据孩子的能力和素质提出相应的要求，这样的期望才能对子女构成激励作用而不会适得其反。

5. 矛盾型

有的父母在教养子女的问题上会有矛盾的现象,对于子女的同一行为,有时斥责,有时却宽恕。处于父母缺乏一致性教育态度环境下的孩子,可能始终生活在紧张的气氛中,导致缺乏情绪的控制力和安全感,产生情绪困扰。同时处于父母矛盾教养下的子女,心理上会缺乏安全感,在行为上也容易产生困扰,而形成行为偏差。这种矛盾不一的教养方式,容易伤害青少年的行为,反复循环会导致青少年不坚定、没有恒心。父母对子女的教养前后不一致,还会使子女情绪不稳定,如易激动、易发脾气等。

6. 分歧型

在一个家庭中,由于父母各自的阅历、职业、成长环境等因素的差别,可能会对孩子抱有不同的期望。分歧型的教养方式是指父亲与母亲在对子女的教养态度和方式上不一致。比如,父亲严厉,母亲纵容;父亲斥责子女的时候,母亲却出来阻止;父亲这样决定了,母亲要来反对。处于分歧型教养环境下的子女,被两种权威、两种命令夹在中间,无所适从,会造成精神上的极度不安,这势必影响到其行为的正常发展。这种教育方式,一方面会使青少年不能学会如何行动,因为他们不能预测父母对他们的行为将会作出什么样的反应;另一方面,由于父母教养态度存在分歧,也无法给子女提供完整合理的原则,使青少年不能了解是非观念,因此导致其在道德判断方面不能从他律进入到自律阶段,从而产生困扰。

父母教养态度的分歧,一方面会使得子女无所适从,另一方面又无法提供合理的准则,导致子女在团体生活中容易产生适应不良,很多青少年的问题行为即来源于此。

[问卷四]

你了解自己是怎样的家长吗

导语:

你了解自己属于哪种类型的家长吗?针对这个问题,许多人会毫不犹豫地说"了解"。这些"了解"中，有的可能是真的了解，有的可能是不全面的了解，也有的可能是假的了解。为了检验你的"了解"程度，提供下面资料供参考使用。

天下父母千千万，不同父母对自己子女的认识态度、教养方式和心理状况掌握情况不尽相同，这是人所共知的。两位家庭及儿童问题专家，经过长期研究之后，把一般父母划分为两大类型：控制型和发展型。

控制型：这一类父母认为，他们对子女的成长负有全部责任，子女的一切有关问题都应该由他们负责处理。他们对子女的管理方式和态度，包括过分的保护、专断、有计划地干预子女的行为；无视说理劝解、谆谆诱导的作用；强制指导重于协商建议；墨守传统，把子女视为家庭血统或者自身的延续；坚持己见，抗拒客观形势的改变并抑制子女的求知欲望及好奇心。

发展型：这类父母喜欢辅助子女进行人格培养，以合作的方式协助子女成长，摒弃家长式和专制式的教育方法。他们对子女非常民主，不墨守传统，善于因势利导、说理劝解；视子女为有独立人格的个体，尊重子女的求知欲及好奇心；能接受客观形势的可变性，并把可变性看作子女成长过程中的必然现象；肯倾听子女的倾诉及意见，愿意对子女表露内心的情感，能与子女建立相互友爱、互相尊重的密切关系。

如果你想知道自己属于哪一类型的父母，那么，不妨看一看下面的12条描述。对下面的每项描述，根据同意的程度不同，可得1～5分。同意的程度越高，得分越多；同意的程度越低，则得分越少。最后得出总分，然后判断你属于哪一种类型的父母。

描述：

1. 家庭生活习惯应随时代变化而改变。
2. 儿童会自然地做出他们认为正确的行为。
3. 父母应该对他们所作的决定给子女以理性的解释。

4. 子女应该逐渐获得自己作出决定的机会。

5. 严格的管教，将使子女获益。

6. 子女应该获得不受约束、外向发展的机会，应该有进取心。

7. 子女成长独立，是你最大的安慰。

8. 对子女过分照顾担心，对他们并无好处。

9. 子女应该被容许自由发展，让他们确定自我的价值。

10. 可让子女参与部分成年人的活动并与成年人沟通。

11. 责罚并非管教子女的最佳方法。

12. 大部分儿童具有潜在特质，而且会自然地发挥其潜在特质。

评析：

把12道题目的得分相加，据所得的结果判断自己的类型。

12～18分，属于高度控制型父母；

19～30分，偏向于控制型父母；

31～41分，属于中庸型父母；

42～52分，偏向于发展型父母；

53～60分，属于发展型父母。

[问卷五]

你了解自己的孩子吗

导语：

做父母的每天无论和自己的孩子在一起的时间有多长，对他们总有许多不了解的地方。为了使你知道自己对孩子的了解程度，可以回答以下30个问题。

假如你有好几个孩子，请把答案分别写在几张纸上，然后分别评判。这样，不仅可以使你知道你以前对孩子的了解程度，而且还可以帮助你接下来进一步了解自己的孩子。

题目:

1. 谁是孩子最要好的朋友?
2. 孩子希望自己的房间被漆成什么颜色?
3. 谁是孩子心目中最伟大的英雄?
4. 最使孩子感到苦恼的是什么?
5. 孩子最大的忧虑是什么?
6. 在体育馆里,孩子是喜欢看打篮球、体操,还是接力赛跑?
7. 孩子最喜欢什么类型的音乐?
8. 家庭之外对孩子生活影响最大的是谁?
9. 在学校里,孩子喜欢什么课程?不喜欢什么课程?
10. 在孩子做过的事中,其最感到自豪的是哪一件?
11. 孩子对家庭的最大抱怨是什么?
12. 孩子最喜欢什么样的电视节目?
13. 孩子最喜欢做什么游戏?
14. 假如让孩子任意挑选世界上的东西,其会挑选什么(只能挑一样)?
15. 孩子最喜欢哪位老师?
16. 什么事情会使孩子真正感到愤怒?
17. 在学校里,孩子是否感到其被其他孩子喜欢?
18. 孩子以后想干什么?
19. 今年最使孩子失望的是什么事?
20. 就孩子的年龄来说,其是否感到自己过于大或过于小?
21. 在你给孩子的所有礼物中,其最珍爱的是什么?
22. 在假期里,孩子喜欢野营、去大城市观光还是乘船旅游?
23. 孩子最不喜欢做的是什么家务活?洗碗、打扫房间还是倒垃圾?
24. 孩子最近在读什么课外书?
25. 孩子最喜欢什么样的场合?

26. 孩子最喜欢吃什么？最不喜欢吃什么？

27. 孩子在学校里有什么绰号？

28. 孩子常在什么时候做家庭作业？

29. 孩子最爱什么动物？猫、狗、鸟还是其他动物？

30. 孩子的收藏物中，什么东西是其认为最珍贵的？

评析：

如果答对 0～14 个题，说明你对孩子不很关心，应该多和你的孩子交谈。

如果答对 15～25 个题，说明你对孩子比较了解，但需要进一步了解你的孩子。

如果答对 25 个题以上，说明你很了解自己的孩子，应继续保持下去。

注：以上量表，分别转引自赵然著《学会做人——中学生心理诊所》（中国工人出版社 2004 年版）、邓世英著《请你注意我——青春期子女的家庭教育》（中国纺织出版社 2001 年版）、丛立新主编《小学生心理健康教育》（人民教育出版社 1999 年版），有改动。

给家长的十六条建议

1. 做学习型家长,与孩子共成长
※ 家长必须不断学习,才能跟上时代发展的步伐,适应孩子发展的需求。

※ 父母的素质影响孩子的一生。

※ 家庭教育绝不仅是父母向孩子单向地传递爱与知识,父母同样可以向孩子学习,与孩子一起成长。

2. 培养孩子学会做人是第一位的
※ 德为人之本。人的培养是第一位的,人的发展是教育的出发点和归宿。

※ 人的一生,事业成就有大有小,职位有高有低,但品德素质必须是优秀的。

※ 只有品德优秀的人,才能成为一个对社会有用的人。

3. 尊重孩子,做孩子的朋友
※ 教育孩子的前提是了解孩子,了解孩子的前提是尊重孩子。

※ 尊重是教育孩子最重要的方式。

※ 好的关系胜过很多教育。

※ 对孩子平等相待,才能与孩子成为朋友;与孩子成为朋友,彼此方可交流;与孩子彼此交流,教育自然形成。

4. 比传授知识更重要的是让孩子学会生活
※ 学习是孩子的主要任务,但不是孩子生活的全部。

※ 孩子的任务不仅是学习知识,更重要的是学会生活。

※ 变"以分数为本"为"以人为本",因为成长比分数更重要。

※ 学会生活,是孩子一生发展的基础,也是孩子自己生活所不可缺失的。

5. 学会欣赏孩子,为孩子喝彩

※ 父母要把孩子的优点看成百分之九十九,而把缺点看成百分之一。

※ 天下的孩子相貌不同、个性不同,但有一点是相同的——渴望听到喝彩。

※ 赏识使孩子越来越好,抱怨使孩子越来越糟。

※ 要有一双善于发现孩子优点的眼睛,为孩子一点一滴的进步喝彩。

※ "你真棒!"这句话,正是开启孩子心灵宝藏的一把金钥匙,它会创造出意想不到的奇迹。

6. 要学会爱孩子,更要让孩子学会去爱

※ 爱是教育的唯一秘诀,父母的关爱是孩子的重要力量源泉。

※ 对孩子的爱不是溺爱,而是理智的恰当的爱。

※ 让"爱"贯穿教育的全过程,要给予孩子爱,更要让孩子懂得爱、学会爱。

※ 爱的环境使人学会宽容、同情、谅解和帮助别人,学会通过具体的行为来表达热爱人的感情和关心人的意愿。

7. 千遍唠叨不如一句忠告

※ 要与孩子交流,而不要对孩子唠叨。

※ 孩子最反感的是家长的唠叨,最喜欢的是家长的忠告。

※ 千遍唠叨不如一句忠告。

※ 人生最重要的不是金钱,而是忠告。

※ 成长中的孩子,需要懂得一些人生的道理、记住一些人生的格言和忠告。

8. 家长退一步，孩子进一步

※ 过分呵护会剥夺孩子养成好习惯的机会——如果有可能，给孩子一点挫折。

※ 不要等着孩子来要求自由，而应该不时地主动给予。

※ 给孩子充分的信任和自由发展的空间，让孩子在亲身体验中长大。

※ 家长退一步，孩子进一步，这是孩子成长的一条自然法则。

※ 任何对孩子的将来负责的父母都应该牢牢记住这个很重要的原则——替孩子做他能做的事，是对他积极性的最大打击；父母拒绝给孩子发展自己能力的权利，是不尊重自己的孩子。

※ 一个人能经受多大的苦难，就能取得多大的成功！

9. 孩子的健康是发展之本

※ 健康好比数字1，知识、事业、家庭、地位、钱财是0；有了1，后面的0越多，就越富有；没有了1，一切归零。

※ 剑桥好，哈佛好，不如孩子的身心健康好。

※ 教育的核心不是传授知识，而是培养健全的人格。

※ 只有心理健康的父母，才能培养出心理健康的孩子。

10. 给孩子构建人生金字塔

※ 金字塔是几何图形中最稳固的结构——要给孩子发展构建最稳固的人生金字塔。

※ 金字塔构成的自然法则是：底面积与高度成正比——基础面越大、越牢固，自然发展的高度就越高；反之，自然发展的高度就越低。

※ 基础教育阶段就是孩子人生金字塔的底面积，孩子需要全面发展，夯实基础。

※ 孩子全面的发展应包括认知、情感和意志的发展——让孩子学会做人，学会生存，学会合作，学会学习。

11. 让孩子每天都感到幸福和快乐

※ 幸福和快乐不只是孩子发展的未来目标，更是孩子成长的一个过程。

※ 教育的最终目的是教会孩子热爱生命，热爱生命最好的体现就是孩子快乐地成长。孩子快乐与否很大程度上取决于父母的心态。如果父母是快乐的，他们的快乐也会传染给孩子；如果父母自己整天愁眉苦脸，孩子如何能笑逐颜开呢？

※ 90%以上学习成绩不好的孩子，问题不在于智力，而在于心情。

※ 心情一好，一好百好。

12. 没有教不好的孩子，只有不会教的父母

※ 农民对待庄稼的态度，决定了庄稼的命运；父母对待孩子的态度，往往也会决定孩子的命运。

※ 庄稼长势不好时，农民从不埋怨庄稼，相反总是从自己身上找原因。外界环境变化时，农民知道要改变种植方法。孩子出现问题时，许多父母却只是一味指责，而很少反省自己的责任，很少在自己身上找原因——不要一味地去改变孩子，更需要的是改变自己。

13. 保持一颗平常心，选择适合自己孩子的教育

※ 父母对子女的教育要保持一颗平常心，让孩子也要保持一颗平常心——人要有大的志向，就要从小事做起，需要有平常人的心态，脚踏实地地做人做事！

※ 伟人志让孩子成功，平常心使孩子幸福！

※ 每个孩子都是唯一的，每朵花都有盛开的力量。

※ 适合自己孩子的教育才是最合适的教育——万万不可照搬别人教育子女的模式。

14. 不要和别的孩子比，要和自己孩子的过去比

※ 世界上每一个人与他人都是完全不同的个体。

※ 和别人的孩子比，比出一个差孩子；和自己孩子的过去比，比出一个好孩子。

※ 和自己孩子的过去比，让孩子看到自己的进步。

※ 多肯定、多鼓励、勤引导，对孩子的自我完善、自我成长很重要。

15. 情商影响孩子的智商

※ 智力超常的孩子只是极少数，大多数人成才不仅仅是靠天赋，更重要的是靠后天的努力和机遇。

※ 习惯决定孩子的命运。兴趣是孩子最好的老师，自信是孩子成功的基石，交往是孩子成功的手段，缺乏对情绪的控制是孩子成功的最大敌人。

※ 孩子没有朋友比考试不及格还要严重。

16. 让孩子学会学习，为终身学习打下基础

※ 未来的文盲不再是不识字的人，而是不会学习的人。

※ 树立终身学习的理念，注重可持续发展。

※ 基础教育阶段是奠定终身学习基础的阶段。学会学习既是打开终身学习之门的钥匙，也是进入知识经济时代的通行证。

※ 在未来的学习化社会中，唯有具备终身学习能力和自主发展能力的人，才能适应并创造未来。

后 记

这套"家庭教育丛书"共5本,分为学前篇、小学低年级篇、小学中年级篇、小学高年级篇和初中篇。再版后的图书由儿童身心发展特点、家庭教育案例、专家咨询案例(学前篇为亲子游戏)、亲子自测量表、给家长的十六条建议5部分组成。本丛书第二编中的案例来自潍坊市不同地区、不同学段的学生家长,反映了普通家庭的成功教育经验;案例点评以及全书的理论部分由部分市区家庭教育负责人、中小学教师和高等院校专家共同完成,凝聚了众多家庭教育工作者的心血和智慧。应该说明的是,家庭教育个案的独特性是很强的,同样的问题,原因不一样,解决的方法也不一样。因此,我们特别提醒您,了解孩子的生理和心理特征是教育的前提,希望家长朋友们不要盲目地照着书上的方法去做。

2005年,图书出版后,在社会上引起了强烈反响。图书曾一度成为很多人馈赠亲友的首选礼品,出现了一书难求的局面。2022年是潍坊市探索实施"亲子共成长"工程20周年,值此之际,这套"家庭教育丛书"再版,期待本丛书的修订版能进入千家万户,为更多有需要的家长提供支持,能帮助到更多的孩子。

本丛书编写过程中,得到了潍坊市教育局基础教育科、家庭教育指导中心、教育惠民服务中心、潍坊市教育局学前教育科、潍坊市教育科学研究院、潍坊市关心下一代工作委员会、山东省泰山教育研究院、山东友谊出版社等单位的领导与同志们的关怀和支持,参阅了国内外心理学、教育学众多专家学者的研究成果,在此一并致谢。

由于我们水平有限,书中肯定有许多不妥之处,敬请广大读者和同仁批评指正。

编 者
2022年7月